Power-Sprachkurs

TÜRKISCH für Fortgeschrittene

von
Erkin Günesdoğdu

PONS GmbH
Stuttgart

PONS

Power-Sprachkurs
TÜRKISCH
für Fortgeschrittene

von
Erkin Günesdoğdu

1. Auflage 2018

Projektmanagement: Angela de Riese
Redaktion: Şirin Seçkin
Korrektorat: Gregor Vetter
Logoentwurf: Erwin Poell, Heidelberg
Logoüberarbeitung: Sabine Redlin, Ludwigsburg
Umschlaggestaltung: Ilham Widmann
Titelfotos: Heißluftballons: Fotolia/olenatur; Hausschuhe: iStockphoto/EvrenKalinbacak
Audioproduktion: dbmedia.de dupré & buhr gbr
Sprecher: Necati Telli, Erdinç Bitirim, Yücel Alp, Uyan Yüksel
Layout: Petra Michel, Gestaltung & Typografie, Bamberg
Satz: digraf.pl - dtp services
Druck und Bindung: Gebr. Geiselberger GmbH, Altötting

ISBN: 978-3-12-562980-6

So benutzen Sie dieses Buch

Sie wollen Ihre Türkischkenntnisse weiter vertiefen und die Sprache noch besser **verstehen**, **sprechen**, **lesen** und **schreiben**. Der **Power-Sprachkurs Türkisch für Fortgeschrittene** enthält alles, was Sie dazu brauchen. Er ist unterhaltsam, motivierend und vermittelt Ihnen ein lebendiges Bild des heutigen Türkisch. Zusätzlich erfahren Sie viel Nützliches und Interessantes rund um Land, Leute und Kultur.

Wie lernen Sie mit dem Power-Sprachkurs?

Jede der zehn Lektionen umfasst vier Doppelseiten, auf denen Sie die türkische Sprache gezielt nach den vier sprachlichen Fertigkeiten Hören, Lesen, Schreiben und Sprechen erlernen.

- **Ohren spitzen!** - Die erste Doppelseite einer Lektion ist besonders dem Hörverstehen in der Fremdsprache gewidmet.
- **Augen auf!** - Auf diesen Seiten trainieren Sie, anhand alltagsnaher Übungen schriftliches Türkisch zu verstehen.
- **Stift her!** - Hier üben Sie vor allem, auf Türkisch zu schreiben.
- **Mitreden!** - Gespräche auf Türkisch in unterschiedlichen Situationen sind nun ein Leichtes für Sie.

Rückblick

Nach den Lektionen 5 und 10 können Sie in einer **Wiederholungseinheit** Ihre Kenntnisse überprüfen, Gelerntes auffrischen und gezielt vertiefen.

So lernen Sie am schnellsten:

- Lernen Sie regelmäßig und in kurzen Etappen. Lieber mehrmals fünfzehn Minuten in der Woche als nur einmal zwei Stunden.
- Verweilen Sie nicht zu lange bei einem Punkt. Denn Sie werden sehen: Auch wenn Sie noch nicht alles im Detail verstanden haben, lösen sich Unklarheiten von selbst, wenn Sie voranschreiten.
- Hören Sie alle Tonaufnahmen immer wieder an.

Anhang

Im Anhang finden Sie viele nützliche Lernhilfen.

- **Lektionswortschatz:** Mithilfe des Lektionswortschatzes können Sie sich lektionsweise den türkischen Wortschatz aneignen.
- **Lösungen:** Hier finden Sie die Lösungen zu allen Übungen im Kurs.
- **Hörtexte:** Alles, was Sie auf der **CD** hören, können Sie hier nochmals nachlesen, sofern der Text nicht direkt in der Lektion abgedruckt ist. Hier finden Sie auch eine deutsche Übersetzung zu allen Dialogen.
- **Grammatik:** In der systematischen Grammatik finden Sie schnell Antworten auf Ihre Grammatikfragen.
- **Wortliste Türkisch - Deutsch:** Schlagen Sie hier nach, wenn Sie ein türkisches Wort vergessen haben.

Folgende Icons helfen Ihnen, den Überblick zu behalten und schnell vom Übungsteil zu den passenden Zusatzmaterialien zu gelangen:

Verweis auf die systematische Grammatik

Hören Sie den zugehörigen Audiotext auf CD

Interessantes über Land und Leute

Nützliche Lern- und Sprachtipps

ABC Wortschatz-Infos

Die CD enthält Audio-Dateien. Unter **www.pons.de/power-sprachkurs** finden Sie auch den gesamten Inhalt der CD zum Download als MP3-Dateien. Außerdem finden Sie hier die zum Wortschatz des Buches passende Wortliste Deutsch - Türkisch, wenn Sie nachschlagen wollen, wie ein Wort auf Türkisch heißt.

Viel Spaß und Erfolg!

INHALT

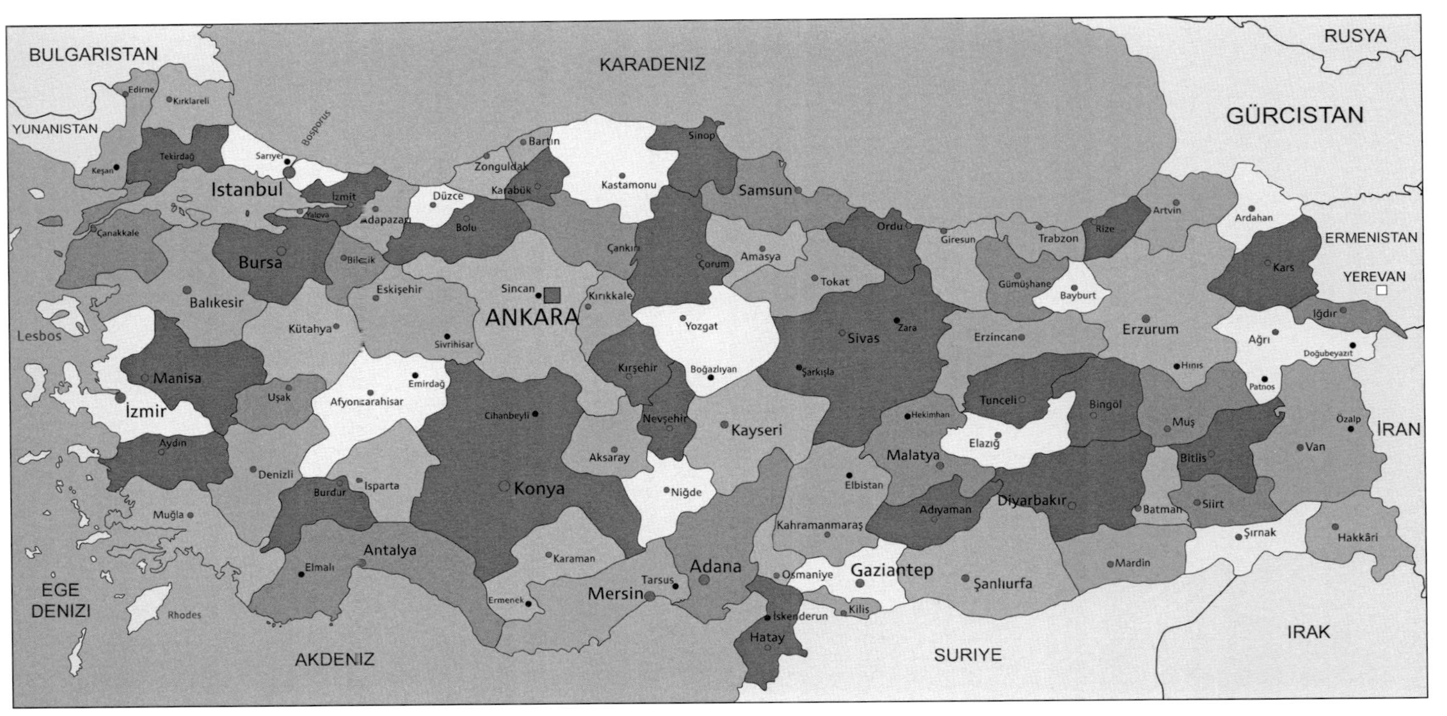
BULGARISTAN
YUNANISTAN
KARADENIZ
RUSYA
GÜRCISTAN
ERMENISTAN
YEREVAN
IRAN
IRAK
SURIYE
AKDENIZ
EGE DENIZI
Lesbos
Rhodes
Bosporus
Edirne
Kırklareli
Tekirdağ
Keşan
Çanakkale
Sarıyer
Istanbul
İzmit
Yalova
Adapazarı
Düzce
Bolu
Zonguldak
Karabük
Bartın
Kastamonu
Sinop
Samsun
Çankırı
Çorum
Amasya
Tokat
Ordu
Giresun
Trabzon
Rize
Artvin
Ardahan
Kars
Iğdır
Ağrı
Doğubeyazıt
Patnos
Bursa
Bilecik
Eskişehir
Sincan
ANKARA
Kırıkkale
Yozgat
Boğazlıyan
Sivas
Zara
Şarkışla
Gümüşhane
Bayburt
Erzincan
Erzurum
Hınıs
Balıkesir
Kütahya
Sivrihisar
Kırşehir
Nevşehir
Tunceli
Bingöl
Muş
Özalp
Van
Manisa
İzmir
Uşak
Afyonkarahisar
Emirdağ
Cihanbeyli
Kayseri
Hekimhan
Malatya
Elazığ
Bitlis
Aydın
Denizli
Isparta
Burdur
Konya
Aksaray
Niğde
Elbistan
Adıyaman
Diyarbakır
Batman
Siirt
Şırnak
Hakkâri
Muğla
Antalya
Elmalı
Karaman
Ermenek
Mersin
Tarsus
Adana
Kahramanmaraş
Osmaniye
Gaziantep
Şanlıurfa
Mardin
İskenderun
Kilis
Hatay

LEKTION 1 Partiye Hazırlık

CD 1 - TR. 1

WORTSCHATZ

davet etmek - *einladen*
düşünmem lazım - *ich muss nachdenken*
meşgul - *beschäftigt*

SPRACHTIPP

Nach 'meşgul' kommen Endungen mit hellen Vokalen: meşgul, -lü: Bugün çok meşgul**üm**.

1

An der Universität treffen sich zwei Freunde. Worüber sprechen sie? Hören Sie sich den Text auf der CD an.

Hören Sie sich den Dialog nochmal an und beantworten Sie die Fragen.

1. İki arkadaş ne hakkında konuşuyor?
- ☐ **A** Bu akşamki parti hakkında.
- ☐ **B** Dersler hakkında.
- ☐ **C** Sınavlar hakkında.

2. Bugün Paula'nın doğum günü mü?
- ☐ **A** Evet, bugün doğum günü.
- ☐ **B** Hayır, bugün doğum günü değil.
- ☐ **C** Bilmiyorum.

3. Sara neden üzülüyor?
- ☐ **A** Çünkü Paula onu davet etmedi.
- ☐ **B** Çünkü bu akşam zamanı yok.
- ☐ **C** Bilmiyoruz.

4. Engin'le Sara tekrar ne zaman görüşmek istiyorlar?
- ☐ **A** Bu akşamki partide.
- ☐ **B** Dersten önce.
- ☐ **C** Dersten sonra.

CD 1 - TR. 2

WORTSCHATZ

-in sayesinde - *dank...*
karar vermek - *sich entscheiden*
bir şey yapmaya karar vermek - *sich entscheiden etw. zu tun*
-e darılmak - *sauer sein (auf jdn.)*
doğru - *richtig*
yanlış - *falsch*
ilerlemek - *Fortschritte machen*
gelişmek - *sich entwickeln*
sade kahve - *schwarzer Kaffee*
karın - *Bauch*
Karnım aç! - *Ich habe Hunger!*
Karnım tok! - *Ich bin satt.*
tok olmak - *satt sein*

2

Die beiden Freunde treffen sich später im Café. Worüber sprechen sie jetzt?

	DOĞRU	YANLIŞ
1. Sara'nın Türkçe dersi fena değildi.	☐	☐
2. Kurs sayesinde Sara'nın Türkçesi gelişti.	☐	☐
3. Sara, Paula'ya darıldı.	☐	☐
4. Sara partiye gidecek.	☐	☐
5. Sara sade kahve içiyor.	☐	☐
6. Sara'nın karnı aç.	☐	☐

3

Hören Sie nun die Sätze und sprechen Sie sie nach. Was bedeuten sie auf Deutsch? Ordnen Sie zu. Welche Redewendungen rund ums Essen und Trinken kennen Sie noch?

CD 1 - TR. 3

SPRACHTIPP

acıkmak (*Hunger bekommen*), **susamak** (*Durst bekommen*) und **doymak** (*satt werden*) werden in der Vergangenheit gebraucht, während im Deutschen das Präsens verwendet wird: **Acıktım.** *Ich habe Hunger (bin hungrig geworden).* **Susadım.** *Ich habe Durst.* **Doydum.** *Ich bin satt.*

1. Sen acıktın mı?	___	**A** Sie haben hervorragend gekocht.
2. Benim karnım aç.	___	**B** Bist du satt geworden?
3. Ben çok susadım.	___	**C** Das Essen war sehr köstlich.
4. Doydun mu?	___	**D** Hast du Hunger?
5. Ben doydum.	___	**E** Guten Appetit.
6. Ben tokum.	___	**F** Ich bin sehr durstig.
7. Yemekler çok lezzetliydi.	___	**G** Ich habe Hunger.
8. Ellerinize sağlık.	___	**H** Ich bin satt geworden.
9. Afiyet olsun.	___	**I** Ich habe keinen Hunger.

4

Engin und Sara unterhalten sich im Café weiter. Worüber sprechen sie? Nachdem Sie den Dialog einmal angehört haben, füllen Sie die Lücken im Text. Hören Sie anschließend den Text noch einmal und vergleichen Sie. Grammatikalisch sollte Ihnen hier alles bekannt sein. Wenn Sie möchten, wiederholen Sie im Power-Sprachkurs für Anfänger noch einmal die Themen Possessivkompositum, Voluntativ und Möglichkeitsform.

CD 1 - TR. 4

WORTSCHATZ

-e -i götürmek – *mitnehmen*
meze – *Vorspeise*
-e bayılmak – *schwärmen für*
yakınlarda (örtlich) – *in der Nähe*
yakında (zeitlich) – *bald*
ders çalışmak – *für den Unterricht lernen*
-den itibaren – *ab ...*

SPRACHTIPP

götürmeyi düşünüyorum – ich denke mitzunehmen
(benim) gelme**m** lazım – ich muss kommen
(senin) kalma**n** lazım – du musst bleiben

1. Sara: Paula'_____ parti_____ bir şey götürmek istiyor musun?

2. Engin: Ben makarna salata_____ götürmeyi düşünüyorum.

3. Sara: Ben de o zaman birkaç tane meze al_____!

4. Engin: Ben o mezelere bayılıyorum! Yakınlarda bir Türk marketi var. Orada öyle şeyler bul________.

5. Sara: Kalk________ mı? Senin salata yap_____ lazım, benim de meze al_____ lazım.

6. Engin: Tamam, bu akşam Paula'da görüş________.

7. Sara: Sahi, parti bu akşam saat kaç_____ başlıyor?

8. Engin: Paula "Saat 6'_____ itibaren gelebilirsiniz!" dedi. Ev_____ biliyorsun, değil mi?

9. Sara: Evet, bir iki defa ev_____ ders çalış________.

WORTSCHATZ

reyon - *Abteilung*
eşya - *Sache(n), Gegenstand*
temel - *Grund-, Haupt-*
ürün - *Produkt*
kişisel - *persönlich*
bakım - *Pflege*
bölüm - *Abteilung*
temizlik - *Reinemachen*
malzeme - *Zubehör, Mittel*

5

Sara wird zu einem türkischen Supermarkt gehen, um dort Vorspeisen zu kaufen. In einem Supermarkt gibt es verschiedene Abteilungen. Schreiben Sie die Namen dieser Abteilungen unter die passenden Bilder.

et reyonu — ev eşyaları — temel gıda — kahvaltılık ürünler — kişisel bakım — meyve ve sebze bölümü — süt ve süt ürünleri — temizlik malzemeleri

1 ______ 2 ______ 3 ______ 4 ______

5 ______ 6 ______ 7 ______ 8 ______

WORTSCHATZ

ilan - *Anzeige*
indirim - *Rabatt*
% (sprich: **yüzde**) - *Prozent*
yüzde on - *10 Prozent*
üzeri - *(hier:) darüber hinaus*
almak - *kaufen, nehmen*
alana - *dem, der kauft*
ödemek - *bezahlen*
hediye - *Geschenk*
-e kadar - *bis*
yerine - *anstelle*

6

Wenn wir in einem Supermarkt einkaufen, sehen wir dort sehr viele Anzeigen. Was bedeuten diese Anzeigen auf deutsch? Übersetzen Sie sie.

2.si % 50 indirimli	**50 TL ve üzeri alışverişlerde % 10 indirim**	**3 al, 2 öde!**
1 ______	2 ______	3 ______
1 alana 1 hediye!	**18 Şubata kadar 22 TL yerine 9 TL**	**2'ncisi 2 TL**
4 ______	5 ______	6 ______

7

Es gibt viele Abteilungen in einem Supermarkt. Wo finden Sie was? Ordnen Sie zu!

armut | ayran | bal | beyaz peynir | bıçak | bulaşık deterjanı | çamaşır suyu | çatal | çay | çay bardağı | dana eti | diş fırçası | diş macunu | elma | eski kaşar | fincan | havuç | kahve | kaşık | kıyma | konserve | kuzu eti | makarna | margarin | muz | peçete | pirinç | reçel | salam | salça | sosis | sıvı sabun | sirke | sucuk | süt | şampuan | şeker | tabak | tava | tavuk | tereyağı | tuz | un | yoğurt | yumuşatıcı | zeytin | zeytinyağı

1. et reyonu - ______

2. ev eşyaları - ______

3. gıda ve içecekler - ______

4. kahvaltılık ürünler - ______

5. kişisel bakım - ______

6. meyve ve sebze bölümü - ______

7. süt ve süt ürünleri - ______

8. temizlik malzemeleri - ______

WORTSCHATZ

bulaşık deterjanı - *Spülmittel*
çamaşır suyu - *Bleichmittel*
diş macunu - *Zahnpasta*
sirke - *Essig*
sıvı sabun - *flüssige Seife*
tava - *Pfanne*
yumuşatıcı - *Weichspüler*

8

Sara kommt in den türkischen Supermarkt. Was spricht sie mit dem Verkäufer? Hören Sie zu und lernen Sie die wichtigen Sätze.

Sara: İyi günler, ben biraz meze almak istiyorum. **Hangisini tavsiye edersiniz?**
Satıcı: Efendim, bütün mezelerimiz lezzetlidir. Ama ben size özellikle humusu tavsiye ederim.
Sara: **Bir tadabilir miyim, acaba?**
Satıcı: Tabii ki! Buyurun, afiyet olsun.
Sara: Mm, çok lezzetli. **Bunun içinde neler var?**
Satıcı: İçinde nohut, limon suyu, sarımsak, tahin, yağ, pul biber ve kimyon var.
Sara: Tamam, bana 150 gram verin, lütfen.
Satıcı: Başka bir arzunuz var mı?
Sara: 250 gram da kısır alayım...

CD 1 - TR. 5

WORTSCHATZ

tavsiye etmek - *empfehlen*
özellikle - *besonders*
tatmak - *kosten, probieren*
nohut - *Kichererbsen*
pul biber - *Chiliflocken (mit etwas Salz)*
tahin - *Sesampaste*
susam - *Sesam*
ezme - *Mus, Püree*
baharat - *Gewürz*
kısır - *Salat aus Weizengrütze*

WORTSCHATZ

ummak - *hoffen*
-i davet etmek - *einladen*
-i unutmak - *vergessen*
bu/o yüzden - *deshalb*
-e kızmak - *sich ärgern über*
eğer kızdıysan - *falls du dich geärgert hast*
(-den) özür dilemek - *sich entschuldigen (bei)*
başlamak - *beginnen*

9

Paula hatte vergessen, Sara zur Party einzuladen. Sie schreibt ihr eine E-Mail, um sich zu entschuldigen und sie einzuladen. Füllen Sie die Lücken mit den Wörtern aus und übersetzen Sie den Text ins Deutsche.

başlayacak   değildin   dilerim   ettim   gelebilirsin   kızmadın

olacak   öptüm   umarım   unutmuşum

Sevgili Sara,

Nasılsın? (1) __________ iyisindir. Ben üç gün önce arkadaşları partiye davet (2) __________, fakat sen o gün okulda (3) __________. Sonra da bunu sana (4) söylemeyi __________.

Umarım bana bu yüzden (5) __________. Eğer kızdıysan çok ama çok özür (6) __________. Lütfen, bu akşam partiye sen de gel! Size güzel bir sürprizim (7) __________. Parti saat 6'da (8) __________. Ama tabii ki daha erken de (9) __________.

(10) __________.

Paula

WORTSCHATZ

sevinmek - *sich freuen*
üzülmek - *traurig sein*
-i unutmak - *vergessen*
unutkan - *vergesslich*

10

Sara liest die Nachricht von Paula und freut sich sehr darüber. Sie schreibt ihr gleich eine Antwort. Füllen Sie die Lücken in der Nachricht.

Sevgili Paula,

mesajını al__________(1), çok teşekkür et__________(2). Üzülme, bazen ben de çok unutkan ol__________(3). Bu sabah Engin'le konuş__________(4). O yüzden bu akşam partiye gel__________(5). Hatta parti için 3-4 çeşit meze de al__________(6).

Akşama görüş__________(7)!

Sevgiler.

Sara

Das türkische Verb kennt fünf einfache Zeiten (Tempora), die Sie bereits kennen: die Gegenwart (-yor), die Vergangenheit (-di), die Erzählform (-miş), die Zukunft (-ecek) und den Aorist (-r).

positiv	negativ	positive Frage	negative Frage
Ben çalışıyor**um**.	Ben çalış**mı**yorum.	Sen çalışıyor **musun**?	Sen çalış**mı**yor **mu**sun?
Ben çalıştı**m**.	Ben çalış**ma**dım.	Sen çalıştın **mı**?	Sen çalış**ma**dın **mı**?
Ben çalışmış**ım**.	Ben çalış**ma**mışım.	Sen çalışmış **mı**sın?	Sen çalış**ma**mış **mı**sın?
Ben çalışacağ**ım**.	Ben çalış**ma**yacağım.	Sen çalışacak **mı**sın?	Sen çalış**ma**yacak **mı**sın?
Ben çalışır**ım**.	Ben çalış**ma**m.	Sen çalışır **mı**sın?	Sen çalış**maz** **mı**sın?

Achten Sie darauf, dass bei der -di-Vergangenheit andere Personalendungen verwendet werden: (-m, -n, Ø, -k, -nİz, -lEr). Auch die Bildung des Aorist ist nicht regelmäßig. Sehen Sie sich dazu die Tabellen in § 1 an.

SPRACHTIPP

Zur Schreibweise der türkischen Endungen in erklärenden Texten: Großes **E** deutet auf die **kleine Vokalharmonie** hin (-lEr = -ler/-lar), großes **İ** auf die **große Vokalharmonie** (-nİz = -niz/-nız/-nüz/-nuz) und **großgeschriebene Konsonanten** deuten auf **Konsonantenwandel** hin (-Dİ = -di/-ti/-dı/-tı usw.).

° 11

Schreiben Sie, was Sie auf den Bildern sehen. Finden Sie diese Wörter in dem Wortgitter. Vielleicht sind auch noch andere Wörter versteckt.

B	E	Y	A	Z	C	P	E	Y	N	İ	R
A	Z	Ş	L	W	Ö	N	A	U	S	T	L
L	R	E	A	I	R	E	Ç	E	L	I	A
T	P	K	Y	S	A	R	I	M	S	A	K
Z	İ	E	L	T	D	N	H	H	E	Q	U
D	R	R	İ	M	İ	Y	O	Ğ	U	R	T
I	İ	F	M	Y	N	N	L	I	C	T
G	N	N	O	Ü	G	M	E	C	H	O	U
X	Ç	Y	N	M	A	Y	D	A	N	O	Z

1 ______ 2 ______

3 ______ 4 ______

5 ______ 6 ______

7 ______ 8 ______

WORTSCHATZ

nereden - *woher*
nerelerden - *woher überall*
nakit para - *Bargeld*
ödemek - *bezahlen*
hazırlamak - *vorbereiten*

12

Beantworten Sie die Fragen. Achten Sie auf die Zeitformen.

1. Siz nere(ler)den alışveriş yapıyorsunuz? ____________
2. Türk marketlerinden alışveriş yapar mısınız? ____________
3. Siz bugün alışverişe gittiniz mi? ____________
4. Alışverişinizi nakit parayla mı ödersiniz, yoksa banka kartıyla mı?
____
5. Bu akşam partiye gidecek misiniz? ____________
6. Bu hafta sonunda evinizde parti olacak mı? ____________
7. Arkadaşınız son partisinde neler hazırlamış? ____________
8. Arkadaşınızın partisine ne götürürsünüz? ____________

SPRACHTIPP

-den alışveriş yapmak - einkaufen in

Im Türkischen kauft man **aus** einem Geschäft Sachen.

CD 1 - TR. 6

WORTSCHATZ

acı - *scharf*
ekşi - *sauer*
tatlı - *süß*
tatsız - *fade*
almak - *nehmen, kaufen*
vermek - *geben*
lezzetli - *köstlich*
o zaman - *dann*

13

In dem Dialog ist die Reihenfolge durcheinander geraten. Setzen Sie die Sätze in die richtige Reihenfolge und vergleichen Sie mit der CD.

Müşteri: 150 gram kısır almak istiyorum.
Satıcı: Hayır, hiç acı değil.
Müşteri: İyi günler, ben biraz meze almak istiyorum.
Satıcı: Hangi mezelerden istersiniz?
Müşteri: İçinde neler var?
Satıcı: İyi günler, buyurun!
Müşteri: Çok acı mı?
Satıcı: Tamam, başka bir arzunuz var mı?
Müşteri: Şu nasıl bir şey?
Satıcı: İçinde patlıcan, yoğurt, sarımsak, limon, tuz var.
Müşteri: O zaman bana 200 gram verin, lütfen...
Satıcı: O, yoğurtlu patlıcan ezmesi. Çok lezzetlidir.

14

Alışverişlerde pazarlık etmek: Türkiye'de alışveriş yaparken birçok yerde pazarlık edebilirsiniz. Örneğin; giyecek, ayakkabı veya elektronik eşya alırken. Buna karşılık yiyecek ve içecek alırken normalde pazarlık edilmez. Fakat pazarda örneğin, 3 kilo elma almak istiyorsunuz ve elmanın kilosu 2 liraysa o zaman „Üç kilosu beş liraya olur mu?" diye sorabilirsiniz!

SPRACHTIPP

alışveriş yap**arken** – **beim** Einkaufen
... al**ırken** – **beim** Kauf von ...
elmanın kilosu 2 lira**ysa** – **wenn** das Kilo Äpfel 2 Lira kostet

15

Beim Einkaufen können Sie die folgenden Sätze häufig hören oder selbst benutzen. Welche Sätze werden von den Verkäufern (satıcı), welche von den Kunden (müşteri) benutzt? Ordnen Sie zu. Vergleichen Sie mit der CD und wiederholen Sie die Sätze.

CD 1 - TR. 7

1. Poşet ister misiniz?

2. Şifrenizi girin ve ‚OK' tuşuna basın!

3. Bugün bütün ürünlerimiz % 10 indirimli.

4. Fiş keser misiniz?

5. Şu peynirden tadabilir miyim?

6. Buyurun, siz seçebilirsiniz.

7. Bozuk paranız var mı?

8. Nasıl ödemek istersiniz?

Müşteri: ______________________ Satıcı: ______________________

WORTSCHATZ

torba – *Beutel*
poşet – *Plastiktasche*
şifre – *Geheimzahl*
tuş – *Taste*
-e basmak – *drücken auf*
ürün – *Produkt*
indirimli – *ermäßigt*
fiş – *Kassenzettel*
-i kesmek – *schneiden, (hier: drucken)*
-i/-den tatmak – *kosten*
tat – *Geschmack*
-i seçmek – *aussuchen*
bozuk para – *Kleingeld*

SPRACHTIPP

Konsonantenwandel bei **tatmak**: Peynirden ta**d**ıyor. – *Sie probiert den Käse.* Ebenso bei **tat**: peynirin ta**d**ı – *der Geschmack des Käses*

16

Wie sieht es bei Ihnen aus – wo und wie oft gehen Sie einkaufen? Erzählen Sie und benutzen Sie dabei die angegebenen Wörter.

her gün, haftada iki defa; kasap, alışveriş merkezi, fırın, internet; sezon sonu indirimleri, indirim; nakit ödemek, kredi kartıyla ödemek, taksitle ödemek; otobüs, araba, bisiklet, yürüyerek gitmek

WORTSCHATZ

kasap – *Metzger*
fırın – *Bäckerei*
sezon sonu indirimi – *Schlussverkauf*
nakit ödemek – *bar bezahlen*
taksitle ödemek – *in Raten zahlen*
yürüyerek gitmek – *zu Fuß gehen*

LEKTION 2 Müzik Ruhun Gıdasıdır!

CD 1 - TR. 8

LERNTIPP

ne kadar kızsan – *wie sehr du dich auch ärgerst*
gerçek – *wirklich (Adjektiv),* **gerçekten** – *wirklich (Adverb)*
Sarah ayakkabılarını çıkarsın. – *Sarah soll ihre Schuhe ausziehen. (Befehlsform der 3. Pers. s. § 2.1.2)*

KULTURTIPP

Türkiye'de ziyaretlerde ev içinde mutlaka ayakkabıları çıkarmak gerekir.

CD 1 - TR. 9

WORTSCHATZ

-in sesini açmak/kısmak – *lauter/leiser machen*
benim (en) sevdiğim ... – *mein Lieblings...*
-i kazandığından beri – *seitdem sie ... gewonnen hat*
beste – *Komposition*
-i bestelemek – *etw. komponieren*
altın plak – *goldene Schallplatte*
dört dörtlük – *vollkommen*

SPRACHTIPP

Tarkan'a hayran olmak – *Tarkan bewundern*
Tarkan hayranı – *Tarkanfan*

1

Am Abend kommen Engin und Sarah zu Paula, die sie an der Tür empfängt. Worüber sprechen sie?
Hören Sie sich den Dialog nochmal an und kreuzen Sie an: richtig oder falsch?

	DOĞRU	YANLIŞ
1. Paula, Sarah ile Engin geldiği için seviniyor.	☐	☐
2. Sarah ile Engin ayakkabılarını çıkarsınlar.	☐	☐
3. Sarah ile Engin geç kaldı.	☐	☐
4. Partiye en son onlar geldi.	☐	☐
5. Paula bütün arkadaşlarını partiye davet etti.	☐	☐
6. Kerem partide kimseyi tanımıyor.	☐	☐

2

Auf einer Party wird viel Musik gehört und getanzt. ‚Müzik ruhun gıdasıdır' (Musik ist das Futter für die Seele) ist ein altes Sprichwort. Hören Sie den Dialog. Worüber sprechen die Freunde? Und was bedeuten die folgenden Sätze auf Deutsch? Ordnen Sie zu.

1. Müziğin sesini açabilir miyim?	___	**A** Ihr letztes Album hat alle Verkaufsrekorde gebrochen.
2. Sevdiğin bir şarkıcı var mı?	___	**B** Ihr erstes Album hat Gold bekommen.
3. Ben Sertab Erener hayranıyım.	___	**C** Hast du einen Lieblingssänger?
4. İlk albümü altın plak ödülü aldı.	___	**D** Kann ich die Musik lauter machen?
5. Şarkı sözlerini kendisi yazıyor.	___	**E** Sie ist eine vollkommene Künstlerin.
6. Son albümünde bütün besteleri kendisine ait.	___	**F** Auf ihrem letzten Album hat sie alle Lieder komponiert.
7. Dört dörtlük bir sanatçı.	___	**G** Ich bin ein Fan von Sertab Erener.
8. Son albümü satış rekorları kırdı.	___	**H** Sie schreibt die Texte selber.

Das -DİK-Partizip (I)

Ein Partizip ist ein aus einem Verb gebildetes Adjektiv, das aber noch verbale Eigenschaften beibehält (**Verbaladjektiv**). Das Türkische kennt mehrere davon. Eines wird mit der Endung -DİK gebildet (große Vokalharmonie, d und k unterliegen dem Konsonantenwandel). Das -dik-Partizip kommt in den allermeisten Fällen mit einer Possessivendung vor.

Söylediği şarkı harika. - ***Das Lied, das sie singt,*** *ist wunderschön.*

Das Partizip **söylediği** besteht aus folgenden Komponenten:

Verbstamm	Verneinung -mE-	-DİK	Possessivendung
söyle-	--	-diğ-	-i

Alle Possessivendungen können an das -DİK-Partizip antreten:

(**benim**) söylediğ**im**	-(**mE**)Diğ**İm**	(**bizim**) söylediğ**imiz**	-(**mE**)Diğ**İmİz**
(**senin**) söylediğ**in** şarkı	-(**mE**)Diğ**İn**	(**sizin**) söylediğ**iniz**	-(**mE**)Diğ**İnİz**
(**onun**) söylediğ**i** şarkı **Leyla'nın** söylediği	-(**mE**)Diğ**İ**	**onların** söylediği (**onların**) söylediк**leri** ...	-(**mE**)Diğ**İ** -(**mE**)DİK**lErİ**

SPRACHTIPP

Zehnerpotenzen plus -lErcE:
onlarca - *zig*
yüzlerce - *hunderte*
binlerce - *tausende*

3

Füllen Sie die Lücken aus, indem Sie aus den Verben passende Partizipien bilden. Vergleichen Sie anschließend mit der CD.

CD 1 - TR. 10

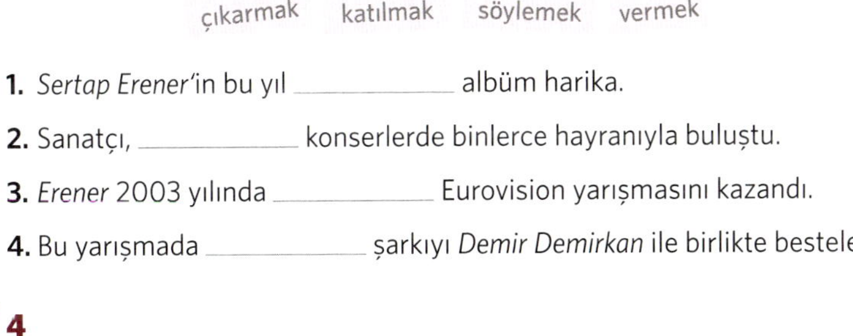

çıkarmak | katılmak | söylemek | vermek

1. *Sertap Erener*'in bu yıl ____________ albüm harika.
2. Sanatçı, ____________ konserlerde binlerce hayranıyla buluştu.
3. *Erener* 2003 yılında ____________ Eurovision yarışmasını kazandı.
4. Bu yarışmada ____________ şarkıyı *Demir Demirkan* ile birlikte besteledi.

WORTSCHATZ

kesene bereket - *Reichtum für deinen Geldbeutel*
sürekli - *ständig*
yaşasın - *Hurra!*

4

Paula bittet ihre Freunde zu Tisch! Worüber sprechen sie?
Hören Sie den Text und füllen Sie die Lücken aus.

CD 1 - TR. 11

1. **Paula:** Sara, ____________ mezeler çok lezzetliymiş! Kesene bereket! Bunları nereden aldın?
2. **Sara:** Onları sürekli alışveriş ____________ Türk marketinden aldım.
3. **Engin:** Paula, bize söylemek ____________ sürpriz neydi?
4. **Paula:** Arkadaşlar, size benim söylemek ____ ________ şuydu: İki ay sonra okumak için Türkiye'ye gidiyorum. Yaşasın!

WORTSCHATZ

sofra - *Tafel*
zahmet (etmek) - *Mühe (machen)*
getirmek - *(mit) bringen*
bakla - *Saubohne*
** - Lass die Katze aus dem Sack!*

Das -DİK-Partizip (II)

Das -dik-Partizip zeigt eine Handlung in der Gegenwart oder Vergangenheit. Adjektivisch gebrauchte -dik-Partizipien bilden **Nebensätze**, die ins Deutsche als **Relativsätze** übersetzt werden.

Söylediği şarkı...	*Das Lied, das* ***sie*** *singt/gesungen hat ...*
Leyla'nın/Onun söylediği şarkı...	*Das Lied, das* ***sie/Leyla*** *gesungen hat ...*

Das -dik-Partizip zeigt eine Handlung in der Gegenwart oder Vergangenheit. Wann die Handlung genau passiert ist, erfährt man aus dem Kontext.

Söylediği şarkı çok güzel.	*Das Lied, das sie singt, ist sehr schön.*
Dün konserde söylediği şarkı çok güzel**di**.	*Das Lied, das sie* ***gestern*** *auf dem Konzert gesungen hat,* ***war*** *sehr* ***schön***.

Weil das Partizip quasi ein Adjektiv ist, ändert sich das Nomen nicht:

Son **çıkardığı albüm** harika.	*Das Album, das sie zuletzt veröffentlicht hat, ist wunderbar.*

Das Partizip **muss nicht** direkt vor dem Nomen stehen. Es können noch 'richtige' Adjektive zwischen dem Nomen und dem Partizip stehen:

Sizce kazandığınız **en önemli ödül** hangisiydi?	*Welcher war Ihrer Meinung nach* ***der wichtigste Preis****, den Sie gewonnen haben?*

CD 1 - TR. 12

... başlamadan 2 saat önce - *zwei Stunden bevor ... angefangen hatte*
... ile dalga geçmek - *jdn. veräppeln*

SPRACHTIPP

Das adjektivische **bir** *(ein(e))* wird mit der Possessivendung -i substantivisch: **bir grup** - *eine Gruppe*, **gruplardan biri** - *eine von den Gruppen*

5

Leyla erzählt Engin von ihrem Urlaub in Trabzon. Hören Sie die CD und füllen Sie die Lücken.

1. (Benim) kal______ otelde DUMAN bir konser verdi.
2. DUMAN'_____ Trabzon'da ver_______ konserin biletleri 35 liraydı.
3. ~~(Onların)~~ konser ver______ salona saat sekizden itibaren girmek mümkündü.
4. DUMAN (ben_____) en sev_______ gruplardan biri.

Türkiye'de Konsere Gitmek

Türkler hem şarkı söylemeyi hem de dans etmeyi severler. O yüzden özellikle Türk sanatçılarının konserlerine gitmek çok eğlenceli olur. Buna Türkiye'de bir konsere gittiğiniz zaman şahit olabilirsiniz!

6

Sie möchten für ein Konzert im Internet Karten kaufen. Lesen Sie, was auf der Seite als Kleingedrucktes steht, und beantworten Sie die Fragen.

> Lütfen dikkat edin!
> 6 yaşından küçük çocuklar etkinliğe alınmamaktadır.
> 6 yaş ve üzeri bilete tabidir.
> 15 yaş altı katılımcılar sadece ebeveynleriyle giriş yapabilir.
> Kapı açılış saati 16:00'dır.
> Biletlerde iade-iptal ve değişiklik yapılmaz.
> Profesyonel kayıt cihazları salona alınmaz.
> Organizasyon şirketi bilet fiyatlarında değişiklik yapma hakkını saklı tutar.
> Bilet limiti 9 adettir. Bu, seçtiğiniz fiyat kategorisinde yan yana alabileceğiniz en fazla bilet adedidir.

1. 5 yaşındaki çocuklar etkinliğe girebilir mi ?
- ☐ **A** Evet, arkadaşlarıyla girebilirler.
- ☐ **B** Evet, anne babalarıyla girebilirler.
- ☐ **C** Hayır, giremezler.

2. 8 yaşındaki çocuklar için etkinlik ücretsiz mi ?
- ☐ **A** Evet, ücretsiz.
- ☐ **B** Hayır, ama sadece % 50 öderler.
- ☐ **C** Hayır, ücretlidir.

3. 14 yaşındaki gençler konsere girebilir mi?
- ☐ **A** Evet, arkadaşlarıyla girebilirler.
- ☐ **B** Evet, anne babalarıyla girebilirler.
- ☐ **C** Hayır, giremezler.

4. Konser salonuna saat kaçta girebilirim?
- ☐ **A** Saat 16'ya kadar.
- ☐ **B** Saat 16'dan sonra.
- ☐ **C** Konser başlamadan 1 saat önce.

5. Biletleri geri verebilir miyim?
- ☐ **A** Evet, verebilirsiniz.
- ☐ **B** Evet, ama başka bilet almalısınız.
- ☐ **C** Hayır, veremezsiniz.

6. Konserde cep telefonuyla film çekebilir miyim?
- ☐ **A** Evet, çekebilirsiniz.
- ☐ **B** Evet, ama izin almanız lazım.
- ☐ **C** Hayır, çekemezsiniz.

SPRACHTIPP

alınmak = Passiv von almak
alın**mamaktadır** = *alın**maz***

hak (hakkı) – *Recht*
Dieses Wort gehört zu den Wörtern, bei denen sich der letzte Konsonant verdoppelt, wenn eine mit Vokal beginnende Endung angehängt wird. hakkım, hakkın, hakkı, hakkımız, hakkınız, aber hakları
insan hakları – Menschenrechte

‚6 yaşında' bedeutet „im sechsten Lebensalter", d. h. ein Kind, das fünf Jahre und zwei Monate alt ist, ist in seinem sechsten Lebensjahr. Also ‚6 yaşında'.

Bei Babys spricht man von **... aylık** (*... monatig*): **Kızım 3 aylık.** *Meine Tochter ist drei Monate alt.*

WORTSCHATZ

etkinlik – *Veranstaltung*
katılımcı – *Teilnehmer*
-e tabi olmak – *unterliegen*
ebeveyn – *anne ve baba*
iade – *Rückgabe*
iptal – *Stornierung*
kayıt cihazı – *Aufnahmegerät*
-mek hakkını tutmak – *sich das Recht vorbehalten, zu ...*
adet / tane – *Stück*
en fazla / en çok – *höchstens*
ücret – *Gebühr*

WORTSCHATZ

caz - *der Jazz*
Türk sanat müziği - *die türkische klassische Musik*
Türk halk müziği - *die türkische Volksmusik*
müzik türü - *Musikart*
hediye - *Geschenk*
-e -i hediye etmek - *jdm. etw. schenken*

7

Die Reihenfolge der Wörter ist durcheinander geraten. Schreiben Sie die Sätze in der richtigen Reihenfolge auf.

1. bütün | e-posta | yazdım | arkadaşlara | Tanıdığım | .

2. biraz | Müziğin | kısabilir | sesini | miyiz | ?

3. benim | çok | Kıraç | sevdiğim | şarkıcı | bir | .

4. cazdan | Ben | Türk | sanat müziğine | her | müziği | türlü | kadar | dinlerim | .

5. Senin | dinlediğin | çok | en | türü | müzik | hangisi | ?

6. teşekkür | Arkadaşlar, | hediyeler | için | getirdiğiniz | çok | ederim | .

7. yediğimiz | lezzetliydi | partisinde | Paula'nın | çok | mezeler | .

8

Zu einer guten Party gehören Musik und Essen. Welche Wörter (insgesamt elf Stück) finden Sie in dem Wortgitter zu diesen Themen? Die Wörter können waagrecht, senkrecht und auch schräg stehen.

U	F	P	D	T	A	N	I	Ş	M	A	K
E	E	I	İ	C	H	E	C	K	L	T	A
Ğ	D	A	N	S	N	E	T	M	E	K	L
L	B	İ	L	E	T	E	C	K	Z	N	A
E	M	P	E	G	Ö	T	H	H	Z	Q	B
N	D	Ä	M	M	H	E	A	M	E	T	A
M	E	Z	E	Y	Ä	H	N	T	T	C	L
E	A	N	K	O	N	S	E	R	L	Ö	I
K	W	H	A	Y	R	A	N	U	İ	I	K

9

Auf der Party erzählt Paula ihren Freunden, dass sie in der Türkei studieren möchte. Einige sind darüber überrascht. Paula erzählt ihnen, warum sie sich dazu entschlossen hat. Füllen Sie die Lücken mit den Wörtern aus. Achten Sie auf die richtige Grammatik.

istemek kabul karar kere olmak seçmek

tanışmak ülke yapmak yurt dışı

Arkadaşlar; biliyorsunuz, ben uzun zamandan beri (1) ___________ Erasmus'a katılmak istiyordum. Çok düşündüm ve sonunda Türkiye'yi (2) ___________. Daha önce orada birkaç (3) ___________ tatil yapmıştım. Tatilde (4) ___________ insanlar her zaman güler yüzlü ve yardımseverdi. Türkiye'nin kolay bir (5) ___________ olmadığını biliyorum. Fakat ben yine de bu ülkeyi seviyorum. Ayrıca ülkenin kültürünü yakından tanımak istiyorum. O yüzden (6) ___________ verdim ve 3 ay önce İstanbul Koç Üniversitesi'ne başvuruda bulundum. İki hafta önce başvurumu (7) ___________ ettiler. Yani arkadaşınız 4 ay İstanbul'da (8) ___________. Başvuru (9) ___________ önce birkaç arkadaşla konuşmuştum. Onlar da „Türkiye'deki üniversitelerin yüksek standardı var!" demişlerdi. Evet, size yapmak (10) ___________ sürpriz buydu! Siz ne düşünüyorsunuz?

WORTSCHATZ

kabul – *Annahme*
-i kabul etmek – *etw. annehmen*
ret (-ddi) – *Ablehnung*
-i reddetmek – *etw. ablehnen*
-e karar vermek – *Entscheidung treffen*
-i seçmek – *etw. aussuchen*
ülke – *Land*
vatan – *Heimat*
anavatan – *Heimatland*
yurt dışı – *Ausland*
yurt içi – *Inland*
güler yüzlü – *freundlich*
yardımsever – *hilfsbereit*
yakından – *aus der Nähe*
-e başvurmak – *sich wenden an*
-e başvuruda bulunmak – *sich bewerben*
-e başvuru yapmak – *sich bewerben*
yap<u>madan önce</u> – *bevor ich/du/er... getan habe/hast/hat...*

10

Üben Sie nochmal das -dik-Partizip. Wie würden Sie diese Sätze ins Türkische übersetzen?

1. In dem Hotel, in dem ich Urlaub gemacht habe, waren viele deutsche Touristen. ___________
2. Ein junger Mann, den sie im Türkischkurs kennengelernt hat, wollte in der Türkei studieren. ___________
3. Gibt es an der Universität, auf die Sie gehen möchten, eine juristische Fakultät? ___________
4. Ich habe von zwei Universitäten, bei denen ich mich beworben habe, eine positive Antwort erhalten.

WORTSCHATZ

Jura – **hukuk**
juristische Fakultät – **hukuk fakültesi**
positiv – **olumlu**
negativ – **olumsuz**
Antwort – **yanıt/cevap**
jdm. antworten – **-e cevap vermek**
erhalten von – **-den almak**

CD 1 - TR. 13

WORTSCHATZ

gençken - *als Jugendlicher*
arabesk - *arabesk müzik*
neredeyse - *beinahe, fast*
rahmetli - *verstorben*
hata - *Fehler*
kul - *Knecht (Gottes) = Mensch*
harika - *wunderbar*
-mek imkânsız - *es ist unmöglich zu tun*
saz - *türkische Laute*

11

Zwei Freunde unterhalten sich über Musik. Einer von ihnen stellt die unten stehenden Fragen. Wie beantwortet sein Freund die Fragen? Wie hätten Sie die Fragen beantwortet? Schreiben Sie Ihre Antworten in ganzen Sätzen.

1. Sizin en sevdiğiniz müzik türü hangisi?

____

2. Sizin en sevdiğiniz şarkıcı veya müzik grubu hangisi?

____

3. En sevdiğiniz şarkı veya albüm hangisi?

____

4. En son kiminle konsere gittiniz?

____

CD 1 - TR. 14

WORTSCHATZ

Merak etme! - *Mach dir keine Sorgen!*
bakarsın - *(hier:) mal schauen, vielleicht*
ayak - *Fuß*
Ayaklarınıza sağlık! - *Schön, dass ihr gekommen seid. (Ähnlich wie "Ellerine sağlık!")*
kaçmak - *fliehen; verduften*
-mekle iyi etmek - *gut daran tun etw. zu tun*

12

Es ist spät geworden und die Freunde verabschieden sich langsam von Paula. Setzen Sie den Dialog in die richtige Reihenfolge. Hören Sie danach, worüber gesprochen wird, und vergleichen Sie Ihre Lösung.

Engin: Yine buluşuruz, merak etme. Ayrıca bakarsın İstanbul'a da geliriz.
Kerem: Bence de, Paula. Ayrıca her şey için teşekkürler. Görüşürüz.
Paula: Oraya da beklerim tabii ki.
Sarah: Evet, ben de kalkayım. Geç oldu!
Paula: Geldiğiniz için çok teşekkürler. Ayaklarınıza sağlık.
Kerem: Arkadaşlar, ben yavaş yavaş kaçıyorum.
Sarah: Bence Türkiye'ye gitmekle iyi ediyorsun, Paula. Tebrik ederim.
Paula: Oturun, ne güzel sohbet ediyorduk.

WORTSCHATZ

gelirsen - *wenn du kommst*
(benim) sözüm var - *ich bin bereits verabredet*
getirmemi istiyor - *er/sie will, dass ich mitbringe*

13

Eine Freundin hat Sie zur ihrem Geburtstag eingeladen: „Doğum günümde parti veriyorum. Sen de gelirsen çok sevinirim!". Welche der Antworten wäre eine Zusage (✓), welche eine Absage (×)? Wie heißen die Sätze auf Deutsch?

☐ **1.** Çok isterdim, ama o gün başka bir yere sözüm var.
☐ **2.** Tabii ki! Sana ne alabilirim?
☐ **3.** Seve seve gelirim. Arzu ettiğin bir şey var mı?
☐ **4.** Üzgünüm, ama o gün şehirde olmayacağım.
☐ **5.** Yiyecek veya içecek bir şey getirmemi ister misin?

14

Es gibt viele gute Gründe, warum man in der Türkei studieren kann: Unter http://www.studieren-in-der-tuerkei.de/ finden Sie einige davon.

Türkiye'de Okumak İçin Birkaç Neden!

- Türkiye'de birçok üniversitede İngilizce yükseköğrenim yapabilirsiniz ...
- Türkiye'deki yüksekokullar, Almanya'nın ve diğer Avrupa Birliği ülkelerinin kullandığı kredi puan sistemini uyguluyor. Türkiye'de lisans (Bachelor) ve yüksek lisans (Master) yapabilirsiniz ...
- Öğrenciler, liseyi bitirme notundan çok, giriş sınavında aldıkları puanlara göre üniversiteye girebiliyorlar ...
- Üniversiteye giriş sınavını Almanya'da İngilizce de yapabilirsiniz ...
- Yükseköğreniminizi yüksek standartlarda yapabileceksiniz ...
- Asya ve Avrupa arasında köprü olan bir ülkede okuyabilirsiniz ...
- Türkçe bilginizi orada geliştirebilirsiniz ...
- Her zaman güler yüzle karşılanırsınız ...

WORTSCHATZ

neden - *Grund*
yükseköğrenim - *Hochschulstudium*
yüksekokul - *Hochschule*
bitirme notu - *Abschlussnote*
puan - *Punkt*
-e göre - *gemäß*
giriş sınavı - *Aufnahmeprüfung*
karşılanmak - *empfangen werden*
-i karşılamak - *jdn. empfangen*

SPRACHTIPP

köprü olan bir ülke - *ein Land, das eine Brücke ist*

15

Hören Sie, wie eine Frau erzählt, wie sie mit Türkischlernen angefangen hat. Was hat sie erzählt? Schauen Sie sich den Text an und hören Sie ihn noch einmal. Schlagen Sie die Wörter nach, die Sie nicht verstanden haben. Jetzt sind Sie dran! Erzählen Sie, wie Sie mit Türkisch angefangen haben und welche Erfahrungen Sie mit der Türkei gemacht haben. Benutzen Sie von den unten stehenden Wörtern und Redewendungen so viele wie möglich.

Ne zamandan beri? (Seit wann?)
3 yıldan beri, çocukluğumdan beri
Ne zaman?
çocukluğumda - gençliğimde - 18 yaşındayken - ilk defa / ilk kez
Ne yaptım? Ne yapmak istiyorum?
Türkçe öğrenmek - konuşmak
Türkçemi ilerletmek - geliştirmek
tatile gitmek - tatil yapmak - görülmeye değer yerler, turistik yerler, tarihî yerler, doğal güzellikler
-i keşfetmek - (ile) tanışmak

Neden Türkiye?
tatil için; iş için gitmek, -e tayin edilmek, -de çalışmak
özel şirkette çalışmak, Alman firmasında
annem ve(ya) babam Türk
aileyi / akrabaları ziyaret etmek
Türkler nasıl?
sıcakkanlı, nazik, yardımsever, konuksever, güler yüzlü
İleride ne yapacaksınız?
-e yerleşmek
yazlık ev veya yazlık daire almak

CD 1 - TR. 15

WORTSCHATZ

18 yaşındayken - *als 18-Jährige(r)*
ilerletmek - *erweitern*
geliştirmek - *ausbauen*
görülmeye değer - *sehenswert*
tarihî - *historisch*
doğa - *Natur;* **doğal** - *natürlich*
-i keşfetmek - *entdecken*

Türkiye'deyim

 CD 1 - TR. 16-20

 WORTSCHATZ

kabul belgesi - *Aufnahmebestätigung*
gümrüğe tabi - *zollpflichtig*
eşya - *Gegenstände*
tütün - *Tabak*
dizüstü bilgisayar - *Laptop*
bakım malzemesi - *Kosmetikutensilien*
-e sokmak - *(hier:) einführen*
taksimetre - *Taxameter*

 SPRACHTIPP

arasam - wenn ich anriefe
bir şey yapmayı düşünmek - überlegen, etwas zu tun
Yanımda para yok. - Ich habe kein Geld bei mir.
geldikten sonra - nachdem ... gekommen war(en)

1

Es sind zwei Monate vergangen und Paula macht sich auf den Weg in die Türkei. Ihre Maschine landet auf dem Sabiha-Gökçen-Flughafen in Istanbul. Was wird gesprochen? Ordnen Sie die Dialoge den Bildern zu.

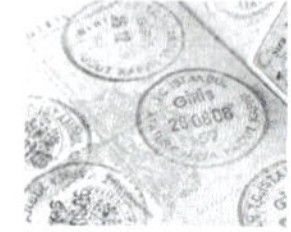
Dialog: ______

Dialog: ______

Dialog: ______

Dialog: ______

Dialog: ______

2

Lesen Sie die Aussagen. Hören Sie sich die Dialoge aus Übung 1 nochmal an und kreuzen Sie an: richtig oder falsch?

	DOĞRU	YANLIŞ
1. Paula, pasaport kontrolünde sadece pasaportunu gösteriyor.	☐	☐
2. Paula getirdiği elektronik eşyalar için gümrük ödemiyor.	☐	☐
3. Paula iki yüz avro bozdurmak istiyor.	☐	☐
4. Paula taksi için 80 liradan fazla ödemeyecek.	☐	☐
5. Paula'nın kaldığı odanın numarası 380.	☐	☐

3

Hören Sie sich die Dialoge aus Übung 1 nochmal genauer an und beantworten Sie die Fragen.

1. Gümrük polisi pasaporttan başka neyi görmek istiyor? (TR 18)

____

2. Elektrikli diş fırçası nerede? (TR 19)

____

3. Paula'nın yanında Türk Lirası var mıydı? (TR 20)

____

4. Bavulları takside nereye koyuyorlar? (TR 17)

____

5. Paula otele geldikten sonra neden hemen odasına gitmiyor? (TR 16)

____

Das -DİK-Partizip (III)

Das -dik-Partizip wird für eine Reihe von Adverbialsätzen gebraucht, um zum Beispiel anzugeben, warum man etwas macht.

Stamm	(Verneinung)	-DİK	Possessiv-endung	Postposition
öğren-	(-me-)	-diğ-	-i	için

Ben, 1. Paula Türkçe öğren(me)diği için... 2. Paula öğrenci olduğu/olmadığı için... 3. Paula'nın zamanı olduğu/olmadığı için... *ona kitap aldım.*	*Ich,* *weil Paula (kein) Türkisch lernt ...* *weil Paula Schülerin/keine Schülerin ist ...* *weil Paula Zeit/keine Zeit hat ...* *habe ich ihr ein Buch gekauft.*

Das Subjekt des Adverbialsatzes steht im Nominativ, bei Haben-Konstruktionen im Genitiv. Wenn Haupt- und Nebensatz dasselbe Subjekt haben, wird nur das Hauptsatzsubjekt genannt:

Paula (~~Paula'nın~~) zamanı olmadığı için *gelemedi.*	*Paula,* *weil sie keine Zeit hat* *konnte nicht kommen.*

In den folgenden Sätzen haben Haupt- und Nebensatz unterschiedliche Subjekte. Übersetzen Sie die Sätze ins Deutsche.

Fatma diplomamı üniversiteden *aldı,*	**o yüzden ben ~~(Fatma'ya)~~ kendisine** *(ihr)* **teşekkür ettim.**

Ben Fatma'ya (*~~Fatma~~*) diplomamı üniversiteden *aldığı için* **teşekkür ettim.**
Ben (*~~Fatma~~*) diplomamı üniversiteden *aldığı için* **Fatma'ya teşekkür ettim.**
Fatma diplomamı üniversiteden aldığı için (**~~Fatma'ya~~**) *kendisine teşekkür ettim.*

4

Bilden Sie aus zwei Sätzen einen Satz mit einer Konstruktion aus -dik-Partizip + için. Hören Sie anschließend die Sätze und vergleichen Sie.

1. Paula Türkiye'ye gidiyor. Çünkü Paula Türkiye'de okumak istiyor.
2. Türkiye'de çok iyi üniversiteler var. O yüzden yabancı öğrenciler burada okumak istiyor.
3. Otel havalimanına uzak. O nedenle taksiyle gittik.
4. Şoför çok hızlı gitti. O nedenle "Lütfen yavaş gidin!" dedim.
5. Paula'nın Türk Lirası yok. Paula o yüzden para bozdurmak zorunda.

CD 1 - TR. 21

WORTSCHATZ

-e uzak – *weit weg von*
-e yakın – *nahe an/bei*
hızlı/yavaş gitmek – *schnell/langsam fahren*

KULTURTIPP

Wenn Sie in der Türkei mit dem Taxi fahren möchten, lernen Sie vorsichtshalber diesen Satz: „Şoför bey, yavaş gidin lütfen, fena oluyorum!" - „Herr Fahrer, fahren Sie bitte langsamer, mir wird schlecht!"

Das -DİK-Partizip (IV)

So wie beim adjektivischen Gebrauch zeigt das -dik-Partizip auch hier eine Handlung, die in der Gegenwart geschieht oder in der Vergangenheit geschehen ist:
Paula'nın karnı aç. Paula lokantaya gidiyor.

Paula, **karnı aç olduğu için** lokantaya **gidiyor**.
Weil Paula Hunger hat, geht sie ins Restaurant.

Paula, **karnı aç olduğu için** lokantaya **gitti**.
Weil Paula Hunger hatte, ging sie ins Restaurant.

Satzbeispiele für sämtliche Personen:

(ben) çalıştığ**ım, (sen)** çalıştığ**ın, (o) / Paula** çalıştığ**ı,**
(biz) çalıştığ**ımız, (siz)** çalıştığ**ınız, (onlar)** çalıştık**ları** için ...
→ *Weil ich arbeite/arbeitete ... usw.*

(ben) öğrenci olduğ**um, (sen)** ... olduğ**un, (o) / Paula** ... olduğ**u,**
(biz) ... olduğ**umuz, (siz)** ... olduğ**unuz, (onlar)** ... olduk**ları** için ...
→ *Weil ich Schüler bin/war ... usw.*

(benim) zaman**ım, (senin)** zaman**ın, (onun) / Paula'nın** zaman**ı,**
(bizim) zaman**ımız, (sizin)** zaman**ınız, onların** zamanı (zaman**ları**) olduğ**u** için...
→ *Weil ich Zeit habe/hatte ... usw.*

ABC WORTSCHATZ

yurt - *Heim*
öğrenci yurdu - *Studentenwohnheim*
hazırlık sınıfı - *Vorbereitungsklasse*
döviz bürosu - *Wechselstube*
gümrük - *Zoll*
vergi ödemek - *Steuern zahlen*
(<u>Senin</u>) okuman gerekiyor. - *Du musst lesen. (Dein Lesen ist nötig.) (vgl. § 4.2)*

KULTURTIPP

In der Wechselstube gibt es in der Regel zwei Angaben über eine Währung:
Euro Alış - *Euro-Kauf:* (wenn Sie Euro in Lira umtauschen) „Euro bozdurmak istiyorum."
Euro Satış - *Euro-Verkauf:* (wenn Sie Lira in Euro umtauschen) „Euro almak istiyorum."

Die Wechselstube wechselt Geld (**para bozmak**), der Kunde lässt Geld wechseln (**para bozdurmak**).

5

Füllen Sie die Lücken mit den passenden Pronomen und den -dik- bzw. Possessivendungen aus.

1. Ben yurtta yer bulama________ için ev kiraladım.
2. (Sen) Türkçe bil________ için **senin** hazırlık sınıfında okuma**n** gerekmez.
3. Oğlum matematiği sev________ için mühendis olmak istiyor.
4. Biz para bozdurmak iste________ için döviz bürosuna gittik.
5. Bilgisayar Paula'nın ol________ için gümrükte vergi ödemedi.
6. Ali______ arabası olma________ için taksiyle geldi**ler**.
7. Ali______ arabası olma________ için taksiyle geldi. *(DİKKAT!)*

6

Häufig findet man in Restaurants, Hotels usw. kleine Hinweisschilder. Was könnten Sie auf Deutsch bedeuten? Ordnen Sie zu.

___ **A** Verlangen Sie nach Ihrem Bon!
___ **B** MwSt. inklusive!
___ **C** Fragen Sie nicht nach Kredit!
___ **D** Es wird nach Mindestlohn bezahlt! Brutto 2xxx TL.
___ **E** Trinkgeld nicht inklusive!
___ **F** In geschlossenen Räumen ist das Rauchen verboten!

1 **Lütfen, veresiye teklif etmeyiniz!**

2 **KDV fiyatlara dahildir!**

3 **Asgari ücret uygulanır! Brüt: 2xxx TL**

4 **Garsoniye hesaba dahil değildir.**

5 **Kapalı alanlarda sigara içmek yasaktır!**

6 **Fişinizi isteyiniz!**

Das -DİK-Partizip (V)
Neben *için* gibt es weitere Wörter, die Adverbialsätze bilden (s. auch § 5.4):

Otele var**dığım zaman** sana telefon ederim!	*Ich rufe dich an,* ***wenn*** *ich im Hotel ankomme.*
Türkçe bil**diğin hâlde** hiç konuşmuyorsun.	*Du sprichst nicht,* ***obwohl*** *du Türkisch kannst.*
Burada ol**duğu sürece** ona yardım ettik.	*Wir haben ihr/ihm geholfen,* ***solange*** *sie/er hier war.*

CD 1 - TR. 22

7

Paula schickt ihren Freunden eine kurze Sprachnachricht. Füllen Sie die Lücken mit dem -dik-Partizip (+ passender Possessivendung) und den angegebenen Wörtern aus. Auf der CD hören Sie den kompletten Text. Vergleichen Sie.

hâlde   için   için   sürece   zaman

Uçak yolculuğunu (1) sevme______ ______ yolculuğum iyi geçti. Otele (2) gel______ ______ odam hazır (3) olma______ ______ ve biraz da (4) aç ol______ ______ yakınlardaki bir lokantaya oturdum ve şimdi kaşarlı pidemi bekliyorum. Türkiye'de (5) kal____________ size her gün Türkçe e-posta yazacağım.

SPRACHTIPP

-de oturmak – wohnen in, sitzen in/auf
-e oturmak – sich setzen in/auf

Die Endung **-ki** (keine Vokalharmonie) tritt an Lokativendungen an und macht dabei aus dem Wort ein Adjektiv. Vgl.:
Lokanta yakınlarda. - *Das Lokal ist in der Nähe.*
yakınlardaki lokanta - *das in der Nähe befindliche Lokal*

 WORTSCHATZ

kayıp - *verloren*
-i kaybetmek - *etw. od. jdn. verlieren*
kaybolmak - *verloren gehen*

eşya - *Gegenstand*
bilgi - *(hier:) Angaben*
tür - *Art*
renk, rengi - *Farbe*
adet, adedi - *Anzahl; Stück*
ölçü - *Maß*
tahminî (Adjektiv) - *geschätzte/-r/-s*
tahminen (Adverb) - *circa*
tahmin etmek - *schätzen*
değer - *Wert*
açıklamak - *erläutern*
açıklama - *Erläuterung*
kulp, kulbu - *Griff*
kilit, kilidi - *Verschluss*

8

Sie haben auf einer Reise in die Türkei eine solche Ledertasche verloren, wie auf dem Bild zu sehen ist. Im Fundbüro müssen Sie das unten stehende Formular ausfüllen.

Kayıp Eşya Formu

Kişisel Bilgiler

Ad ve Soyad	E-posta	Telefon

Kayıp Eşya Bilgisi

Eşya türü		Markası / Modeli	Samsonite
Rengi		Adedi	
Ölçüleri		Tahminî değeri	
Açıklama			

Kayıp Bilgileri

Yer	Tarih ve saat	İmza

9

Setzen Sie die fehlenden Wörter in die zwei Anzeigen ein. Achten Sie auf die Endungen.

değerli   iletişim   kap   kaybetmek   kimlik
marka   nerede   otobüs   rica

15 Ekimde Sabiha Gökçen Havalimanı'nda Nikkon (1) ________ dijital fotoğraf makinemi unuttum. Kırmızı bir (2) ________ vardı. Tam olarak (3) ________ kaybettiğimi bilmiyorum. İçinde benim için çok (4) ________ fotoğraflar var. Bulursanız lütfen (5) ________ geçin!

112 numaralı (6) ________ Adidas marka sırt çantamı (7) ________. İçinde cüzdanım, (8) ________, ehliyetim, bir miktar para ve anahtarlarım vardı. Bulan kişinin benimle iletişime geçmesini (9) ________ ederim.

ABC WORTSCHATZ

kap, kabı - *Behälter (hier: Hülle)*
değerli - *wertvoll*
iletişim - *Kommunikation*
-le iletişime geçmek - *sich melden bei*
cüzdan - *Portemonnaie*
kimlik, kimliği - *Ausweis*
ehliyet - *Führerschein*
bir miktar - *eine (kleine) Menge*
bulursanız - *wenn Sie finden*
bulan kişi - *Finder*

10

Manchmal hat man als Gast im Hotel das Bedürfnis, die Erfahrungen, die man im Hotel gemacht hat, an die Hotelleitung zu melden. Unten sehen Sie drei kleine Briefe. Aus welchem Anlass wurden sie verfasst? Ordnen Sie zu.

İstek Memnuniyet Şikâyet

1. ______

Sayın Bay ve Bayanlar,
ailece 10 gün kaldığımız otelinizden ne yazık ki hiç mi hiç memnun ayrılmıyoruz. 24 saat sıcak su var, diye reklam yaptığınız hâlde saat 22:00'den sonra soğuk suyla duş almak zorunda kaldık. Odamız, kaldığımız süre boyunca sadece bir kere temizlendi. Personeliniz ise çok eğitimsizdi.
Umarız bizden sonra gelen turistlere daha iyi bir hizmet sunarsınız.
Saygılarımızla...

2. ______

Sayın Otel Yetkilileri,
otelinizde ilk defa tatil yaptığımız hâlde daha ilk günden itibaren kendimizi evimizde gibi hissettik. Eğitimli ve güler yüzlü personeliniz olduğu için sizi tebrik ederiz. Yakında tekrar görüşmek dileğiyle.

3. ______

Değerli Güneş Oteli Personeli,
burada kaldığımız sürece bize sunduğunuz hizmet gerçekten olağanüstüydü. Özellikle çocuklar için hazırladığınız program harikaydı. Evimize çok güzel anılarla dönüyoruz. Fakat tek bir ricamız olacak. Lütfen, akşamları belli bir saatten sonra bardaki müziğin sesini kısın. Bundan başka her şey gerçekten çok güzeldi. Saygı ve sevgilerimizle.

WORTSCHATZ

istek - *Wunsch*
memnuniyet - *Zufriedenheit*
şikâyet - *Beschwerde*

ailece - *mit der ganzen Familie*
ne yazık ki - *leider*
maalesef - *leider*
hiç mi hiç - *ganz und gar nicht*
-mek zorunda kalmak - *gezwungen sein etw. zu tun*
(2 hafta) boyunca - *(zwei Wochen) lang*
eğitim - *Bildung*
-i eğitmek - *jdn. ausbilden*
eğitimli - *(aus)gebildet*
eğitimsiz - *un(aus)gebildet*
saygı - *Respekt*
saygılarım(ız)la - *hochachtungsvoll*
yetkili - *Zuständige(r)*
-i hissetmek - *etw. fühlen*
-i tebrik etmek - *jdm. gratulieren*
dilek - *Wunsch*
olağanüstü - *außergewöhnlich*
harika - *wunderbar*

11

Nehmen Sie ein Extrablatt und verfassen Sie einen Brief an die Hotelleitung. Sie waren eine Woche Gast in dem Hotel und haben Folgendes erlebt.

Positiv:
- freundliche Mitarbeiter
- saubere Zimmer
- sehr leckeres Essen

Negativ:
- keine Spielmöglichkeit für Kinder, trotz entsprechender Anzeige
- sehr teure Getränke
- abends nicht genügend warmes Wasser

WORTSCHATZ

eleman - *Mitarbeiter*
personel - *Personal*
lezzetli - *lecker*
oyun imkânı - *Spielmöglichkeit*
ilan - *Anzeige*

CD 1 - TR. 23

WORTSCHATZ

oda ayır(t)mak - *Zimmer reservieren (lassen)*
uyanmak - *aufwachen*
-i uyandırmak - *aufwecken*
buralarda - *hier in der Gegend*

12

Sie haben in der Türkei in einem Hotel ein Zimmer mit Frühstück gebucht und möchten einchecken. Was sagen Sie? Sprechen Sie zunächst Ihre Rolle im Dialog. Anschließend hören Sie den vollständigen Dialog und hören, ob Sie richtig lagen.

Resepsiyonist: Hoş geldiniz! Buyurun, nasıl yardımcı olabilirim?
Misafir: 1. (*Sagen Sie, dass Sie ein Zimmer reserviert haben.*)
Resepsiyonist: Adınız neydi?
Misafir: 2. (*Sagen Sie Ihren Namen und fragen Sie, ob das Zimmer fertig ist.*)
Resepsiyonist: Tabii ki. Bu formu doldurup şurayı imzalayın lütfen!
Misafir: 3. (*Fragen Sie, um wie viel Uhr morgens das Frühstück beginnt.*)
Resepsiyonist: Kahvaltı saat 8'de başlıyor.
Misafir: 4. (*Fragen Sie, ob die Rezeptionistin Sie morgen um 7:15 Uhr telefonisch wecken kann.*)
Resepsiyonist: Olur, efendim. Ben sizi saat 7'yi çeyrek geçe telefonla arayıp uyandırırım. Başka bir arzunuz var mı?
Misafir: 5. (*Sie müssen Geld wechseln und möchten wissen, ob es in der Nähe eine Wechselstube gibt.*)

WORTSCHATZ

sıraya girmek - *sich hinten anstellen*
sırada beklemek - *in der Schlange stehen*
-in peşini bırakmak - *von jdm. ablassen*

LERNTIPP

gel**meden** - **ohne zu** kommen
yap**madan** - **ohne zu** machen
(Verbaladverb § 6)

13

Ein Urlaub sollte immer schön und erholsam sein. Doch leider kommt es manchmal zu unerwünschten Situationen, in denen man sich auch mal etwas ‚wehren' muss. Was sagt man in folgenden Situationen? Ordnen Sie zu.

1. Sie stehen in der Schlange. Jemand möchte vordrängeln.	___ **A** Lütfen, bağırmadan konuşun!
2. Jemand schreit Sie an.	___ **B** Bakar mısınız? Ben bu yemeği sipariş etmedim
3. Es kommt etwas, was Sie nicht bestellt haben.	___ **C** Odayı temizleyin veya bana başka bir oda verin. Aksi takdirde otelden ayrılacağım.
4. Jemand verfolgt Sie.	___ **D** Sıraya girer misiniz, lütfen? Ben de sırada bekliyorum.
5. Das Hotelzimmer ist dreckig.	___ **E** Hayır, ben bunu ödemeyeceğim. Polis çağırabilirsiniz.
6. Man verlangt von Ihnen zu viel Geld.	___ **F** Peşimi bırak! Yoksa polis çağıracağım.

14

Sind Ihnen oder Ihrer Familie bzw. Freunden folgende Sachen auf Reisen schon einmal passiert? Wann und wo ist es passiert? Was haben Sie gemacht? Erzählen Sie.

1. Siz tatile giderken hiç uçağı, treni veya otobüsü kaçırdınız mı?
2. Siz kaldığınız yerde hiç bir şey unuttunuz mu?
3. Tatil yaptığınız ülkelerde insanlarla nasıl anlaşıyorsunuz?
4. Tatil yaptığınız ülkelerde en sevdiğiniz ve en sevmediğiniz şeyler ne?

WORTSCHATZ

giderken – *als ich/du/er/... kam/kamst/...*
-i kaçırmak – *etw. verpassen*
ile anlaşmak – *sich mit ... verständigen*

15

Die Türkei! Was wussten Sie bereits? Kreuzen Sie an.

- ☐ Türkiye, 1923 yılında Atatürk'ün önderliğinde Türkiye Büyük Millet Meclisi tarafından kuruldu. Türkiye'de yaklaşık 75 milyon kişi ve 30'a yakın etnik grup yaşıyor. En büyük grupları Türkler, Kürtler, Çerkezler, Boşnaklar, Arnavutlar, Gürcüler ve Araplar oluşturuyor. "Türkiye Cumhuriyeti; (...) demokratik, lâik ve sosyal bir hukuk devletidir." (Anayasa: M. 2)
- ☐ Türk ordusu, 1960 ve 80 yıllarında darbe yaptı ve sıkıyönetim ilan etti.
- ☐ Türkiye'nin başkenti Ankara'dır. Resmî dili Türkçedir. Ayrıca 35 farklı dil daha konuşulur. Bunların en yaygını Kürtçedir.
- ☐ Cumhuriyet kurulduğu zaman vatandaşların % 95'i okuma yazma bilmiyordu. Birçok okuma yazma seferberliği ile bu oran, son yıllarda % 7-8'e kadar indi. İlk seferberlik 1928 yılında yapılmıştı.
- ☐ Türkiye'de değişik iklim tipleri olduğu için çok çeşitli tarım ürünleri ile değişik meyve ve sebze türleri yetişir.
- ☐ Türkiye 1963 yılından beri Avrupa Birliği'ne girmeye çalışıyor.

WORTSCHATZ

önder – *Führer*
-i kurmak – *etw. gründen*
kurulmak – *gegründet werden*
Türkiye Büyük Millet Meclisi (TBMM) – *das türkische Parlament*
laik – *laizistisch*
hukuk devleti – *Rechtsstaat*
Anayasa – *Grundgesetz*
darbe – *Militärputsch*
sıkıyönetim ilan etmek – *den Ausnahmezustand ausrufen*
resmî dil – *offizielle Sprache*
yaygın – *verbreitet*
Okuma yazma seferberliği – *Alphabetisierungskampagne*
oran – *Anteil*
tarım – *Landwirtschaft*

SPRACHTIPP

Das Wort ‚laik' wird ohne Hütchen geschrieben. In dem Text hingegen wurde es mit Hütchen geschrieben, weil dort aus dem Grundgesetz zitiert wurde.

LEKTION 4 Moda!

1

Paula ist seit einigen Wochen in der Türkei und fühlt sich wohl. Heute möchte sie mit einem neuen Freund in die Stadt gehen und sich etwas zum Anziehen kaufen. Sie kennen sicherlich bereits viele türkische Wörter für Kleidung. Schauen Sie sich die Wörter an. Welche sind abgebildet?

bere bikini bluz çizme çorap eşofman gecelik kazak

külot mayo palto sandalet şapka takım elbise terlik

1 ____ 2 ____ 3 ____ 4 ____

5 ____ 6 ____ 7 ____ 8 ____

CD 1 - TR. 24

2

Was möchten Paula und ihr Freund eventuell kaufen? Hören Sie den Dialog an und kreuzen Sie an.

- □ **1.** bere
- □ **2.** bikini
- □ **3.** bluz
- □ **4.** eşofman
- □ **5.** kazak
- □ **6.** mayo
- □ **7.** palto
- □ **8.** sandalet
- □ **9.** takım elbise

WORTSCHATZ

-e eşlik etmek - *jdn. begleiten*
sevinmek - *sich freuen*
akraba - *Verwandte(r)*
düğün - *Hochzeit*
giymek - *anziehen*
devamlı - *ständig*
ürün - *Produkt*
-e -i getirmek - *jmd. etw. mitbringen*

3

Sie haben gehört, was die beiden Freunde kaufen möchten. Was haben Sie noch aus dem Dialog verstanden? Hören Sie ihn sich noch einmal an und beantworten Sie die Fragen. (Mehr als eine richtige Antwort ist möglich).

1. Erhan neden takım elbise almak istiyor?
- □ **A** Bir akrabası evleneceği için...
- □ **B** Bir arkadaşı evleneceği için...

2. Paula giysilerin Türkiye'de ...
- □ **A** kaliteli olduğunu biliyordu.
- □ **B** ucuz olduğunu biliyordu.

3. Paula neden eşofman almak istiyor?
- □ **A** Kursta spor yaptığı için...
- □ **B** Kursta spor yapacağı için almak istiyor.

4. Paula iki hafta sonra kiminle nerede buluşacak?
- □ **A** Antalya'da annesiyle...
- □ **B** Antalya'da ailesiyle buluşacak.

4

 CD 1 - TR. 25

Paula spricht mit einem Verkäufer. Bringen Sie den Dialog in die richtige Reihenfolge. Hören Sie danach, was gesprochen wird und vergleichen Sie.

Paula: Tamam, ben bunu alayım.
Satıcı: Bu nasıl? Kumaşı pamuk ve sentetik karışımıdır. Fiyatı da 145,- lira.
Paula: Bunu nerede deneyebilirim?
Satıcı: Var, ama aynı renkte yok. 40 beden olarak sadece açık mavisi var. Bu renk bence size çok yakıştı.
Paula: Bakar mısınız? Bu eşofmanın fiyatını bana söyleyebilir misiniz?
Satıcı: Buyurun, iyi günlerde giyin.
Paula: Bu biraz dar geldi. Bunun bir beden büyüğü var mı?
Satıcı: Deneme odaları sağ tarafta.
Paula: Çok pahalıymış. Daha ucuzu yok mu, acaba?
Satıcı: Onun fiyatı 225,- TL. Denemek ister misiniz?

 WORTSCHATZ

-i denemek - *(an)probieren*
kumaş - *Stoff*
pamuk - *Baumwolle*
sentetik - *synthetisch*
karışım - *Mischung*
soyunma odaları - *Umkleidekabinen*
beden - *Kleidergröße*
bir beden büyüğü - *eine Nr. größer*
bir beden küçüğü - *eine Nr. kleiner*
-e yakışmak - *jdm gut stehen*
giymek - *anziehen*

Gebrauch des -dik-Partizips für die indirekte Rede

Mit dem -dik-Partizip werden auch Nebensätze gebildet, die eine indirekte Rede darstellen. Bei der Umwandlung der direkten in die indirekte Rede finden folgende Änderungen statt:

→ **1.** Das Subjekt der direkten Rede bekommt in der indirekten Rede eine Genitivendung.
→ **2.** Das Prädikat der direkten Rede wird in der indirekten Rede zu einem -dik-Partizip umgeformt.
→ **3.** Das Prädikat des übergeordneten Satzes *(demek)* wird durch ein anderes passendes Verb ersetzt.

Satzglieder → Satzart ↓	Subjekt des Hauptsatzes	direkte Rede / indirekte Rede			Prädikat des Hauptsatzes
		Subjekt	Ergänzungen	Prädikat	
Satzgefüge mit direkter Rede	Erhan	„Paula	den T.anzug	hat gekauft."	sagte.
	Erhan,	**"Paula**	eşofmanı	**aldı."**	**dedi.**
		↓ 1		**↓ 2**	**↓ 3**
Satzgefüge mit indir. Rede	Erhan	**Paula'nın**	eşofmanı	**aldığını**	**söyledi.**
	Erhan	Paulas	den T.anzug	kaufen/gekauft haben	sagte.

Erhan, **Paula** eşofmanı **aldı**, **dedi**. - *Erhan sagte: „Paula hat den Trainingsanzug gekauft."*
Erhan, **Paula'nın** eşofmanı **aldığını söyledi**. - *Erhan sagte dass Paula den T.anzug gekauft hat.*

Bei der indirekten Rede erhält das -dik-Partizip immer die Fallendung, die das übergeordnete Verb erfordert. Bei ‚söyledi' *(sagte)* ist dies der Akkusativ:

Erhan			
benim	kitabı	oku-duğ-um-**u**	**söyledi.**
senin	...	oku-duğ-un-**u**	...
onun	...	oku-duğ-u-**nu**	...
Paula'nın	...	oku-duğ-u-**nu**	...

Erhan			
bizim	kitabı	oku-duğ-umuz-**u**	**söyledi.**
sizin	...	oku-duğ-unuz-**u**	...
onların	...	oku-duk-ları-**nı**	...

CD 1 - TR. 26

5

Setzen Sie die Sätze in die indirekte Rede. Achten Sie auf die Personen. Fangen Sie mit der Person an, deren Personalpronomen am Anfang steht. Kontrollieren Sie anschließend mit der CD.

1. Ben „İş yerinde takım elbise giyiyorum." dedim.

   Ben ____________________

2. Sen "Saat takmayı sevmiyorum." dedin.

   Sen ____________________

3. Paula, yeni bir eşofman almak istiyorum, dedi.

   Paula ____________________

4. Biz, üstümüzü değiştirmek istiyoruz, dedik.

   Biz ____________________

5. Siz "Alışverişe gitmek istiyoruz." demediniz mi?

   Siz ____________________

6. Onlar, Antalya'da buluştuk, dediler mi?

   Onlar ____________________

Die Person in der indirekten Rede

Wenn der Hauptsatz und die von ihm abhängige indirekte Rede ein und dasselbe Subjekt haben, wird es nur einmal im Nominativ (und nie ein zweites Mal im Genitiv) aufgeführt.

Direkte Rede:

1. Paula „**Alışveriş yapıyorum.**" dedi.
   Paula sagte: „Ich habe eingekauft."

Indirekte Rede:

2. Sen (~~senin~~) **alışveriş yaptığını** söyledin.
   Du hast gesagt, dass du eingekauft hast.
3. Paula (~~Paula'nın~~) **alışveriş yaptığını** söyledi.
   Paula hat gesagt, dass sie eingekauft hat.

Haben Hauptsatz und indirekte Rede verschiedene Subjekte, steht das Hauptsatzsubjekt im Nominativ und das Subjekt der indirekten Rede steht, wenn es ausdrücklich genannt wird, im Genitiv.

Indirekte Rede:

4. Erhan Paula'nın **alışveriş yaptığını** söyledi.
   Erhan hat gesagt, dass Paula eingekauft hat.

6

In der Türkei leben viele Deutsche. Eine davon ist Ulrike Güneş. Lesen Sie ihre Lebensgeschichte und füllen Sie die Lücken mit den passenden Verben. Achten Sie auf die Fallendungen. Vergleichen Sie mit der CD.

CD 1 - TR. 27

Türkiye'de Bir Alman Kadının Kariyeri

Bayan Güneş, yaklaşık 25 yıldan beri Türkiye'de yaşa________ **anlatıyor** ve buraya bir Alman tekstil firmasının temsilcisi olarak gel________ ve burada eşiyle tanış________ **belirtiyor**:

„Türkiye'ye ilk defa gel________ zaman Türkçe bilmiyordum. Eşim de Almanca bilme________ için anlaşmamız başlangıçta biraz zor oldu."

Eşine aşık olup burada kalmaya karar veren Güneş, Türk tekstil sektörünün Türkiye ekonomisi için çok önemli ol________ **vurguluyor**. Çalışma Bakanlığı'nın verilerine göre 2 milyon kişinin bu sektörde çalış________ **bildiren** Güneş, eşiyle beraber kur________ *(3. Pers. Pl.)* tekstil firmasında şu anda 82 kişinin iş bul________ **ifade ediyor**. Firmalarında üret________ *(3. Pers. Pl.)* tekstil ürünlerinin en az İtalya'daki kadar kaliteli ol________ **dikkat çeken** Güneş, bu yıl Avrupa'ya ihraç etmeyi düşün________ *(3. Pers. Pl.)* **söylüyor**.

WORTSCHATZ

temsilci - *Vertreter(in)*
anlaşmak - *sich verstehen*
başlangıç - *Anfang*
-e âşık olmak - *sich verlieben*
Çalışma Bakanlığı - *Arbeitsministerium*
veri - *Angabe*
üretmek - *produzieren*
-e ihraç etmek - *exportieren nach*
-den ithal etmek - *importieren aus*

SPRACHTIPP

In Zeitungen und Reportagen werden Ihnen folgende Verben häufig begegnen; von ihnen hängen oft indirekte Reden ab:

-i açıklamak - *etw. erläutern*
(-in) altını çizmek - *etw. unterstreichen*
-i anlatmak - *etw. erzählen*
-i belirtmek - *etw. verdeutlichen*
-i bildirmek - *etw. mitteilen*
-e dikkat çekmek - *Aufmerksamkeit lenken auf etw.*
-i düşünmek - *etw. denken*
-i ifade etmek - *etw. erklären*
-i kabul etmek - *etw. akzeptieren*
-i reddetmek - *etw. ablehnen*
-i söylemek - *etw. sagen*
-i vurgulamak - *etw. betonen*

7

Auf Textilien liest man auf den Etiketten verschiedene Hinweise. Was bedeuten sie? Verbinden Sie.

Türkçe	Almanca
1. Kuru temizleme yapmayın!	___ A 100 % Baumwolle.
2. Elde, ılık suda yıkayınız.	___ B Mit gleichen Farben waschen.
3. Düşük ısıda ütülenebilir.	___ C Aus biologischer Baumwolle
4. Yüzde yüz pamuktan üretilmiştir.	___ D Nicht chemisch reinigen.
5. Ağartıcı kullanılmaz.	___ E Echtes Leder!
6. Benzer renklerle yıkayın.	___ F Handwäsche in lauwarmem Wasser.
7. Hassas çamaşır!	___ G Nicht bleichen.
8. Hakiki deri!	___ H Nicht heiß bügeln!
9. Organik pamuktan üretilmiştir.	___ I Empfindliche Wäsche!

Das -ecek-Partizip
Wie das -dik-Partizip aufgebaut ist und wie es benutzt wird, haben Sie in den letzten drei Lektionen an vielen Beispielen gesehen. **Das -ecek-Partizip** ist vom Prinzip her nichts anderes als das -dik-Partizip, nur dass es **für zukünftige Handlungen** gebraucht wird, wie die Endung schon vermuten lässt.

Als Adjektiv (im Deutschen als Relativsatz zu übersetzen):
(**Siz** Türkiye'de otelde kalacak**sınız**. Bu otel havalimanına uzak mı?)
Sizin Türkiye'de kalacağ**ınız** otel havalimanına uzak mı?
Ist das Hotel, in dem ihr in der Türkei wohnen werdet, weit weg vom Flughafen?

Als indirekte Rede oder Objektsatz (im Deutschen: dass-Satz):
(Siz İzmir'e geleceksiniz. Ben bunu bilmiyordum.)
Sizin İzmir'e geleceğ**iniz**i bilmiyordum.
Ich wusste nicht, dass ihr nach Izmir kommen werdet.

In Verbindung mit *için, hâlde, sürece, zaman* etc. als Adverbialsatz:
(Sen İzmir'e geleceksin. O zaman bize haber ver.)
Sen İzmir'e geleceğ**in** zaman bize haber ver.
Gib uns Bescheid, wenn du nach Izmir kommen wirst.

Alle möglichen Endungen und Personen im Überblick:

(Poss.)-Pronom[1]	Stamm	Vern.[2]	(y)EcEK	Poss.Endung[3]	Fallendung
Ben(im)	yap-	-ma-	-yacağ-	-ım-	-ı

Pronom	Stamm Vern. EcEK Poss.End		
ben(im)	Stamm + mE + (y)EcEğ + **İm**	biz(im)	Stamm + mE + (y)EcEğ + **İmİz**
sen(in)	+ mE + (y)EcEğ + **İn**	siz(in)	+ mE + (y)EcEğ + **İnİz**
o(nun)	+ mE + (y)EcEğ + **İ**	onlar(ın)	+ mE + (y)EcEğ + **İ**
			+ mE + (y)EcEk + **lErİ**
Hakan('ın)	+ mE + (y)EcEğ + **İ**	kızlar(ın)	+ mE + (y)EcEğ + **İ**

[1]Possessiv- oder Personalpronomen, [2]Verneinung, [3]Possessivendung

CD 1 - TR. 28

ABC WORTSCHATZ
bu yılki - *diesjährig*
ihracat - *Export*
modacılık - *Modebranche*
zorluklarla karşılaşmak - *Schwierigkeiten haben*
güçlük - *Schwierigkeit*
-e rağmen - *trotz*
terzi - *Schneider*
büyümek - *wachsen*
çalışan - *Mitarbeiter*
fuar - *Messe*
yepyeni - *nagelneu*

8

Eine Reportage über Frau Güneş. Was erzählt sie? Hören Sie zu. Füllen Sie anschließend den Text mit den -dik- bzw. -ecek-Partizipien aus.

1. Bayan Güneş firmayı 15 yıl önce kur________ anlattı ve o zamandan beri birçok zorlukla karşılaş________ belirtti.
2. Bayan Güneş, firmasının tekstil ihracatı yap________ söyledi.
3. Güneş, firmaya bu yıl iki terzi daha almak iste________ ifade etti ve bütün çalışanların kendisi için çok değerli ol________ vurguladı.
4. Firmanın iki hafta sonra Paris'teki moda fuarına katıl________ anlatan Güneş, bunun için yeni bir koleksiyon tasarla________ belirtti.

9

Für viele Menschen gehören Accessoires zu einem guten Stil. Welche türkischen Wörter kennen Sie zu diesem Thema? Schreiben Sie die Wörter unter die passenden Bilder. Welche Wörter bleiben übrig? Was bedeuten sie? Hören Sie anschließend die Dialoge. Welche der Wörter kommen in ihnen vor? Kreisen Sie die vorkommenden Wörter ein.

CD 1 - TR. 29

1. ________ 2. ________ 3. ________ 4. ________ 5. ________ 6. ________

WORTSCHATZ

Güle güle kullan/giy! – *Benutze/Trage es mit Freude (lachend)!*
zamanın varsa – *falls du Zeit hast*
-e yakışmak – *passen*
sahte – *gefälscht*
sayılmaz – *zählt nicht, gilt nicht*
Kusura bakma(yın)! – *Entschuldige(n Sie)!*

10

Welche Erklärung passt zu den angegebenen Wendungen? Kreuzen Sie an. (Mehrere richtige Antworten sind möglich)

1. modası geçmek
- ☐ **A** moda olmaktan çıkmak
- ☐ **B** önemini yitirmek

2. Güne göre kürk giyinmek!
- ☐ **A** Kıyafetimizi günün koşullarına uydurmak lazım.
- ☐ **B** Her gün şık giyinmeli.

3. Kılık kıyafetle adam, adam olmaz!
- ☐ **A** İyi giyinmek önemlidir.
- ☐ **B** Kılık kıyafet, değeri olmayan kişiye değer kazandırmaz.

4. Komşu yine giyinip kuşanmış.
- ☐ **A** Komşu çok kalın giyinmiş.
- ☐ **B** Komşu özenle giyinmiş.

WORTSCHATZ

geçmek – *(hier:) vergehen*
kürk – *Pelz*
giyinmek – *sich anziehen*
(kılık) kıyafet – *giyecek*
koşul – *Bedingung*
-i -e uydurmak – *etw. anpassen an*
adam olmak – *es im Leben zu etwas bringen*
değeri olmayan kişi – *Person, die keinen Wert hat*
-e -i kazandırmak – *jdm. etw. verschaffen*
giyinip kuşanmak – *sich schick machen*

11

Welche Kleider und Accessoires (12) sind im Wortgitter versteckt? Finden Sie sie. Tipp: Es ist ein weiteres Wort versteckt, das nicht zum Thema passt.

Y	Ç	İ	Z	M	E	A	K	O	L	Y	E
E	Ü	P	L	W	Ö	M	Ü	Z	İ	K	L
Ç	R	Z	A	I	N	K	P	B	L	U	Z
S	A	I	Ü	C	H	A	E	K	E	N	Y
A	M	N	D	K	Ö	Z	H	M	A	Y	O
A	D	Ä	T	M	H	A	I	M	E	T	T
T	F	A	Y	A	K	K	A	B	I	R	H
B	İ	K	İ	N	İ	N	V	U	A	S	S

SPRACHTIPP

Die Adjektive **gerek** und **lazım** bedeuten beide *‚notwendig'*. Sie werden als Prädikat von Nominalsätzen (§ 2.2) gebraucht. Das Subjekt kann ein Verb im Infinitiv sein:
Çalışmak gerek/lazım. – *Es ist notwendig zu arbeiten.* (Oder:) *Man muss arbeiten.*

CD 1 - TR. 30

WORTSCHATZ

ekran - *Bildschirm*
benim hakkımda - *über mich*
bu bakımdan - *in dieser Hinsicht*
magazin sayfaları - *Gesellschaftsteil (Zeitung)*
rüküş - *schlecht, komisch angezogen*
-i takip etmek - *etw. verfolgen*
kaynak - *Quelle*
uzman - *Experte*
tavsiye - *Ratschlag*
stil danışmanı - *Stilberater*
-i örnek almak - *sich ein Beispiel nehmen an*

SPRACHTIPP

İnsanların olumsuz düşünmelerini istemiyorum. - *Ich möchte nicht, dass die Menschen negativ denken.*
gid**erken** - *wenn ich gehe / du gehst / er geht etc. (Verbaladverb, s. § 6).* Ebenso: yanıt ver**irken**.

12

Hören Sie, wie eine Frau über die Mode spricht. Was sagt sie? Teilen Sie ihre Meinung? Wie stehen Sie zur Mode? Beantworten Sie die Fragen. Einige Wendungen (deyimler) für mögliche Antworten finden Sie auf der rechten Seite.

Sorular

1. Günlük hayatta ne giyersiniz?
2. İşe giderken nasıl giyinirsiniz?
3. Çalıştığınız yerde belli giyim kuralları var mı?
4. Şık giyinmeye özen gösterir misiniz? Ne zaman ve nerede?
5. Sizce moda gerekli mi?
6. Modayı takip eder misiniz? Nasıl?
7. Modayı sizce kimler belirliyor?
8. Moda dergileri alır mısınız?
9. Her ay kendinize kıyafet alır mısınız?
10. Aldığınız kıyafetlerin markası sizin için önemli mi?
11. Sizce moda yaşla veya insanın ekonomik durumuyla ilgili bir şey mi?

Yanıt verirken şu deyimleri kullanabilirisiniz:

- ayda en az bir defa, her hafta kendine kıyafet almak
- gazetelerin magazin sayfalarından takip etmek
- günlük kıyafetlerle işe gitmek
- iş yemeğinde günlük veya resmî kıyafet giymek
- moda dergileri almak
- modası geçmiş şeyler giy(me)mek
- modanın zengin insanlar için olduğunu düşünmek
- müşterilerle buluşmalarda kıyafete dikkat etmek
- resmî giyinmek
- sosyal medyadan faydalanmak
- stil danışmanına başvurmak
- tanınmış markaları giymek
- toplantılarda kıyafete önem vermek
- ünlü / tanınmış kişileri örnek almak

13

Zum Schluss dieser Lektion noch eine schöne Geschichte über Nasrettin Hodscha, den Helden der türkischen Volksliteratur aus dem 13. Jahrhundert. Lesen Sie die Geschichte und versuchen Sie sie mit Ihren eigenen Worten nachzuerzählen. Beantworten Sie anschließend die Fragen. Am Ende können Sie sich diese Geschichte auch gerne anhören.

Ye kürküm, ye!

Nasrettin Hoca bir gün bir düğüne gider. Düğün evine geldiğinde onu kapıda sadece evin hizmetçisi karşılar. Hizmetçi, onu bahçesinin bir köşesinde bulunan masaya oturtur ve gider. Daha sonra kimse Nasrettin Hoca'yla ilgilenmez.

Bahçenin ortasında, büyük bir masada ise şık giyimli, zengin insanlar oturur. Hizmetçiler o masaya sürekli servis yapar.

Hoca bu durumdan dolayı çok sinirlenir. Kalkıp eve gider ve kürkünü giyip tekrar düğüne gelir. Bu sefer Hoca'yı kapıda ev sahibi karşılar. Onu büyük masaya oturtur ve hizmetçiler hemen yiyecek, içecek getirir.

Nasrettin Hoca, hizmetçilerin getirdiği yemeği yemez. Kürkünün eteğini yemeğe sokar ve „Ye kürküm, ye! Bu yemekler bana değil, sana!" der.

Düğün sahibi şaşırır ve Hoca'ya ne yaptığını sorar. Hoca ise: „Ben kürksüz geldiğim zaman kimse bana saygı göstermedi, sofraya buyur etmedi. Yani saygıyı kürküm gördü. O zaman yemekleri de o yesin!" der.

1. Hoca düğüne geldiği zaman sizce hizmetçi, onu neden uzak bir masaya oturtur?
2. Hizmetçiler, neden sadece ortadaki masaya hizmet eder?
3. Sinirlenen Hoca nereye gider ve ne yapar?
4. Hoca yemekleri neden yemez?
5. Sizce Hoca haklı mı? Yoksa özel günlerde gerçekten şık ve pahalı giysiler giymek gerekir mi?
6. „Ye, kürküm ye" deyimi sizce ne anlama geliyor?

WORTSCHATZ

geldiğinde - *als (er) kam, geldiği zaman*
hizmetçi - *Bedienstete(r)*
-i karşılamak - *jdn. empfangen*
köşe - *Ecke*
bulunmak - *sich befinden*
oturtmak - *jdn. Platz nehmen lassen (Kausativ von ‚oturmak')*
-de oturmak - *sitzen auf*
-e oturmak - *sich setzen auf*
ile ilgilenmek - *sich um jdn kümmern*
şık giyimli - *mit schicken Kleidern*
kalkıp - *steht auf und ...* / **onu giyip** - *zieht ihn an und ...* (Verbaladverb, § 6)
etek - *Saum*
-i -e sokmak - *etw. in etw. reinstecken*
ye - *Befehlsform von ‚yemek'*
şaşırmak - *staunen*
saygı - *Respekt*
sofraya buyur etmek - *zu Tisch bitten*

WORTSCHATZ

... ne anlama geliyor? - *Was bedeutet ...?*

CD 1 - TR. 31

LEKTION 5 İstanbul'da Şehir Turu

CD 1 - TR. 32

KULTURTIPP

Im Gegensatz zum **kahve** *(Café)* gehen ins **kahvehane** *(Kaffeehaus)* nur Männer, um dort Karten zu spielen und sich mit anderen zu unterhalten.

Kapalıçarsı - der Große Basar

LERNTIPP

... bir şey var**sa** - **wenn** es etwas gibt ...
duy**unca** - **sobald/als** ... hört/hörte etc.

1

Erhan, ein Freund von Paula, erzählt, was er am Wochenende mit Freunden machen möchte. Welche Themen der folgenden Bilder kommen im Gespräch vor? Kreuzen Sie an.

☐ **1.** şehirde gezmek

☐ **2.** vapur

☐ **3.** sinema

☐ **4.** Galata Kulesi

☐ **5.** Topkapı Sarayı

☐ **6.** kahve - kahvehane

☐ **7.** köfte

☐ **8.** Kapalıçarşı

CD 1 - TR. 32

WORTSCHATZ

vakit (-kti) - *zaman*
vakit geçirmek - *Zeit verbringen*
tek başına - *alleine*
-e -i önermek - *jdm. etw. vorschlagen*
-e -i tavsiye etmek - *jdm. etw. empfehlen*

SPRACHTIPP

Paula'**nın** ne yapma**sı** lazım? - *Was muss Paula tun? (Kurzinfinitv, § 4.2)*
Ne yap**mayı** düşünüyor? - *Was denkt er zu tun? (Kurzinfinitiv, § 4.2)*
güzel film var**sa** - ***falls*** *ein guter Film läuft*

2

Hören Sie sich den Dialog nochmal an und beantworten Sie die Fragen.

1. Paula'nın pazar günü ne yapması lazım?
- ☐ A Alışveriş yapması lazım.
- ☐ B Ders çalışması gerekiyor.
- ☐ C Temizlik yapması lazım.

2. Erhan hafta sonunda ne yapmayı düşünüyor?
- ☐ A Şehirde vakit geçirmeyi düşünüyor.
- ☐ B Tek başına sinemaya gitmeyi düşünüyor.
- ☐ C Onun henüz bir planı yok.

3. Nermin ne yapmayı önerdi?
- ☐ A Bir şey önermedi.
- ☐ B Sinemaya gitmeyi önerdi.
- ☐ C Topkapı Sarayı'na gitmeyi önerdi.

4. Arkadaşlar mutlaka sinemaya gitmek istiyor mu?
- ☐ A Evet, gidecekler.
- ☐ B Hayır, gitmeyecekler.
- ☐ C Sadece güzel bir film varsa belki giderler.

5. Paula'nın öğretmeni ne tavsiye etmiş?
- ☐ A Sultan Ahmet'te köfte yemeyi...
- ☐ B Sultan Ahmet'te gezmeyi...
- ☐ C Sultan Ahmet'e gitmemeyi tavsiye etmiş.

6. Ne zaman köfte yemek istiyorlar?
- ☐ A Acıktığı zaman.
- ☐ B Acıktıkları zaman.
- ☐ C Sinemadan çıktıkları zaman.

3

Am Samstag treffen sich die vier Freunde und fahren mit der Fähre von Kadıköy nach Eminönü. Füllen Sie den gekürzten Text hier mit den gegebenen Wörtern - achten Sie ggf. auf Endungen - und hören Sie anschließend den kompletten Text zum Vergleich noch einmal.

BOYUNCA | BÖLÜM | FİYAT | GEZMEK | HAVA | İSTANBUL | OTURMAK

Paula: Biliyor musunuz? Siz ________ gerçekten çok şanslısınız.

Hakan: Neden, Paula?

Paula: Manzaraya bakar mısın? Böyle bir manzara nerede var? Deniz ________ da ne güzel! Gel keyfim, gel! Şu karşıdaki kale mi?

Erhan: Hayır, orası eskiden padişahların ________ Topkapı Sarayı.

Nermin: Ben şimdiden çok heyecanlıyım. Umarım her yerini gezebiliriz.

Erhan: Bilmiyorum, ama bazı ________ restore ettiklerini duydum.

Nermin: Zaten her yerini doya doya ________ istersek 4-5 saat sürer.

Hakan: Haklısın. Eğer her yerini gezemezsek bir daha geliriz.

Paula: Müzeye giriş ________ çok pahalı mı?

Hakan: Tek bir bilet alırsan pahalı. Ama sana da ‚Müzekart' alırız.

CD 1 - TR. 33

WORTSCHATZ

gerçekten - *in der Tat*
manzara - *Aussicht*
padişah - *Sultan*
doya doya - *ausgiebig*
ören yeri - *Ruinenstätte*
ücret - *Gebühr*

SPRACHTIPP

keyif (-yfi) *(gute Laune)* kommt in vielen Wendungen vor:
Keyifler yerinde mi? - *Ist jeder gut gelaunt?*
Gel keyfim, gel! - *Man lässt es sich gut gehen.*
Keyfin bilir! - *Mach, was du willst!*
Keyfine bak! - *Lass es dir gut gehen!*
Keyfim kaçtı! - *Habe mir die Laune verdorben!*

Voll- und Kurzinfinitiv (I)

Jedes türkische Verb kann die Form eines Voll- und eines Kurzinfinitivs annehmen. Beide Formen sind **Substantive**, da sie Fallendungen annehmen können.

Der Fall	Vollinfinitiv öğrenmek - lernen (Stamm + (Verneinug) + mEk)	Kurzinfinitiv öğrenme - das Lernen (Stamm + (Verneinug) + mE)
Nominativ	Türkçe öğren**mek** zor değil. *Türkisch zu lernen ist nicht schwer.*	Yüz**me** nasıldı? *Wie war das Schwimmen?*
Akkusativ	*(geht nicht)*	Ne yap**mayı** düşünüyorsun? *Was gedenkst du zu tun?*
Dativ	*(geht nicht)*	Türkiye AB'ye gir**meye** çalışıyor. *Die Türkei versucht, der EU beizutreten.*
Lokativ	Kız**makta** haklısın! *Du hast recht, dich aufzuregen!*	Onlar yüz**mede** çok iyiler. *Sie sind gut im Schwimmen.*
Ablativ	Spor yap**maktan** hoşlanmam. *Ich treibe nicht gerne Sport.*	Yüz**meden** geliyorlar. *(seltener)* *Sie kommen vom Schwimmen.*
Genitiv	*(geht nicht)*	Manzaraya bak**manın** zamanı. *Es ist Zeit, sich die Aussicht anzuschauen.*

 4.1, 4.2

Voll- und Kurzinfinitiv (II)
Yüzme nasıldı? *Wie war **das Schwimmen?***
Da man für gewöhnlich weiß, wie schwimmen geht, aber wissen will, wie das Schwimmen war, hat man hier den Kurzinfinitiv gewählt.
Bu soğuk havada **yüzmek** nasıl? – *Wie ist es, bei diesem kalten Wetter **zu schwimmen**?*
Hier geht es um die Tätigkeit. Deshalb wurde die Frage mit dem Vollinfinitiv gestellt.

Der Kurzinfinitiv bekommt auch die **Plural-** und die **Possessiv**endungen.

mit Pluralendung	İyi gezme**ler**!	*Viel Spaß beim Spazierengehen!*
mit Possessivendung	Müzeyi gezme**miz**i önerdi.	*Er/Sie empfahl, dass wir das Museum besichtigen.*

 CD 1 - TR. 34

ABC WORTSCHATZ

-e ne dersin? – *Was sagst du zu ...?*
-den yorulmak – *müde werden von ...*
şahsen – *persönlich*
-meye çalışmak – *versuchen etw. zu tun*
-den vazgeçmek – *auf etw. verzichten*

4

Nachdem die vier aus dem ‚vapur' ausgestiegen und eine Weile gelaufen sind, sehen sie ein Café. Was möchten sie machen? Füllen Sie die Lücken mit Infinitivkonstruktionen. Manche Aussagen passen zu einem Bild. Ordnen Sie zu.

1 
2 
3 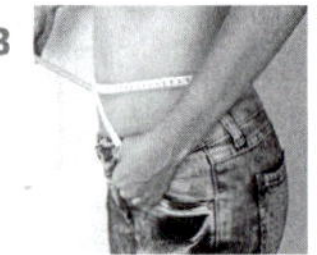
4 

A Arkadaşlar, şuradaki kafeye otur_______ ne dersiniz? Ben yürü_______ yoruldum!

B Ben bir şeyler iç_______ düşünüyorum. Yanıma su al_______ unuttum.

C Ben şahsen baklava yo_______ tercih ederim.

D Hani sen kilo ver_______ çalışıyordun! Y'lne çok ye_______ başladın!

E Haklısın! Aslında daha çok spor yap_______ lazım.

F Benim de son günlerde yürüyüş yap_______ zamanım olmadı.

G Ben köfte ye_______ vazgeçtim. Balık ekmek alacağım.

H Arkadaşlar bence şimdi kafeye otur_______ zamanı değil. Yürü_______ devam edelim!

5

Lesen Sie den folgenden Text über den Topkapı-Palast. Sie werden feststellen, dass Sie, obwohl Sie einige Grammatik noch nicht kennen, vieles doch verstehen. Nachdem Sie den Text zweimal gelesen haben, hören Sie ihn von der CD.

CD 1 - TR. 35

WORTSCHATZ

fethetmek - *erobern*
başlanmak - *begonnen werden*
tamamlanmak - *vollendet werden*
yarımada - *Halbinsel*
idare - *Verwaltung*
hanedan - *Dynastie*

Topkapı Sarayı

Fatih Sultan Mehmet'in 1453 yılında İstanbul'u fethetmesinden sonra 1460 yıllarında yapımına başlanan ve 1478 yılında tamamlanan saray; Marmara Denizi, İstanbul Boğazı ve Haliç arasındaki tarihî İstanbul yarımadasında kuruldu. Fatih Sultan Mehmet'ten sonra otuz birinci padişah Sultan Abdülmecit'e kadar yaklaşık dört yüz yıl süreyle imparatorluğun idare, eğitim ve sanat merkezi olarak kullanıldı. 19. yüzyılın ortalarında hanedanın Dolmabahçe Sarayı'na taşınması ile terk edilen saray, önemini her zaman korudu. Türkiye Cumhuriyeti'nin kuruluşundan sonra, 3 Nisan 1924 yılında müze oldu. Cumhuriyet'in ilk müzesi olan Topkapı Sarayı Müzesi, günümüzde yaklaşık 400.000 metrekarelik bir alan kaplamaktadır. Topkapı Sarayı; mimari yapıları, koleksiyonları ve yaklaşık 300.000 arşiv belgesi ile dünyanın en büyük saray müzelerinden biridir.

WORTSCHATZ

-i yaptırmak - *etw. machen lassen*
inşaat - *Bauarbeiten*
-i inşa etmek - *etw. bauen*
ada - *Insel*
idari - *Verwaltungs-*
Osmanlı İmparatorluğu - *das Osmanische Reich (1299 - 1923)*
belge - *Dokument*

6

Zahlen, (Orts-)Namen und ausländische Wörter sind eine wichtige Hilfe für das Textverständnis. Unterstreichen Sie diese Wörter im obigen Text. Wie viele haben Sie davon gefunden? Lesen Sie den Text noch einmal und kreuzen Sie an: richtig oder falsch?

	DOĞRU	YANLIŞ
1. Topkapı Sarayı'nı Fatih Sultan Mehmet yaptırdı.	☐	☐
2. İnşaat 1460'tan 1478'e kadar sürdü.	☐	☐
3. Topkapı Sarayı bir adada kuruldu.	☐	☐
4. Sarayda padişahlar yaklaşık 400 yıl yaşadı.	☐	☐
5. Saray sadece idari amaçla kullanıldı.	☐	☐
6. 1850'lerde padişah Dolmabahçe Sarayı'na taşındı.	☐	☐
7. Saray, imparatorluktan sonra müze oldu.	☐	☐
8. Sarayda yüz binlerce koleksiyon ve belge bulunuyor.	☐	☐

SPRACHTIPP

Es gibt verschiedene Arten des Lesens. Beim detaillierten Lesen geht es darum, den Text ganz zu verstehen wie z.B. Gebrauchsanweisungen oder Verträge. Beim suchenden Lesen reicht es, bestimmte Informationen herauszufinden wie z.B. bei touristischen Informationen: Wann wurde der Palast gebaut, wer hat es veranlasst usw.? Um Ihren Wortschatz zu erweitern, sollten Sie als Türkischlerner viel lesen.

WORTSCHATZ

-i başarmak - *zustande bringen*
-den başka çare yok - *es gibt keine andere Lösung als*
-den bıkmak - *einer Sache überdrüssig sein.*
-den çekinmek - *sich vor etw. scheuen*
-de fayda / yarar var - *es ist nützlich etw. zu tun*
-de güçlük çekmek - *Schwierigkeiten haben etw. zu tun*
-e hazırlanmak - *sich vorbereiten auf*
-den hoşlanmak - *Gefallen haben an*
-de ısrar etmek - *bestehen auf etw.*
-den memnun - *zufrieden mit*
-den rahatsız olmak - *sich an etw. stören*
-in sırası değil - *etw. ist nicht angebracht*
-de haklı olmak - *recht haben etw. zu tun*
-den utanmak - *sich schämen etw. zu tun*
-i yasaklamak - *etw. verbieten*
-den zevk almak - *an etw. Spaß haben*

7

Es gibt eine Reihe von Handlungen, mit denen eine Infinitivkonstruktion gebildet werden kann, wie z.B. unutmak:
Biletleri al**mayı unut**tum. *Ich habe vergessen, die Tickets zu kaufen.*
Mit welchen Verben kann man solch eine Konstruktion bilden? Und mit welcher Infinitivkonstruktion: Voll- bzw. Kurzinfinitiv? Ordnen Sie zu. Achten Sie darauf, welche Endung an den Infinitiv treten muss. Kennen Sie andere Verben, mit denen ähnliche Konstruktionen gebildet werden können?

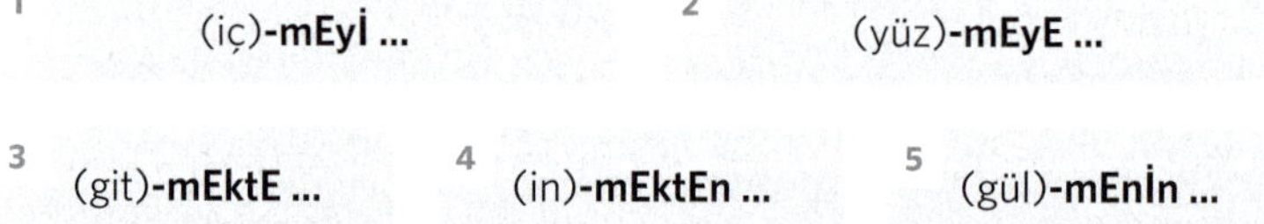

ALIŞMAK | BAŞARMAK | BAYILMAK | BAŞKA ÇARE YOK | BIKMAK | BIRAKMAK | ÇEKİNMEK | DEVAM ETMEK | FAYDA VAR | GÜÇLÜK ÇEKMEK | HAKLI OLMAK | HAZIRLANMAK | HOŞLANMAK | ISRAR ETMEK | KARAR VERMEK | KORKMAK | MEMNUN OLMAK | NE DİYORSUN? | RAHATSIZ OLMAK | RİCA ETMEK | SIRASI DEĞİL | SORMAK | SÖYLEMEK | TERCİH ETMEK | UTANMAK | VAZGEÇMEK | YARAR VAR | YAPMAK | YASAKLAMAK | YORULMAK | ZEVK ALMAK

1 (iç)-**mEyİ ...**

2 (yüz)-**mEyE ...**

3 (git)-**mEktE ...**

4 (in)-**mEktEn ...**

5 (gül)-**mEnİn ...**

Voll- und Kurzinfinitiv (III)

Achten Sie darauf, dass der (Kurz-)Infinitiv keine Possessivendung bekommt, wenn das Satzsubjekt zugleich auch das Subjekt des Infinitivs ist.

Ben sağlıklı bir şey yemeyi tercih ederim.	*Ich bevorzuge etwas Gesundes zu essen.*

Hat der Kurzinfinitiv ein eigenes Subjekt, erhält er eine Possessivendung, die auf sein Subjekt verweist. Dieses steht, wenn genannt, im Genitiv.

(O**nun**) sağlıklı bir şey yeme**sin**i tercih ederim.	*Ich bevorzuge, dass er/sie etwas Gesundes isst.*

CD 1 - TR. 36

8

Füllen Sie die Lücken und vergleichen Sie mit der CD.

1. Ne yap________ çalışırsınız?
2. Ne yap________ hoşlanırsınız?
3. Ne yap________ unuttunuz?
4. Ne yap________ fayda var?
5. Ne yap________ vazgeçtiniz?
6. Ne yap________ seversiniz?
7. Ne yap________ zamanı değil.
8. Ne yap________ karar verdiniz?

Unterschied zwischem dem -dik-Partizip und dem Voll- bzw. Kurzinfinitiv

Das -dik-Partizip stellt ein Geschehen dar, das *tatsächlich* passiert oder passiert ist. Beim (Kurz-)Infinitv dagegen findet/fand das dargestellte Geschehen entweder gar nicht tatsächlich statt, oder es steht nicht im Vordergrund, ob es stattfindet/stattfand oder nicht.

9

Was bedeuten diese Sätze auf Deutsch? Ordnen Sie zu.

1. Nermin, kendisiyle müzeye gitmemi istiyor.	___ A Ich möchte mit Nermin ins Museum gehen.
2. Nermin, müzeye gittiğimiz hâlde müze kartı almak istemiyor.	___ B Nermin möchte, dass ich mit ihr ins Museum gehe.
3. Nermin müzeye gittiğimizi biliyor.	___ C Ich muss mit Nermin ins Museum gehen.
4. Nermin'le müzeye gitmem lazım.	___ D Weil ich gestern mit Nermin ins Museum gegangen bin, hatte ich eine Museumskarte gekauft.
5. Nermin müzeye gitmemizi istiyor.	___ E Nermin möchte, dass wir ins Museum gehen.
6. Nermin'e müzeye gittiğimizi söyle.	___ F Er/Sie möchte, dass ich mit Nermin ins Museum gehe.
7. Nermin'le müzeye gitmemi istiyor.	___ G Obwohl wir ins Museum gehen, möchte Nermin keine Museumskarte kaufen.
8. Nermin'le dün müzeye gittiğim için müze kartı aldım.	___ H Er/Sie weiß, dass ich mit Nermin ins Museum gehen werde.
9. Nermin'le müzeye gitmek istiyorum.	___ I Sag Nermin, dass wir ins Museum gegangen sind.
10. Nermin'le müzeye gideceğimi biliyor.	___ J Nermin weiß, dass wir ins Museum gehen/gegangen sind.

KULTURTIPP

İstanbul, die Kulturhauptstadt Europas 2010, ist weltweit die einzige Stadt auf zwei Kontinenten. Die Touristen haben eine Vielzahl von Möglichkeiten, diese einzigartige Stadt zu erleben. Folgende Dinge sollten Sie nicht verpassen:

Bu müzeleri görün:
Topkapı Müzesi
Ayasofya Müzesi
İstanbul Arkeoloji Müsesi
Yerebatan Sarnıcı

Bunları yapın:
Sultan Ahmet Camisi'ni gezin.
Boğaz turu yapın
Kapalıçarşı'da alışveriş yapın.
Taksim'de İstiklal Caddesi'nde dolaşın.

Buralara gidin:
Kadıköy - Moda
Adalar, özellikle Büyükada
Eyüp'teki Pierre Loti kafesi
Rumeli Hisarı

KULTURTIPP

Maraş Dondurması ist eine Eissorte, die aus der Provinz Maraş kommt. Wenn Sie in der Türkei sind, sollten Sie sich Maraş Dondurması gönnen. Es wird Ihnen nicht nur schmecken, die Show der Verkäufer wird Sie auch erstaunen!

WORTSCHATZ

dondurma - *Speiseeis*
top - *Kugel*
neli? - *mit was?*
kaymak - *Rahm*
Antep fıstığı - *Pistazie aus der Provinz Antep*
hep - *alle*
hepimiz - *wir alle*
hepimize - *uns allen*
birer - *je eine(r)*
kuşbaşı - *gewürfeltes Fleisch*
hikâye - *Erzählung*
tarz - *Art*
ayrıntı - *Detail*
-i hediye paketi yapmak - *als Geschenk einpacken*
araştırma - *Untersuchung*
bilim - *Wissenschaft*
din - *Religion*
edebiyat - *Literatur*
masal - *Märchen*
şiir - *Gedicht*
şair - *Dichter*
deneme - *Essay*
felsefe - *Philosophie*
mizah - *Humor*
tasarım - *Design*
sesli kitap - *Hörbuch*
Ne tür? Ne tarz? - *welche Art?*

10

In einer Stadt kommt es immer wieder zu kleinen Dialogen. Unten finden Sie einige davon. Lesen Sie die Dialoge, merken Sie sich die wichtigsten Sätze und Wörter. Beantworten Sie anschließend die Fragen.

DONDURMACIDA

Müşteri: Usta, ben üç top alayım.
Dondurmacı: Neli istersiniz?
Müşteri: Benimki çikolatalı, kaymaklı ve çilekli olsun.
Dondurmacı: Buyrun, afiyet olsun!

Dondurma çeşitleri

ÇİKOLATALI | KAYMAKLI | VANİLYALI | ÇİLEKLİ | VİŞNELİ | ANTEP FISTIKLI

1. En sevdiğiniz dordurma hangisidir?

PİDECİDE

Müşteri: Bize iki lahmacun, bir kıymalı, bir de peynirli pide.
Pideci: Ne içersiniz?
Müşteri: Hepimize birer tane ayran, lütfen. ...
Pideci: Kıymalı pide kimin?

Pide çeşitleri

PEYNİRLİ | KAŞARLI | KIYMALI | SUCUKLU | SEBZELİ | KUŞBAŞILI

2. Gezdiğiniz yerlerde o yörelerin yemeklerini yer misiniz?

KİTAPÇIDA

Müşteri: Sizde İstanbul'un tarihi hakkında bir kitap var mı?
Kitapçı: Roman veya hikâye tarzı bir şey mi arıyorsunuz?
Müşteri: Hayır, ben İstanbul'un tarihini anlatan bir kitap arıyorum.
Kitapçı: O tür kitapları, gezi kitapları bölümünde bulabilirsiniz.
Müşteri: Bakar mısınız? Bu kitaplardan hangisini tavsiye edersiniz?
Kitapçı: Ben size bunu tavsiye ederim. Çünkü bu biraz daha ayrıntılı.
Müşteri: Kitabı hediye paketi yapar mısınız, lütfen?

Kitap çeşitleri

ARAŞTIRMA / TARİH KİTAPLARI | BİLİM | ÇOCUK VE GENÇLİK | DİN VE MİTOLOJİ | EDEBİYAT (ROMAN - HİKÂYE - MASAL - ŞİİR - DENEME) | EĞİTİM | FELSEFE | MİZAH | SANAT VE TASARIM | SESLİ KİTAPLAR | YABANCI DİLLER

3. Siz genellikle ne tür kitaplar okursunuz?

BAKLAVACIDA

Müşteri: Bize yarım kilo baklava verir misiniz?
Tatlıcı: Hangisinden olsun?
Müşteri: Fıstıklısından ve cevizlisinden olsun.
Tatlıcı: Çikolatalısını hiç denediniz mi? Bir tatmak ister misiniz?
Müşteri: Ayıp olmazsa bir tane alırım. Mmm. Siz ondan da birkaç tane koyun!
Tatlıcı: Tabii, buyurun. Afiyet olsun.
Müşteri: Hayırlı işler!

WORTSCHATZ

ayıp olmazsa - *wenn es nicht unhöflich ist*
koymak - *legen, stellen, setzen*
konmak - *Passiv v. koymak*
dökülmek - *gegossen werden*
yenmek - *Passiv v. yemek*

Tatlıların Tatlısı Baklava

Türkiye'de yemeğe davet edildiğiniz zaman götürebileceğiniz şeylerin başında ‚baklava' gelir. Baklava, 30-40 kat çok ince yufkadan yapılan bir tatlı çeşididir. İçine fındık, fıstık veya ceviz konduktan sonra tepsi içinde fırında pişirilir. Daha sonra üstüne şerbet dökülür ve afiyetle yenir.
En iyi baklavayı İstanbul'da Güllüoğlu'ndan alabilirsiniz. 1800'lü yıllardan beri baklavacılık yapan ve aslen Gaziantepli olan Güllü Ailesi, 1949 yılında İstanbul'daki ilk baklava dükkânını Karaköy'de açarak ticaret hayatına başlar. Artık günde yaklaşık 2,5 ton baklava üreten ve 5 kuşaktan beri bu işi yapan Güllüoğlu Baklava'ya uğrayıp baklava çeşitlerinden tatmanızı tavsiye ederiz. Şimdiden afiyet olsun!

ECZANEDE

Müşteri: Sizde bu ilaçtan var mı?
Eczacı: Bizde bu firmanın ilacı yok. Onun yerine müşterilerimize bu ilacı tavsiye ediyoruz.
Müşteri: Aynı maddelerden mi oluşuyor?
Eczacı: Tabii, bizim tavsiye ettiğimiz eşdeğer, yani muadil ilaç.
Müşteri: Bunun daha küçük paketi var mı?
Eczacı: Maalesef! Bu en küçüğü.
Müşteri: Tamam, bunu alayım. Fatura da yazabilir misiniz?

Eczanede kullanabileceğiniz kelime ve cümleler:

SİZDE İSHALE KARŞI İLAÇ VAR MI? | ŞURUP VAR MI? | MERHEM VAR MI? | BU İLACIN ORİJİNALI VAR MI? | BU İLACIN BİTKİSEL OLANI VAR MI? | -E KARŞI | BAŞ AĞRISINA KARŞI | ÖKSÜRÜĞE ... | KABIZLIĞA ... | İSHALE ... | GÜNEŞ YANIĞINA ... | SİNEK ISIRMASINA ... | BÖCEK SOKMASINA (ISIRIĞINA/ ISIRMASINA ...) KARŞI ORGANİK İLAÇ VAR MI?

4. Tatilde hasta olduğunuz zaman ne yaptınız (veya yaparsınız)?

WORTSCHATZ

ilaç almak - *Medikament einnehmen*
aç karnına - *auf nüchternen Magen*
tok karnına - *nach dem Essen*
günde üç defa - *dreimal am Tag*
eşdeğer - *gleichwertig*
muadil ilaç - *Generikum*
fatura - *Rechnung*
-e karşı - *gegen*
şurup - *Sirup*
merhem - *Salbe*
baş/boğaz ağrısı - *Kopf-/Halsschmerzen*
öksürük - *Husten*
kabızlık - *Verstopfung*
ishal - *Durchfall*
güneş yanığı - *Sonnenbrand*
sinek - *Fliege*
böcek - *Insekt*
ısırmak, ısırık - *beißen, Biss*
sokmak - *stechen*

RÜCKBLICK 1

1

Wissen Sie noch, wie diese Dinge auf die Türkisch heißen?

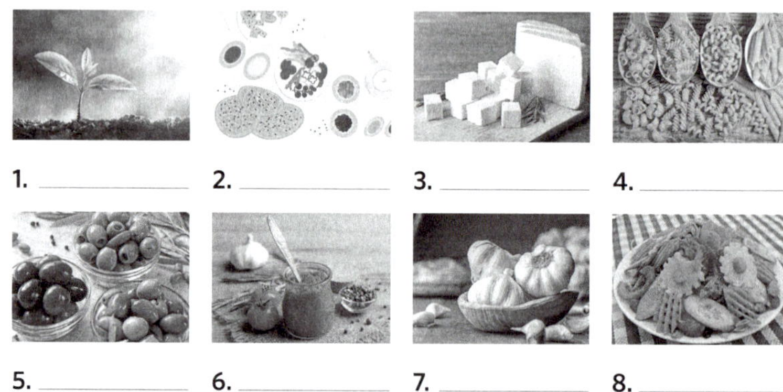

1. ______ 2. ______ 3. ______ 4. ______

5. ______ 6. ______ 7. ______ 8. ______

2

Streichen Sie die Wörter bzw. Sätze durch, die nicht in die Reihe passen!

1. armut | elma | havuç | pirinç
2. ayran | bal | kahve | süt
3. bıçak | çatal | kaşık | peçete
4. diş macunu | diş fırçası | sıvı sabun | şampuan
5. bal | reçel | şeker | yoğurt
6. Ellerinize sağlık. | Karnım aç. | Sağlığınıza. | Ziyade olsun.

3

Füllen Sie die Lücken mit den passenden -dik-Partizip-Endungen.

1. Ben telefon et______ arkadaşı üniversiteden tanıyorum.
2. Senin alışveriş yap______ markette meyve-sebze nasıl?
3. Ben, Tarkan'ın çıkar______ son albümü dinlemenizi tavsiye ederim.
4. Bizim Marmaris'te kal______ otelin adı Dores Rezidans'tı.
5. Sizin geçen hafta git______ konser saat kaçta başladı?
6. Onların getir______ mezeler harikaydı!

4

Verbinden Sie die Nomen und die passenden (Hilfs-)Verben.

1. yanıt	___ **A** yapmak
2. başvuru	___ **B** açmak
3. dalga	___ **C** etmek
4. sesini	___ **D** vermek
5. tebrik	___ **E** ayırtmak
6. oda	___ **F** geçmek
7. gurur	___ **G** duymak

5

Hier fehlen die Abstände zwischen den Wörtern. Welche Redewendungen verbergen sich dahinter? Schreiben Sie die Sätze richtig auf.

1. GÜMRÜĞETABİEŞYANIZVARMI?

____

2. BENİKİKİŞİLİKBİRODAAYIRTMIŞTIM.

____

3. ŞOFÖRBEYBİRAZYAVAŞGİDİNLÜTFEN.

____

4. İKİYÜZELLİAVROBOZDURMAKİSTİYORUM.

____

5. TANIDIĞIMBİRÇOKÖĞRENCİBURADAOKUMAKİSTİYOR.

____

6

Was wissen Sie über die Türkei? Beantworten Sie die Fragen.

1. Türkiye kaç yılında kuruldu?
2. Türkiye'nin başkenti İstanbul mu?
3. Türkiye'de yaklaşık kaç etnik grup yaşıyor?
4. Türkiye'de Türkçeden sonra en çok hangi dil konuşuluyor?
5. Türkiye, Avrupa Birliği'ne girmek için ne zaman başvurdu?

ABC WORTSCHATZ

gecikme/rötar yapmak - *Verspätung haben*

7

Sie sind gerade in der Türkei im Hotel angekommen und möchten eine kleine Nachricht an Ihre türkische Freundin schreiben.

fragen Sie, wie es ihr geht | sagen Sie, wie es Ihnen geht | Ihr Flugzeug hatte eine Stunde Verspätung | der Flug war gut | im Flugzeug haben Sie geschlafen | um 19 Uhr sind Sie in Antalya gelandet | vor Ort regnet es | Sie haben nicht lange auf Ihr Gepäck gewartet | Sie sind mit dem Taxi ins Hotel gefahren | das Hotel ist klein aber schön | morgen möchten Sie nach dem Frühstück an den Strand | Sie sind jetzt müde | Sie melden sich später wieder bei Ihrer Freundin

Sevgili ________,

____

____

____

____

____

Antalya'dan selamlar, sevgiler.

Arkadaşın ________

8

Setzen Sie die Sätze in die indirekte Rede um.

1. Komşu „Bu eteği geçen hafta aldım." dedi.

____

2. Arkadaşım „Kızım bir butikte çalışıyor." dedi.

____

3. Satıcı „Bu kazak çok kaliteli." dedi.

____

4. Müşteri „Bozuk param yok." dedi.

____

9

Welche Verben können nach einer indirekten Rede gebraucht werden? Markieren Sie.

açıklamak anlaşmak anlatmak altını çizmek belirtmek

bildirmek demek denemek dikkat çekmek giymek

ifade etmek ithal etmek kurmak söylemek

üretmek vurgulamak yakışmak yapmak

10

Verbinden Sie die Sätze mit einer -dik bzw. -ecek-Partizip-Konstruktion.

1. Gelecek hafta bankada işe başlayacağım. Onun için kendime yeni bir takım elbise almak istiyorum.

   ____

2. Modayı hiç takip etmez. Ama yine de her zaman çok şık giyinir.

   ____

3. Birkaç gün sonra yeni bir alışveriş merkezi açılıyor. O zaman oradan sık sık alışveriş yapacağım.

   ____

11

Was sagen Sie in den folgenden Situationen?

1. Sie möchten zwei Kugeln Eis. Sagen Sie, welche Sorten Sie möchten.

   ____

2. Sie möchten, dass der Kellner Ihnen einen Nachtisch empfiehlt.

   ____

3. Sie möchten, dass das Buch in Geschenkpapier eingepackt wird.

   ____

4. Sie möchten wissen, ob Sie von dem Käse kosten können.

   ____

5. Sie möchten, dass der Verkäufer Ihnen eine Rechnung ausstellt.

   ____

LEKTION 6 Hayat ve İş Dünyası

1

CD 1 - TR. 37

ABC WORTSCHATZ

geçmek - *(hier:) vorkommen*
fazla mesai yapmak - *Überstunden machen*
bir yandan ... bir yandan (da) - *einerseits ... andererseits*

Bir dede, torunu Emel'e eski işini anlatıyor. Dedenin neler anlattığını dinleyin. Aşağıda yazılı fiillerden hangisi konuşmada geçiyor? Bunları işaretleyin.

- ☐ **1.** güçlük çekmek
- ☐ **2.** başvurmak
- ☐ **3.** işten çıkmak
- ☐ **4.** mezun olmak
- ☐ **5.** para biriktirmek
- ☐ **6.** para kazanmak

2

Yukarıdaki konuşmayı tekrar dinleyin ve soruları yanıtlayın.

ABC WORTSCHATZ

vasıflı - *qualifiziert*
vasıfsız - *unqualifiziert*
para biriktirmek - *Geld sparen*
emekli olmak - *in Rente gehen*
işe başvurmak - *sich für eine Stelle bewerben*

1. Dede eskiden nerede çalışmış?
- ☐ **A** Hem Türkiye'de hem de Almanya'da çalışmış.
- ☐ **B** Sadece Almanya'da çalışmış.

2. Dedenin Almanya'da yaptığı iş nasıldı?
- ☐ **A** İşi hem zor hem de yorucuydu.
- ☐ **B** İşi basitti, fakat yorucuydu.

3. Dede neden fazla para kazanmıyordu?
- ☐ **A** Çok çalışmadığı için.
- ☐ **B** Vasıfsız işçi olduğu için.

4. Dede ne zaman Türkiye'ye dönmek istiyordu?
- ☐ **A** Para biriktirdikten sonra.
- ☐ **B** Emekli olduktan sonra.

5. Dedenin oğlu liseden mezun olduktan sonra ne yapmış?
- ☐ **A** Hem okumuş hem de çalışmış.
- ☐ **B** İşsiz kalmış.

6. Dedenin oğlu ne zaman personel şefi olmuş?
- ☐ **A** İşe girdikten 2-3 yıl sonra.
- ☐ **B** İşe girdikten 8 yıl sonra.

Verbaladverbien (I): Im Türkischen gibt es Nebensätze, deren Prädikate Verben in der Form von Adverbien sind. Diese Verbaladverbien geben meist an, wann etwas geschieht (temporal) oder warum etwas geschieht (kausal).

Nebensatz	**Hauptsatz**
(Ben) okulu bitir**dikten sonra**	çalışmaya başlayacağım.
Nachdem ich die Schule beendet habe,	*werde ich anfangen zu arbeiten.*

Ein Verbaladverb gibt keine Auskunft über Person und Zeit. Diese erschließen sich aus dem Prädikat des Hauptsatzes oder aus einem anderen Kontext.

(Sen) okulu bitir**dikten sonra** ne yaptın?	*Was hast du gemacht, nachdem du die Schule beendet hattest?*
(O) okulu bitir**dikten sonra** ne yapacak?	*Was wird er machen, wenn er die Schule beendet haben wird?*

Wenn der Nebensatz und der Hauptsatz unterschiedliche Subjekte haben, muss muss das Subjekt des Nebensatzes natürlich extra genannt werden:

Dede Almanya'ya gittikten iki yıl sonra **ailesi** de geldi.	*Nachdem der Großvater nach Deutschland gegangen ist, ist auch seine Familie (nach)gekommen.*

Verbaladverbien ‚(be)vor – während – nach(dem)'

Bildung	Beispiele
Stamm+**mEdEn önce** *(be)vor*	Eve **gel-me-den önce** alışveriş yaptım. *Bevor ich nach Hause kam, hatte ich eingekauft.*
Stamm+Aorist+**ken** *während, bei*	**Eve gid-er-ken** eski bir arkadaşımla karşılaştım. *Während ich nach Hause ging, bin ich einem alten Freund begegnet.*
Stamm+**DIktEn sonra** *nach(dem)*	Eve **gel-dik-ten sonra** arkadaşıma telefon ettim. *Nachdem ich nach Hause gekommen war, rief ich meinen Freund an.*

Eine tabellarische Übersicht der Verbaladverbien finden Sie im Grammatikteil unter § 6.

3

Bir bayan kuaför nasıl kuaför olduğundan ve günlük iş hayatından bahsediyor. Fakat kullandığı cümlelerin sırası karışmış. Cümlelerin düzgün sırasını belirleyin. CD'den dinleyerek kontrol edin. Metnin tamamını ekte bulabilirsiniz.

___ **A** Ayrıca ustam hoşgörülü bir işveren. Hata yaptığım zaman bunu hoşgörüyle karşılıyor ve bana işin püf noktalarını gösteriyor.

___ **B** Ama çalıştığım yer evime maalesef çok uzak. O yüzden işe giderken ve işten eve dönerken otobüste kitap okumayı tercih ediyorum.

___ **C** Mezun olduktan sonra uzun süre iş aradım, fakat bulamadım. Ayrıca ne yapmak istediğimi de tam olarak bilmiyordum.

___ **D** Sertifikamı aldıktan sonra iş bulmam zor olmadı.

___ **E** Ben 2014 yılında liseden mezun oldum.

___ **F** Çalışma saatlerimi de genellikle benim istediğim gibi düzenliyor. Amacım onun gibi iyi bir usta olup ileride kendi dükkânımı açmak.

___ **G** Bir yandan iş ararken bir yandan da İŞKUR'un açtığı mesleki eğitim kurslarına katıldım ve kuaförlük sertifikası aldım.

___ **H** İşimden yine de memnunum.

CD 1 – TR. 38

WORTSCHATZ

(Benim) iş bulmam zor olmadı. – *Es fiel mir nicht schwer, Arbeit zu finden.*
usta – *Meister*
çırak – *Lehrling*
kalfa – *Geselle*
hoşgörülü – *tolerant*
püf noktası – *springender Punkt*
-i düzenlemek – *regeln*
dükkân – *kleiner Laden*
İŞKUR (İş Kurumu) – *Arbeitsamt*
mesleki eğitim – *berufliche Ausbildung*
kesim – *Schnitt*
-i kesmek – *etw. schneiden*

Verbaladverbien (II)

Es gibt drei Verbaladverbien, bei denen das **Subjekt des Nebensatzes und des Hauptsatzes identisch** ist.

Bedeutung	**Bildung**	**Beispiele**
und	Stamm + (y)İp (große Vokalharmonie)	Beş dakika **bekleyip** gitti. ***Er wartete*** *fünf Minuten* ***und*** *dann ging er.*
indem, durch *(Intensität oder Wiederholung)*	Stamm + (y)E Stamm + (y)E (kleine Vokalharmonie; Verdopplung)	Türkçeyi **konuşa konuşa** öğrendim. *Durch* ***ständiges Sprechen*** *habe ich Türkisch gelernt.*
indem, durch, -end	Stamm + (y)ErEk (kleine Vokalharmonie)	Çocuklar eve **koşarak** geldi. *Die Kinder kamen* ***rennend*** *nach Hause.*

CD 1 - TR. 39

utanmak - *sich schämen*

° 4

Aşağıdaki boşlukları uygun zarf-fiil ekleriyle tamamlayın. Birden fazla doğru seçenek olabilir. CD'den dinleyerek kontrol edin.

1. İşe başla__________ hayatım çok monotondu.
2. Fakat iki sene önce bir firmada iş bul__________ çalışmaya başladım.
3. Her akşam işten sonra eve git__________ yolda bir bayanla karşılaşıyordum.
4. Bir gün utan__________ kendisine nerede çalıştığını sordum.
5. Bana gül__________ aynı firmada çalıştığımızı söyledi.
6. Şimdi öğle paydoslarında parkta sohbet et______ et______ dolaşıyoruz.
7. Parkta yarım saat dolaş__________ yine işimize dönüyoruz.

Türklerin Almanya'ya Göçü
Türklerin Almanya'ya göçü 1961 yılında başladı. O yıllarda Almanya, ekonomik olarak büyüdüğü hâlde yeterli iş gücüne sahip değildi. Bu yüzden Almanya; İtalya, İspanya ve Yunanistan'dan sonra Türkiye ile „İşgücü Alımı" anlaşması imzaladı.
Bu anlaşmaya göre „misafir" işçiler birkaç yıl için ülkeye alınacak ve daha sonra onların yerine başka işçiler gelecekti. Fakat çalışanların, işi öğrendikten birkaç yıl sonra geri dönmesi firmalar için kârlı değildi. Bu yüzden 1965 yılında çıkan Yabancılar Yasası'yla çalışma ve oturma izinleri uzatıldı. Böyle olunca Almanya'da çalışan Türkler, memleketlerinde yaşayan ailelerini yanlarına aldılar.
80'li yılların ortasına kadar bir başka sorun da „misafir" işçi çocuklarının gerektiği gibi eğitim görmemeleriydi.
Helmut Kohl hükümetinin 1982'den 85'e kadar verdiği „geri dönüş primi"yle yüz binlerce Türk memleketine döndüğü halde günümüzde hâlâ yaklaşık 3,5 milyon Türk asıllı vatandaş Almanya'da yaşıyor.
Bunların birçoğu topluma entegre oldu. Fakat aynı zamanda bir paralel toplum da oluştu. Bunun tabii ki birçok sebebi var.
Son yıllarda ise Almanya'dan Türkiye'ye bir göç yaşanıyor.

WORTSCHATZ

alım - *(hier:) Aufnahme*
uzatılmak - *verlängert werden*
(geri) dönüş - *Rückkehr*
yaşanmak - *Passiv v. yaşamak*

5

İş arayan insanlar, genellikle iş ilanlarına bakar. Aşağıda gördüğünüz ilanları okuyun ve önemli kelimeleri öğrenin!

___ **A** Deneyimli ve referanslı, 18-25 yaşlarında, çocuk gelişimi hakkında bilgi sahibi, ana dili Almanca veya İngilizce olan, part time çalışabilecek çocuk bakıcısı arıyoruz.

___ **B** En az 3 yıl deneyim sahibi, iletişim ve eğitim teknolojisi kullanım becerileri kuvvetli, ekip çalışmasına yatkın, askerlik görevini tamamlamış olan Almanca öğretmeni arıyoruz.

___ **C** Otelimizde çalışacak, lise veya üniversitelerin turizm bölümlerinden mezun, en az 1 yıl deneyim sahibi, çok iyi derecede İngilizce veya Almanca bilen, hijyen kurallarına önem veren, kişisel bakımına özen gösteren, insan ilişkileri güçlü güler yüzlü barmen alınacaktır.

___ **D** Avukatlık büromuza Almanca, Fransızca ve İngilizce bilen, deneyimli serbest tercümanlar alınacaktır. Aradığımız kişilerin ardıl tercüme, simultane tercüme veya yeminli tercüme yapabilmeleri gerekmektedir. Sadece resimli özgeçmişlerin yer aldığı başvuruları kabul edeceğiz.

WORTSCHATZ

deneyim - *Erfahrung*
deneyim sahibi - *Erfahrene(r)*
deneyimli, tecrübeli - *erfahren*
... hakkında bilgi sahibi - *über ... informiert*
gelişim - *Entwicklung*
çocuk bakıcısı - *Kinderbetreuer(in)*
kullanım - *Anwendung*
beceri - *Fertigkeit*
kuvvetli - *stark*
-e yatkın - *geneigt*
askerî görev - *Militärdienst*
-den mezun - *Absolvent(in)*
kural - *Regel*
-e önem vermek - *auf etw. Wert legen*
güçlü - *stark*
ilişki - *Beziehung*
-e özen göstermek - *sorgfältig sein bei*
ardıl - *konsekutiv*
simultane - *simultan*
yeminli - *vereidigt*
CV [si-vi], özgeçmiş - *Lebenslauf*
-e başvurmak - *sich bewerben*
başvuru - *Bewerbung*
yer almak - *sich befinden*

CD 1 - TR. 40

WORTSCHATZ

temelli - *für immer*
bitmek - *zu Ende gehen*
istifa etmek - *kündigen*
işsizlik - *Arbeitslosigkeit*
sigorta - *Versicherung*
hak yemek - *das Recht missachten*

6

Zarf-fiillerin nasıl kullanıldıklarına tekrar bakıp aşağıdaki alıştırmaları yapın.

Teknik bir hatadan dolayı bazı kelime ve eklerin sırası karışmış. Cümleleri doğru bir şekilde tekrar yazınız.

1. Almanya | Türkiye | makinist | gel | önce | -meden | -de | -ya | -tim | .

2. Fabrika | Almanca | çalış | bilmiyor | hiç | -ır | -ken | -dum | -da | .

3. Oğlum | dönüş | doğ | yap | temelli | -duktan | sonra | 5 ay | -tık | .

4. Lise | bit | yap | bilmiyor | sonra | ne | -acağımı | -dum | -tikten | .

5. firma | yere | başvur | alın | önce | birçok | -madan | Bu | -ya | -dum | .

6. istifa | İşim | iş | et | gir | istiyorum | bir | başka | -den | -ip | -e | -mek | .

7. işsizlik | sigortamı | Patronum | hakkımı | öde | benim | -meyerek | yiyor | .

WORTSCHATZ

jahrelang - **yıllarca, senelerce**
lange Jahre - **uzun yıllar**
ein Jahr lang - **bir yıl boyunca**
England - **İngiltere**
studieren - **üniversitede okumak, yüksek-öğrenim yapmak**
damals - **o zamanlar, o vakitler**
verbessern - (hier:) **geliştirmek**
jetzig - **şimdiki**

7

Aşağıdaki cümleleri Türkçeye çevirin.

1. Viele Türken sind in die Türkei zurückgekehrt, nachdem sie jahrelang in Deutschland gearbeitet hatten.

2. Bevor ich mit der Universität angefangen habe, hatte ich ein Jahr lang in England gelebt.

3. Damals konnte ich mein Englisch verbessern, indem ich in einen Sprachkurs gegangen bin.

4. Während meines Studiums habe ich meine jetzige Frau kennengelernt.

8

İş ve meslek hayatıyla ilgili kelimelerden 11 tanesi gizli. Bunları bulun lütfen.

U	Ç	A	L	I	Ş	M	A	K	I	B	T
E	İ	Ş	L	A	R	A	M	A	K	T	L
R	Ş	A	D	E	N	E	Y	İ	M	L	İ
T	S	E	R	T	İ	F	İ	K	A	N	Ş
Z	İ	P	D	G	Ö	N	Ş	H	A	Q	V
D	Z	Ä	U	M	H	E	Ç	M	Ş	T	E
E	L	E	M	A	N	H	İ	L	I	C	R
G	İ	N	G	Ü	G	M	E	C	H	Ö	E
E	K	İ	P	Ç	E	V	İ	R	M	E	N

gizli - *verborgen*

9

İş arayanların, çalışmak istedikleri yerlere genellikle yazılı başvurmaları gerekir. Aşağıdaki başvuru mektubunda sıralama yanlış yapılmış. Sıralamayı düzelterek mektubu yeniden yazın.

____ **A** Alıcının Adı Soyadı İzmir, 30.10.2018
Ünvanı
Şirketin Adı
Adresi

____ **B** Gönderenin Adı Soyadı
Adresi

____ **C** Ekler: 1. Özgeçmiş
2. Referans mektubu

____ **D** İlgi: 18.07.2017 tarihli gazete ilanınız

____ **E** Sayın (alıcının adı soyadı),
Firmanıza eleman aradığınızı ilgili ilanda okudum.

____ **F** Ektekı referansta goreceginız gibı, daha onceleri de hem simultane hem de ardıl çevirmen olarak çalıştım. Bu yüzden aradığınız niteliklere sahip olduğumu ve görevi en iyi şekilde yerine getireceğimi düşünüyorum.

____ **G** Gönderenin Adı Soyadı
İmzası

____ **H** Sizden olumlu bir cevap almayı umar, saygılarımı sunarım.

____ **I** Ben şu anda Erasmus Programı çerçevesinde İstanbul Üniversitesi'nde yüksek lisans yapan bir öğrenciyim.

WORTSCHATZ

sıralama - *Anordnung*
gönderen - *Absender*
alıcı - *Empfänger*
ünvan - *Titel*
tarih - *Datum*
şirket, firma - *Firma*
ek - *Anlage*
referans - *Referenz*
ilgi - *Betreff*
ilgili - *betreffend*
çevirmen - *Übersetzer*
nitelik - *Qualität, Eigenschaft*
sahip olmak - *besitzen*
görevi yerine getirmek - *eine Aufgabe erfüllen*
saygı - *Achtung*
sunmak - *erweisen*
imza - *Unterschrift*
-i imzalamak - *unterschreiben*
yüksek lisans - *Master*

SPRACHTIPP

İş isteme mektubu yazdığınız zaman bölümler arasında 2-3 satır boşluk bırakabilirsiniz.

Türkiye'de Yaşayan Almanlar
Türkiye, her yıl milyonlarca Almanın gelip tatil yaptığı bir ülke. Almanlar, sıcak iklimden dolayı daha çok Akdeniz kıyılarına gelmeyi tercih ediyor. Fakat sadece tatil için değil, başka birçok nedenden dolayı da ülkemizde kalıyorlar.
Alman Büyükelçiliği'nin yaptığı açıklamaya göre Türkiye'de yaklaşık 70 bin Alman vatandaşı yaşıyor. Bu insanların büyük bir kısmı, Akdeniz kıyılarında hayatlarını sürdürüyor. Emekli olduktan sonra Türkiye'de oturma izni alan Almanlar, burada güneşin ve denizin tadını çıkarıyorlar. Yerel meclislerde de temsilcileri bulunan bu insanların, yerel yönetimlerden de istekleri bulunuyor. Bunların başında bir bakım evinin inşa edilmesi var.
Emeklilerden sonra ikinci ve üçüncü grubu ise, burada yüksek öğrenim görenlerle, Alman temsilciliklerinde veya çeşitli firmalarda çalışanlar oluşturuyor.

CD 1 - TR. 41

emekli olmak - *in Rente gehen*
hâlâ- *immer noch*
torun - *Enkel(in)*
kız torun - *Enkelin*
erkek torun - *Enkel*
maaş - *Gehalt*
eskisi kadar sık - *so oft wie früher*
eskisi gibi - *wie früher*
memleket - *Heimat*

emekli olur olmaz... - *gleich nach dem Renteneintritt ...*

10

Alanya'da bir parkta iki emekli birbirleriyle sohbet ediyor. Hangi soru, hangi cevaba uyuyor ? Eşleştirin. Sonra CD'den dinleyerek kontrol edin.

1. Siz emekli olmadan önce nerede çalışıyordunuz?	___	**A**	Onlar da yazın gelip burada tatil yapıyorlar. Ama eskisi kadar sık gelmiyorlar.
2. Emekli olduktan sonra ne yaptınız?	___	**B**	Tabii ki! Çocukları ve torunları görmek için kışın orada kalıyoruz.
3. Hâlâ Almanya'ya gidip geliyor musunuz?	___	**C**	Ben Almanya'da 40 sene bir araba fabrikasında çalıştım.
4. Çocuklarınız buraya geliyor mu?	___	**D**	Artık sadece kış aylarında görüştüğümüz için onlarla o kadar sık Türkçe konuşmuyorum.
5. Torunlarınız Türkçe biliyor mu ?	___	**E**	Emekli olur olmaz burada bir yazlık aldım.
6. Siz onlarla Türkçe konuşmuyor musunuz ?	___	**F**	Evet, ama çok az. Bazen „Dede seni anlamıyoruz!" diyorlar.

11

Şimdi sıra sizde. Aşağıdaki hayat hikâyesinde boşlukları doldurun. Daha sonra kendi hayatınızı ayrı bir kâğıda yazın.

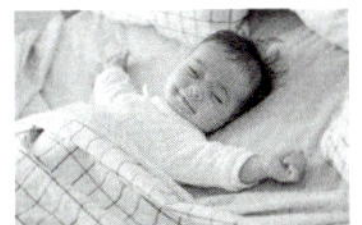   

Emin'in Hayat Hikâyesi

Merhaba, benim adım Emin. Ben 1963 yılında İstanbul'da (1) doğ________. Annem ve babam Almanya'da (2) çalış________ için küçükken amcamın yanında kaldım. Sekiz (3) yaşında________ Almanya'ya gittim. Okulda ne yazık ki iyi bir öğrenci değildim. Almanca (4) bil________ için hiçbir şey (5) anla________. Orada dört yıl okula (6) git________ ________ tekrar Türkiye'ye döndüm. Burada liseyi (7) bitir________. Dershaneye (8) git________ üniversite sınavlarına (9) hazırlan________ hâlde yine de başarısız oldum. O yüzden askerliğimi (10) yap________ karar verdim. Fakat askere (11) git________ önce eşimle tanıştım. (12) Gör________ gör________ kendisine âşık olmuştum. Askerden (13) dön________ dön________ de nişanlandık. Ben bir yıl sonra iyi bir iş (14) bul________ hemen evlendik. Aradan kırk yıl (15) geç________. Bir kızımız, bir de oğlumuz (16) ol________. Onlar da (17) büyü________ kendi yuvalarını kurdular. Bu arada maalesef önce babamı, sonra da annemi (18) kaybet________. Her bayramda mezarlarına (19) git________ dua ederim.

Siz de kendi hayatınızı anlatın ve aşağıdaki soruları yanıtlayın.

1. Siz nerede doğdunuz? Doğduğunuz yerde Türk asıllı olanlar var mıydı?
2. Hangi okullara gittiniz? Okulunuzda Türk arkadaşlarınız var mıydı?
3. Küçükken ne olmak istiyordunuz? Şimdiki mesleğiniz ne?
4. Okulu bitirdikten sonra ne yaptınız?
5. Mesleğinizi nerede ve nasıl öğrendiniz?
6. İşinizden memnun musunuz? Neden?
7. Nerede ve kiminle beraber yaşıyorsunuz? Türk komşularınız var mı? Onlarla görüşüyor musunuz?
8. Boş zamanlarınızda neler yaparsınız? Tatilinizi nerede geçirirsiniz?

LEKTION 7 Bayramlar ve Özel Günler

1

CD 1 - TR. 42

Paula ile Erhan, üniversitenin bahçesinde sohbet ediyorlar. İki arkadaş ne hakkında konuşuyor? İşaretleyin.

___ A Bayram ___ B Sınavlar ___ C Tatil

2

CD 1 - TR. 42

Paula ile Erhan'ın konuşmasını tekrar dinleyin ve aşağıdaki soruları yanıtlayın.

	DOĞRU	YANLIŞ
1. Yarın Ramazan Bayramı kutlanacak.	☐	☐
2. Erhan Paula'yı yemeğe davet ediyor.	☐	☐
3. Erhan yarın sabah babasıyla bayram namazına gidecek.	☐	☐
4. Yarın üniversitede çok az öğrenci olacak.	☐	☐
5. Şeker Bayramı herkesle birlikte kutlanıyor.	☐	☐
6. Erhan dinci olduğunu söylüyor.	☐	☐
7. Erhan Paula'yı gelmesi için zorlamıyor.	☐	☐

WORTSCHATZ

ayıp - *unverschämt*
namaz - *das rituelle Gebet der Muslime*
kutlamak - *feiern*
barışmak - *Frieden schließen*
dindar - *fromm, religiös*
dinci - *extrem/übertrieben religiös*

SPRACHTIPP

Das Wort **dinci** hat einen negativen Anklang.

Das Passiv

In einem Passivsatz steht die Handlung im Vordergrund, nicht die Personen, die die Handlung ausführen:

Müslümanlar bayramı **kutluyor**.	Bayram **kutlanıyor**.
Die Moslems feiern *das Fest.*	*Das Fest* ***wird gefeiert.***

Das Passiv wird im Türkischen mit Endungen gebildet. Die Endung wird an den Verbstamm angehängt. Dabei ist es wichtig, welcher Buchstabe am Stammende steht:

Stamm endet mit	**Passivendung**	Beispiele
Vokal	**-n-**	bekle-**n**-mek *(gewartet werden)*
-l	**-İn- (GV[1])**	al-**ın**-mak *(gekauft werden)*
Konsonant außer -l	**-İl- (GV)**	gör-**ül**-mek *(gesehen werden)*

[1]GV - Große Vokalharmonie

Das Passiv (II)
Der Stamm mit der Passivendung ist ein neuer Stamm, der wie gewohnt konjugiert werden kann.

Stamm (Wurzel)	al-mak	kaufen
mit Passiv	al-**ın**-mak	gekauft werden
mit Verneinung	al-ın-**ma**-mak	nicht gekauft werden
mit Zeitformen (in Klammern mit Verneinung)	alın(may)**acak** alın(m)**ıyor** alın(ma)**dı** usw.	es wird (nicht) gekauft werden es wird (nicht) gekauft es ist (nicht) gekauft worden

3

CD 1 - TR. 43

Paula Türkçedeki edilgen çatıyı (Passivform) iyi kullanamıyor. Erhan kendisine bunu birkaç cümleyle öğretmeye çalışır. Paula Erhan'ın söylediği etken (aktiv) cümleleri edilgen cümlelere çevirir. Siz de edilgen cümleleri ayrı bir kağıda yazın ve daha sonra CD'den dinleyerek kontrol edin.

Erhan bir yandan örnek cümleler verirken bir yandan da insanların bayramlarda neler yaptığını anlatıyor.

1. Biz bayramdan önce evi temizleriz. Buna ‚bayram temizliği' deriz.
2. Bayramdan önce anne ve babalar çocuklara yeni kıyafetler alır.
3. Camiye gider ve namaz kılarız.
4. Namazdan sonra bayramlaşırız.
5. Çocuklar büyüklerin elini öper.
6. Gittiğimiz yere tatlı götürürüz.
7. Çocuklara şeker veya para veririz.
8. Gelenlere kolonya ve şeker tutarız, tatlı ve kahve ikram ederiz.
9. İnsanlar mezarlıklara gider.
10. Fakirlere ve kimsesizlere yardım ederiz.

SPRACHTIPP

Nach einer Passivendung ist der Aorist immer vierförmig, auch wenn der Stamm einsilbig ist: -ır, -ir, -ur, -ür
de-n-ir, kon-ur, ye-n-ir, al-ın-ır, bil-in-ir, sev-il-ir

4

CD 1 - TR. 44

Erhan ve Paula geç saatte ayrılırlar. Ayrılmadan önce neler konuştuklarını dinleyin ve soruları yanıtlayın. Doğru mu, yanlış mı?

	DOĞRU	YANLIŞ
1. Paula yarın Erhan'a gidecek.	☐	☐
2. Kahvaltı 9'dan sonra başlayacak.	☐	☐
3. Erhan Paula'yı duraktan alacak.	☐	☐
4. Paula Erhan'ın annesine tatlı getirecek.	☐	☐

SPRACHTIPP

istersen – *wenn du möchtest*
getirsem – *wenn ich mitbringen würde*
getir-me-n-e gerek yok – *du brauchst nicht mitzubringen (Kurzinfinitiv + Possessivendung + Dativ).*

-i uyarmak - *jdn. warnen*
yazı - *Schrift*
levha - *Tabelle*

5

Günlük hayatta birçok yerde değişik yazılarla karşılaşırız. Çoğu, bir şeyi yapmamamız için bizi uyarır. Levhalarda yazılı cümlelerdeki boşlukları doldurun. Daha sonra uygun Almanca cümlelerle birleştirin.

A Kein Feuer machen!
B Nicht vom Wasser trinken!
C Nicht parken!
D Nicht mit Schuhen betreten!
E Keine Fotos machen!
F Nicht laut reden!

1 Park ed___mez!

2 Ateş yak___maz!

3 Yüksek sesle konuş___maz!

4 Ayakkabıyla gir___mez.

5 Sudan iç___mez!

6 Fotoğraf çek___mez!

Das Passiv (III): Die Funktionen der Passivendungen

1. Aus intransitiven Verben werden passive Verben ohne Subjekt gebildet.

intransitive Verben	Passiv (Subjekt unklar)
gitmek **İnsanlar** camiye **gidiyor**. ***Die Menschen gehen*** *in die Moschee.*	**gidilmek** Bayramda camiye **gidilir**. *Am Feiertag* ***geht man*** *in die Moschee.*

2. Aus transitiven Verben werden passive Verben mit Subjekt gebildet.

transitive Verben (mit Akkusativobjekt)	Passiv (mit Subjekt)
hazırlamak **Selma Hanım** kahvaltıyı **hazırlıyor.** ***Frau Selma*** *bereitet das Frühstück zu.*	**hazırlanmak** **Kahvaltı hazırlanıyor.** ***Das Frühstück*** *wird zubereitet.*

Das Akkusativobjekt des Aktivsatzes wird dabei im Passivsatz zum Subjekt:

Aktivsatz mit Akkusativobjekt	Passivsatz mit Subjekt
Paula **çiçeği** aldı.	**Çiçek** alındı. (Ne alındı? Çiçek alındı!)
Misafirlere **kahve** ikram edeceğiz.	Misafirlere **kahve** ikram edilecek. (Ne ikram edilecek? Kahve!)

3. Passivverben sind immer intransitiv (ohne Akkusativobjekt).

6

Dinî bayramlarda neler yapılır? Fiillerdeki boşlukları edilgen (Passiv) ve geniş zaman (Aorist) ekleriyle doldurun, daha sonra bunları uygun isimlerle birleştirin. Resimlerde neler yapıldı? Yazın.

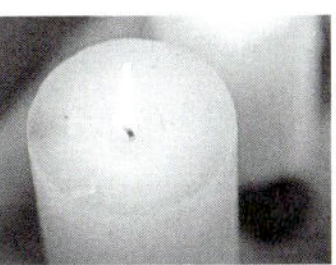

I. ______ II. ______ III. ______ IV. ______

1. Dinî mekânlara ___ **A** et______
2. Dua ___ **B** öp______
3. Namaz ___ **C** boya______
4. El ___ **D** bayramlaş______
5. Mezarlıklar ___ **E** git______
6. Herkesle ___ **F** ver______
7. Çocuklara para ___ **G** söyle______
8. Mum ___ **H** kıl______
9. Şarkılar ___ **I** ara______
10. Yumurta ___ **J** ziyaret et______
11. Yumurta ___ **K** yak______

WORTSCHATZ

dinî mekân - *religiöser Ort*
cami - *Moschee*
cemevi - *alevitischer Versammlungsort*
kilise - *Kirche*
sinagog - *Synagoge*
dua etmek - *beten*
namaz kılmak - *das rituelle Gebet verrichten*
mum - *Kerze*
yakmak - *anzünden, verbrennen*

KULTURTIPP

Das **Cemevi** ist das Gebets- oder Gotteshaus der Aleviten.

7

Erhan'ın annesi Selma Hanım ile Paula kahvaltıda ne konuşuyorlar? Dinleyip soruları yanıtlayın.

1. Selma Hanım Almanya'da hangi ...
   - ☐ **A** bayramların kutlandığını soruyor.
   - ☐ **B** bayramların daha çok sevildiğini soruyor.
2. Selma Hanım dinî bayramlarda...
   - ☐ **A** Almanların neler yaptıklarını soruyor.
   - ☐ **B** Almanların nereye gittiklerini soruyor.
3. Paula, Almanya'da bayramlarda...
   - ☐ **A** çocuklara hediyeler alındığını anlatıyor.
   - ☐ **B** hediyeler alındığını anlatıyor.
4. Selma Hanım, âdetlerin ...
   - ☐ **A** birbirine benzediğini söylüyor.
   - ☐ **B** birbirine benzemediğini anlatıyor.

CD 1 - TR. 45

WORTSCHATZ

kutsal gün - *heiliger Tag*
mezar - *Grab*
mezarlık - *Friedhof*

SPRACHTIPP

Das Adverb **tek başına** wird durchdekliniert:
ben tek başıma - *ich ganz alleine*
sen tek başına - *du ganz alleine*
o tek başına - *er/ sie ganz alleine*
biz tek başımıza - *wir ganz alleine*
siz tek başınıza - *ihr / Sie ganz alleine*
onlar tek başına - *sie ganz alleine*

WORTSCHATZ

fırsat - *Gelegenheit*
-e fırsatım oldu - *ich fand Gelegenheit zu ...*
kucak dolusu - *ein Arm voll*

SPRACHTIPP

bense = **ben ise** - *ich jedoch*
en ilginç günlerimden biri - *einer meiner interessantesten Tage (wörtl.: einer von meinen interessantesten Tagen).* Diese Konstruktion Nomen im Ablativ + ‚biri' kommt häufig vor.

8

Paula uzun zamandan beri Almanya'daki kurs arkadaşlarına haber göndermemişti. Erhan'ın ailesinden ayrılıp akşam öğrenci yurduna döndükten sonra yaşadıklarını arkadaşlarına yazdı. E-postadaki boşlukları ya verilen kelimelerle ya da uygun edilgen ve zaman ekleriyle doldurun.

anlattığım geçtiğini istedikleri öpmek tanımaya tarafından

Herkese merhabalar!

Nasılsınız, iyi misiniz? Ben çok iyiyim. Bugün İstanbul'daki en ilginç günlerimden birini yaşadım. Bugün burada Şeker Bayramı (1) kutla______. Sabahleyin size (2) __________ arkadaşın evine gittim. Erhan'ın ailesi (3) __________ çok iyi (4) karşıla______. Önce kahvaltı ettik. Sonra bol bol sohbet ettik. Daha sonra bayramda el (5) __________ için gelen çocuklara para veya şeker (6) ver______. Gelen misafirlere de tatlı ve içecek ikram (7) et______. Fakat misafirler fazla oturmadı, çünkü gitmek (8) __________ daha birçok yer varmış.

Bense zamanın nasıl (9) __________ anlamadım. Hem biraz Türkçe konuşmaya hem de Türklerin aile hayatını yakından (10) __________ fırsatım oldu.

Burada Şeker Bayramı üç gün, Kurban Bayramı da dört gün (11) kutla____ ıyormuş. Yarım saat önce yurda döndüm. Şimdi oldukça yorgunum.

Hepinize kucak dolusu sevgiler... PAULA

Das Passiv (IV)
Soll in einem Passivsatz die handelnde Person doch einmal genannt werden, so folgt ihr die Postposition **tarafından** *(seitens, von)*. Dieses Wort besteht aus: **taraf** *(Seite)* + **Possessivendung** + **Ablativendung**. Die handelnde Person steht als Nomen im Nominativ und als Pronomen im Genitiv.

Hırsız **kimin tarafından** yakalandı? - Hırsız **polis tarafından** yakalandı.
Von wem *wurde der Dieb gefasst? - Der Dieb wurde* ***von der Polizei*** *gefasst.*

Die Possessivendung von **tarafından** zeigt die handelnde Person an:

benim tarafı**m**dan	**senin** tarafı**n**dan	**onun** tarafından **Erhan** tarafından
bizim tarafı**mız**dan	**sizin** tarafı**nız**dan	onları**n** tarafından

9

Aşağıdaki cümleleri Türkçeye çevirin. Edilgen eklere ve zaman eklerine dikkat edin.

1. Früher wurden die Feste mit der Familie und den Nachbarn gefeiert.

___

2. Heutzutage fährt man an Festtagen in den Urlaub.

___

3. Es wird nicht mehr angerufen.

___

4. Man schickt nur eine Kurznachricht, um den Verwandten und Freunden ein frohes Fest zu wünschen.

___

5. Die Älteren werden nicht mehr besucht.

___

6. In ländlichen Gebieten werden Traditionen noch bewahrt.

___

WORTSCHATZ

Fest - **bayram**
heutzutage - **günümüzde**
Kurznachricht - **mesaj** *(SMS) schicken* - **atmak**
Verwandte(r) - **akraba**
nicht mehr - **artık** + verneintes Verb
jdm. ein frohes Fest wünschen - **-le bayramlaşmak / -in bayramını kutlamak**
Ältere - **yaşlılar, büyükler**
ländliches Gebiet - **kırsal kesim**
Tradition - **gelenek**
Brauch - **görenek**
Sitte, Brauch - **töre**
bewahren, schützen - **-i korumak**

10

Aşağıdaki bayram tebrik kartlarında bulunan boşlukları uygun kelimelerle doldurun.

AİLENİN | BİRLİKTE | DEVAMINI | DİLERİM | GEÇİRMENİZİ | GÜNLER | KUTLARIZ | SAĞLIK | SAYIN | SEVGİLİ | SİZİN

(1) ______ arkadaşım Hüseyin,
senin ve (2) ______ mübarek
Ramazan Bayramınızı kutlar;
(3) ______, mutluluk ve huzur
dolu nice bayramlar (4) ______.
Arkadaşın Metin

(5) ______ Engin Bey,
(6) ______ ve ailenizin Kurban
Bayramınızı en içten dileklerle
kutlar; işlerinizde başarılarınızın
(7) ______ dileriz.
Saygılarımla. ***Ayşe Gül***

Mübarek Şeker Bayramınızı
sevdiklerinizle (8) ______,
huzur içinde (9) ______
dileriz. Nice Bayramlara...
Nihat ve Aylâ

Sevgili Savaş Ailesi,
sevdiklerinizle güzel (10)
______ geçirmeniz dileğiyle
Bayramınızı (11) ______.
Güneşdoğu Ailesi

WORTSCHATZ

devam - *Fortsetzung*
-e -i dilemek - *jdm. etw. wünschen*
dilek - *Wunsch*
-i geçirmek - *verbringen*
kutluluk - *Glück*
sayın - *Sehr geehrte(r)*
sevgili - *Liebe(r)*
mübarek - *gesegnet*
huzur - *(innere) Ruhe*
dolu - *voll*
nice - *sehr viele*
en içten - *aus dem Innersten*

SPRACHTIPP

Hayırlı günler! - Tage mit vielen Wohltaten

SPRACHTIPP

metin *(Text)* - bu metni *(diesen Text)*

In Sach-, Zeitungs- und offiziellen Texten wird oft anstelle des Aorists oder des Präsens der 3. Person die Form **-mektedir/-maktadır** verwendet: Bu bayram 3 gün **sürmektedir**. = Bu bayram 3 gün **sürer**.

11

Aşağıdaki „Türkiye'de Bayramlar" adlı metni okuyun. Bazı yeni kelimeleri burada bulabilirsiniz. Daha sonra metindeki edilgen (pasif) fiilleri bulun.

arife (der Tag vor Bayram) | ayırmak (teilen) | belirlemek (bestimmen) | dağıtmak (verteilen) | devlet dairesi (Behörde) | emekçi (Handwerker) | galip (Sieger/in) | geçit töreni (Militärparade) | ilan etmek (erklären zu) | İslamî takvim (islamischer Kalender) | kamu kurumu (öffentliches Institut) | kesmek (schlachten) | kurban (Opfer/-tier) | kurmak (gründen) | kuruluş (Gründung) | meclis (Parlament) | özel (privat) | resmî (offiziell) | saymak (zählen) | süre (Zeit) | taarruz (Angriff) | tarih (Datum)

Türkiye'de Bayramlar

Türkiye'de [...] bayramlar, resmî ve dinî bayramlar olarak ikiye ayrılır. Bu günler, resmî tatil olarak **ilan edilmiştir**. **Resmî** tatillerde, **kamu kurumlarının** tamamı ile **özel kurumların** çoğu çalışmaz.

1 Ocak - Yeni yılın başlangıcı olarak **sayılır**. 1 Ocak resmî tatil olarak ilan edilmiştir. Devlet daireleri ve bankalar kapalı olduğu gibi bazı büyük alışveriş merkezleri de yeni yıl nedeniyle daha kısa **süreyle** çalışmaktadır.

23 Nisan - Türkiye'nin **kuruluşundaki** en önemli günlerden biri olarak **sayılır.** 23 Nisan 1920 Türkiye Cumhuriyeti **Meclisi'nin kurulduğu tarihtir**. Aynı zamanda bu gün Çocuk Bayramı olarak da kutlanmaktadır. Bu günde resmî **geçit törenleri** yapılır.

1 Mayıs - İşçi ve **Emekçi** Bayramı olarak kutlanır.

19 Mayıs - Türkiye'nin bağımsızlık mücadelesinin başladığı gün olarak kabul edilmektedir. Bu gün aynı zamanda Spor Bayramı olarak kutlanmaktadır.

30 Ağustos - Türkiye'nin Büyük **Taarruz'dan galip** çıktığı gün olarak kutlanmaktadır.

29 Ekim - Türkiye Cumhuriyeti'nin 29 Ekim 1923'te kurulmasından itibaren "Cumhuriyet Bayramı" olarak kutlanmaktadır.

Ramazan Bayramı - Müslüman Dünyası'nın Ramazan ayının sonunda kutladığı bayramdır. Bu bayram 3 gün sürmektedir. Bayramın başlamasından bir gün önce **arife** olarak kabul edilmektedir. Dinî bayramlar **İslami takvime** göre **belirlenir** ve her yıl bir önceki yıla göre 10 gün önce başlar.

Kurban Bayramı - Müslüman Dünyası'nın bir diğer bayramı olan Kurban Bayramı 4 gün sürmektedir. Bu bayramda **kurbanlar kesilir** ve kesilen etler fakirlere ve kimsesizlere **dağıtılır**.

12

Bayramlarda veya özel günlerde kullanabileceğiniz bu cümleleri dinleyip birkaç kere tekrar edin. Bu iyi dilekleri ne zaman söyleriz? Birleştirin.

Yılbaşı	Yaş günü	Evlilik	Doğum	Bayram	Ölüm
A___	B___	C___	D___	E___	F___

1. Doğum günün kutlu olsun.
   - Teşekkür ederim.
2. Bayramınız mübarek/ kutlu olsun.
   - Sizin de mübarek/ kutlu olsun.
3. Yeni yılda her şey gönlünüzce olsun.
   - Teşekkürler. Sizin de yeni yılınız kutlu olsun.
4. Allah bir yastıkta kocatsın. - Çok teşekkür ederiz.
5. Allah analı babalı büyütsün.
   - Çok sağ olun.
6. Başınız sağ olsun.
   - Dostlar sağ olsun.

CD 1 - TR. 46

WORTSCHATZ

ölüm – *Todesfall*
gönlünüzce – *nach Ihrem Wunsch (Herz)*
yastık – *Kissen*
kocamak – *alt werden*
kocatmak – *alt werden lassen*
analı babalı – *mit den Eltern zusammen*
büyümek – *groß werden*
büyütmek – *groß werden lassen*
baş – *Haupt*
dost – *arkadaş*

SPRACHTIPP

gönül – gönlü

13

Şimdi sıra sizde! Bayramlarda neler yaptığınızı, yaşadığınız ülkede insanların o günlerde neler yaptıklarını, soruları da yanıtlayarak anlatın.

Özel günler deyince aklınıza ne/neler gelir?
Sizin için özel günler ne anlama geliyor?
Bayram, Noel gibi özel günler size neleri hatırlatıyor?
(çocukluğumu, küçüklüğümü, gençliğimi, (Ayşe) ile nasıl tanıştığımı...)
Böyle günleri nasıl ve kimlerle geçirmek istersiniz? Neler yaparsınız?
Böyle günlerde kimlere hediye alırsınız? Yoksa kimseye hediye almaz mısınız?
Yaşadığınız ülkede hangi bayramlar kutlanır?
İnsanlar bayramlarda neler yapar?
(gezmek, sevdikleriyle birlikte olmak ...)
Özel günlerde hangi duyguları yaşarsınız, yaşamak istersiniz?
(mutlu, neşeli, sevinçli, üzgün, hüzünlü olmak, kendini yalnız hissetmek)

WORTSCHATZ

-e -i hatırlatmak – *jdn. an etw. erinnern*
-i hatırlamak – *sich an etw. erinnern*

...deyince aklınıza ne gelir? – *Was kommt Ihnen in den Sinn, wenn man ... sagt?*
Bu ne anlama geliyor? – *Was bedeutet das?*

neşeli – *fröhlich*
hüzünlü – *trübselig*

Yaşamak Ne Güzel!

 CD 1 - TR. 47

1

Diyalogları dinleyin. Burada insanlar neler hissediyor? Uygun resimlerle eşleştirin.

 ___ A

 ___ B

 ___ C

 ___ D

CD 1 - TR. 47

2

Diyalogları tekrar dinleyin ve insanların neye sevindiklerini, neye kızdıklarını vs. işaretleyin. Birden fazla doğru cevap olabilir.

ABC WORTSCHATZ

sıra - *Reihe, Warteschlange*
sanmak - *glauben, meinen*
kaba - *unhöflich*
kibar, nazik - *höflich*
bunun/onun yerine - *stattdessen*
bencil - *Egoist(in),*
bencilce - *egoistisch (Adverb)*
bencillik - *Egoismus*

1. Adam...
- ☐ **A** kadının bir şey almasına kızdı.
- ☐ **B** kadının sıraya girmemesine kızdı.

2. Küçük çocuk...
- ☐ **A** annesini kaybettiğine üzüldü.
- ☐ **B** annesinin oyuncak almamasına üzüldü.

3. Genç kız...
- ☐ **A** dayısının geldiğine sevindi.
- ☐ **B** dayısının verdiği hediyeye sevindi.

4. Kadın...
- ☐ **A** adamın bayramda tatile gitmesine şaşırdı.
- ☐ **B** adamın bayramda tatile gitmek istemesine şaşırdı.

3

Aşağıdaki kelimeleri Almanca çevirileriyle eşleştirin.

1.	ağlamak	___ **A**	sich fürchten
2.	endişelenmek	___ **B**	sich ärgern
3.	gurur duymak	___ **C**	sich aufregen
4.	kırılmak	___ **D**	sich wundern
5.	kızmak	___ **E**	sich freuen
6.	korkmak	___ **F**	gekränkt sein
7.	nefret etmek	___ **G**	hassen
8.	sevinmek	___ **H**	sich schämen
9.	sinirlenmek	___ **I**	sich Sorgen machen
10.	şaşırmak	___ **J**	stolz sein
11.	utanmak	___ **K**	traurig sein
12.	üzülmek	___ **L**	weinen

Gefühle ausdrücken
Verben, die Gefühle wie Freude, Erstaunen oder Traurigkeit ausdrücken, werden im Türkischen in der Regel mit dem **-dik-** bzw. **-ecek-Partizip** oder dem **Infinitiv** verbunden. Folgende Verben gehören u. a. dazu:

endişelenmek (*sich Sorgen machen*), kırılmak (*gekränkt sein*), kızmak (*sich ärgern*), korkmak (*Angst haben*), nefret etmek (*hassen*), sevmek (*lieben*), sevinmek (*sich freuen*), sinirlenmek (*sich aufregen*), şaşırmak (*sich wundern*), üzülmek (*traurig sein*)...

(**Benim**) ona haber vermediğ**im**e/ vermem**em**e kızdı.	*Er/Sie hat sich aufgeregt, dass ich ihm/ihr nicht Bescheid gegeben habe.*
(**Senin**) Kötü not aldığ**ın**a/ alma**na** üzüldüm.	*Tut mir leid, dass du eine schlechte Note bekommen hast.*
(**Onun**) Avrupa turu yapmak istediğ**i**ne/ isteme**si**ne şaşırdılar.	*Sie waren darüber erstaunt, dass er/sie eine Europa-Tour machen wollte.*
(**Sizin**) Geldiğ**iniz**e/ Gelme**niz**e çok sevindik.	*Es hat uns sehr gefreut, dass ihr/Sie gekommen seid/sind.*

4

Diyarbakır'dan İzmir'e gitmekte olan bir otobüste iki hanım sohbet ediyor. Hanımların ne konuştuklarını dinledikten sonra aşağıdaki soruları yanıtlayın. Doğru mu, yanlış mı?

	DOĞRU	YANLIŞ
1. Kadınlardan biri kızıyla olan ilişkisini anlatıyor.	☐	☐
2. Anne ve baba, kızlarının evlenmesini önce istememiş.	☐	☐
3. Kız gizlice evlenmiş.	☐	☐
4. Baba, annenin kıza yardım ettiğini biliyor.	☐	☐

CD 1 - TR. 48

ABC WORTSCHATZ
bacı - *Schwester*
ilişki - *Beziehung*
-e razı olmak - *einverstanden sein mit etw.*
gizlice - *heimlich (Adverb)*
gizli - *versteckt (Adjektiv)*

5

Konuşmayı tekrar dinleyin ve aşağıdaki cümlelerde hangi seçeneğin doğru olduğuna karar verin. Sıfat-fiil (Partizip) mi, isim-fiil (Infinitiv) mi? CD'den dinleyip kontrol edin.

CD 1 - TR. 49

ABC WORTSCHATZ
hoş - *angenehm*
a(r)slan - *Löwe*
kükremek - *brüllen*
kuzu - *Lämmchen*

1. Kız, babasının izin (A) vermemesine / (B) vermediğine çok üzüldü.
2. Anne ve baba kızlarının üniversiteyi (A) bitirmesine / (B) bitirdiğine sevindi.
3. Babası kızının (A) evlendiğine / (B) evlenmesine sonunda razı oldu.
4. Anne kızına yardım (A) ettiğine / (B) etmeye karar verdi.
5. Anne (A) söylediğinde / (B) söylemekte haklı.

Wie bereits in Lektion 5 erwähnt wurde, zeigt das -dik- bzw. -ecek-Partizip eine Handlung, die passiert ist, gerade passiert oder später passieren wird:
Kız üniversiteyi bitirdi. Anne ve baba buna sevindi.
(Eine Handlung ist vollzogen: **bitirdi** - sie hat es absolviert/ beendet)
Die Tochter hat die Uni absolviert. *Die Mutter und der Vater haben sich darüber gefreut.*

Anne ve baba **kızlarının üniversiteyi bitirdiğine / bitirmesine** sevindi.	*Mutter und Vater haben sich gefreut, dass* ***ihre Tochter die Uni absolviert hat.***

Die Handlung, die passiert ist, passiert oder passieren wird, kann auch ‚negativ' sein:
Baba kıza izin vermedi. Kız buna üzüldü.
(Eine Handlung ist vollzogen: **izin vermedi** - der Vater hat es nicht erlaubt)
Papa hat es nicht erlaubt. *Die Tochter ist traurig darüber.*

Kız **babasının izin vermediğine / vermemesine** üzüldü.	*Die Tochter war traurig,* ***dass ihr Vater es nicht erlaubt hat****.*

Bei Verben, die Gefühle ausdrücken, kann, wie in obigen Beispielen gezeigt, anstelle des -dik- oder -ecek-Partizips auch der Kurzinfinitiv mit Possessivendung gebraucht werden:

Üniversiteyi bitirme-**m**-e, bitirme-**n**-e, bitirme-**si**-ne, bitirme-**miz**-e, bitirme-**niz**-e, bitirme-**leri**-ne sevindi.
Er/ Sie hat sich gefreut, dass ***ich****,* ***du****,* ***er****,* ***sie****,* ***wir****,* ***ihr****,* ***Sie****,* ***sie*** *die Universität beendet habe, hast, hat etc.*

Der Infinitiv **muss** gebraucht werden, wenn die Handlung keine (gegenwärtige/vergangene/künftige) Tatsache, sondern nur eine Vorstellung, ein Wunsch, eine Befürchtung o. Ä. ist:
Kız evlenmek istiyor. Baba buna razı oldu.
Die Tochter möchte heiraten. *Der Vater ist damit einverstanden.*
Die Heirat ist keine Tatsache, sondern nur beabsichtigt. Daher Kurzinfinitiv:

Baba kızının ~~evlendiğine~~ evlenmesine razı oldu.	*Der Vater war einverstanden, dass seine Tochter heiratet.*

6

Aşağıdaki cümleleri Almancaya çevirin ve ekstra bir kağıda yazın.

1. Paula tatilde uçak bileti bulamamaktan endişeleniyor.
2. Üniversiteyi bitirmekle gurur duyuyor.
3. Bunu söylemekten utanıyor.
4. Söylediklerinden utanıyor.

7

Vücudumuzu oluşturan uzuvları (veya organları) tanıyor musunuz? Resimlerde gördüğünüz uzuvların altına adlarını yazın.

ağız | ayak | bacak | baş / kafa | bel | boğaz | boyun | burun | diş | diz | dudak | el | göğüs | göz | karın | kol | kulak | mide | parmak | omuz | sırt | yanak | yüz / surat

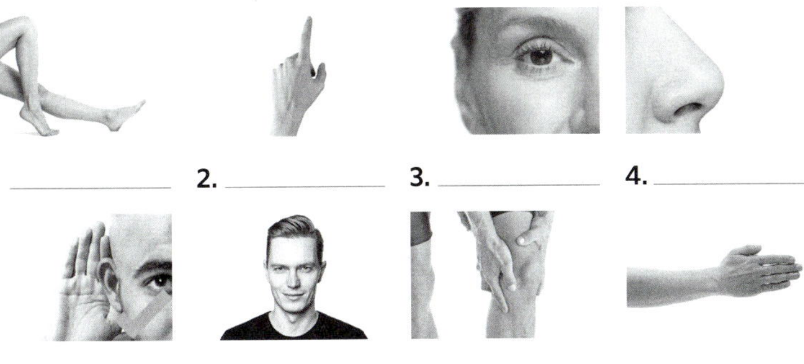

1. ______ 2. ______ 3. ______ 4. ______

5. ______ 6. ______ 7. ______ 8. ______

SPRACHTIPP

sesli harf düşmesi – Vokalausfall
ağız – ağzım
boyun – boynum
burun – burnum
göğüs – göğsüm
karın – karnım
omuz – omzum

8

Paula'yla Erhan'ın telefonda neler konuştuklarını dinleyin ve soruları yanıtlayın. Doğru mu, yanlış mı?

	DOĞRU	YANLIŞ
1. Erhan Paula'nın nasıl olduğunu merak ediyor.	☐	☐
2. Paula kendini birkaç gündür kötü hissediyor.	☐	☐
3. Paula midesinden rahatsız.	☐	☐
4. Erhan Paula'nın doktora gitmesini istiyor.	☐	☐
5. Nermin bir klinikte doktor olarak çalışıyor.	☐	☐

CD 1 - TR. 50

WORTSCHATZ

hâlsiz – *kraftlos*
Midem bulanıyor. – *Ich habe mir den Magen verdorben.*
-den rahatsız olmak – *sich unwohl fühlen*
saçmalamak – *dummes Zeug reden*

Wo tut es weh?

Im Türkischen werden für Schmerzen die Wörter **ağrımak** (z.B. Kopfschmerzen), **acımak** (z.B. der Arm nach einem Sturz) oder **sızlamak** (ziehender, stechender Schmerz) gebraucht. Der Körperteil, der wehtut, steht mit der Possessivendung: Mein Kopf schmerzt/tut weh.

Sizin nereniz ağrıyor? *Wo tut es Ihnen weh?*	**Benim başım ağrıyor.** *Ich habe Kopfschmerzen.*
Senin neren acıyor? *Wo tut es dir weh?*	**Benim kolum acıyor.** *Mein Arm tut mir weh.*

LERNTIPP

Nebensätze mit verdoppeltem Verb in der Form **-ip -mediğini** entsprechen den deutschen Ob-Sätzen:
İyi **olup olmadığını** merak ettim. – *Ich machte mir Sorgen, ob es dir gut geht.*

9

Bu insanların neresi ağrıyor? Boşlukları doldurun.

1. Diş doktoruna gitmem lazım. Üç gündür ________ sızlıyor.
2. Çok kitap okudum, ________ ağrıyor.
3. Son günlerde bilgisayarda çok çalıştım, şimdi ________ ağrıyor.
4. Çok az hareket ettiğin için şimdi ________ ağrıyor.
5. Oğlum bisikletten düştü, iki günden beri ________ acıyor.
6. Havuzda yüzerken kulağına su kaçtı. Şimdi ________ sızlıyor.
7. Lokantada yediğimiz balık galiba iyi değildi. Şimdi ikimizin de ________ ağrıyor.
8. Grip oldum. ________ ağrıyor.

10

CD 1 - TR. 51

WORTSCHATZ

Onun nesi var? - *Was fehlt ihm/ ihr?*
midem bulanıyor - *ich habe mir den Magen verdorben*
kramp - *Krampf*
Bacağıma kramp girdi! - *Ich habe Krämpfe in meinem Bein*
kusmak - *sich übergeben*
terlemek - *schwitzen*
acil bölüm - *Notfallstation*
acil durum - *Notfall*
aşırı - *extrem*
zehirlenme - *Vergiftung*
-den zehirlenmek - *sich vergiften an etw.*

Nermin, kuzeninin çalıştığı özel kliniğe telefon edip Paula için randevu almak istiyor. Nermin'in orada çalışan hemşireyle neler konuştuğunu okuyun. Metindeki boşlukları uygun kelimelerle doldurun. Sonra CD'yi dinleyip kontrol edin.

acil | geçmiş | gıda | kramp | mide | ne | not | randevu | terleme | yardımcı

Hemşire: İstanbul Klinik, iyi günler! Nasıl (1) ________ olabilirim?

Nermin: İyi günler, ben bugün bir arkadaşım için doktordan (2) ________ almak istiyorum.

Hemşire: Arkadaşınızın (3) ________ var? Kendisi neden aramıyor?

Nermin: Arkadaşımın iki günden beri (4) ________ bulanıyormuş. Dünden beri de midesine (5) ________ giriyormuş.

Hemşire: Kusma ve aşırı (6) ________ var mıymış?

Nermin: Onu maalesef bilmiyorum.

Hemşire: Peki, ben size saat dört için randevu veriyorum. Arkadaşınız en geç o saatte kliniğe gelsin. Eğer kusma varsa hemen gelsin veya en yakındaki hastanenin (7) ________ bölümüne gitsin. (8) ________ zehirlenmesi olabilir. Arkadaşınızın adını alayım.

Nermin: Arkadaşımın adı Paula. Soyadını ne yazık ki bilmiyorum.

Hemşire: Tamam, ben (9) ________ ettim. (10) ________ olsun!

Beim Arzt
Ein Arzt bzw. eine Ärztin stellt häufig diese Fragen:

Sizin **şikâyet**iniz ne?	*Was haben Sie für* ***Beschwerden****?*
Sizin **ne**yiniz var?	***Was*** *fehlt Ihnen? Was haben Sie?*

Und wie oben bereits gesehen:

Nereniz / **Ner**esi ağrıyor? ***Wo*** *tut es Ihnen weh? /* ***Wo*** *tut's weh?*	**Bura**m / **bura**sı ağrıyor. ***Hier*** *tut's (mir) weh.*

11

Doktor hastayı muayene ederken aşağıdaki cümleler sık sık kullanılır. Sizce bu cümleleri hasta mı söylüyor, yoksa doktor mu?

1. Daha önce de midenizle ilgili şikâyetiniz var mıydı?

2. Hemşire hanım sizden kan alacak.

3. Kendimi çok hâlsiz hissediyorum.

4. Şikâyetiniz ne?

5. Sizi iki gün sonra tekrar muayene etmek istiyorum.

6. Ayakkabılarınızı çıkarın ve sırtüstü sedyeye yatın.

7. Tam bir teşhis için kan tahlili yapmamız lazım.

8. Sürekli bir ağrı var mı, yoksa ağrılar aralıklı mı?

9. Size antibiyotik yazıyorum.

10. Herhangi bir şeye alerjiniz var mı?

11. Bu ilaçtan günde iki defa alın.

12. Derin nefes alın, nefesinizi tutun, nefes verin.

Hasta: ______________________ Doktor: ______________________

ABC **WORTSCHATZ**

... ile ilgili – *betreffend*
kan – *Blut*
tahlil – *Analyse*
idrar tahlili – *Urinanalyse*
hâlsiz – *schwach*
bitkin – *erschöpft*
muayene etmek – *untersuchen*
sırtüstü – *auf dem Rücken (liegend)*
yüzüstü – *mit dem Gesicht nach unten*
sedye – *Liege*
teşhis – *Diagnose*
sürekli – *ständig, ununterbrochen*
aralıklı – *in Abständen*
almak – *einnehmen*
nefes almak – *einatmen*
nefesi tutmak – *den Atem halten*
nefes vermek – *ausatmen*

aç karnına – *auf nüchternen Magen*
tok karnına – *nach dem Essen*

karın – benim karnım

 WORTSCHATZ

çabuk - *schnell*
-i korkutmak - *jdm. Angst machen*
iyileşmek - *wieder gesund werden*
hepimiz - *wir alle*
siz olmasanız - *wenn ihr nicht wäret*
siz olmasaydınız - *wenn ihr nicht gewesen wäret*
ihtimal - *Wahrscheinlichkeit*
zehir - *Gift*
-i zehirlemek - *vergiften*
-den zehirlenmek - *sich vergiften an*
şükür - *Dank*
-e şükretmek - *Gott danken für*

SPRACHTIPP

ihtimal - ihtimalle
şükür - benim şükrüm

° 12

Bir hafta sonra Paula ve arkadaşları üniversitenin bahçesinde yine sohbet ediyorlar. Metindeki boşlukları uygun fiil ve eklerle doldurun.

korkmak | korkutmak | nefret etmek | sevinmek | şaşırmak | şükretmek | üzülmek

Erhan: Paula, bir hafta önce çok kötü görünüyordun. Ben bu kadar çabuk iyileştiğine gerçekten çok (1) ________. Ama bizi gerçekten çok (2) ________.

Nermin: Evet, (biz) sana bir şey olacağından (3) ________.

Paula: Arkadaşlar, sizi bu kadar korkuttuğuma gerçekten çok (4) ________.

Nermin: Üzülmene gerek yok. Çabuk iyileşmene hepimiz çok (5) ________.

Paula: Hepinize yardım ettiğiniz için çok teşekkür ederim. Siz olmasaydınız ne yapardım, bilmiyorum.

Erhan: Sahi, doktor ikinci kontrolde ne dedi?

Paula: Büyük bir ihtimalle yediğim balıktan zehirlenmişim. O balıktan daha fazla yemediğime (6) ________.

Nermin: Arkadaşlar, isterseniz konuyu artık kapatalım. Hastalıklardan konuşmaktan (7) ________ ________.

İnsanları Ne Mutlu Eder?
Hayata iyimser bakan insanlar daha çok para kazanıyor, iş yerlerinde daha iyi performans gösterebiliyor ve aile hayatlarında daha mutlu oluyorlar. İnsanların mutluluk derecesini arttıran bazı davranışlar şöyle sıralanıyor:

Hedefe kilitlenmek
Hedefler ve mutluluk karşılıklı olarak birbirlerini besliyorlar. İnsanlar hedeflerine ulaştıkça daha çok mutlu oluyorlar.

Değer verdiğin insanlarla olmak
Araştırmalar, insanların sevdikleriyle beraber vakit geçirdiklerinde daha mutlu olduklarını gösteriyor.

Taze meyve-sebze yemek
Taze meyve-sebze yiyen insanlar daha mutlu oluyor. Bu, özellikle gençlerde kendini daha çok belli ediyor.

Spor yapmak
Hollandalıların yaptıkları bir araştırmaya göre, spor yapanlar hayatından daha tatminkâr oluyor.

13

Sıra sizde! Aşağıdaki kelimeleri kullanarak soruları yanıtlayın.

(iyi) arkadaşları olmak | başarılı / başarısız olmak | çevre kirliliğinin artması | çok para kazanmak | evi olmak | istediğini yapabilmek | mesleğinde çalışmak | okulu bitirmek | özgür olmak | sıcakkanlı olmak | sağlıklı olmak | saygılı / saygısız olmak | spor yapmak | Türkçe öğrenmek | Türkiye'de okumak | Türkiye'de tatil yapmak | yardımsever olmak ...

Siz nelere üzülüyorsunuz? (özgür olmak)
- Ben bütün insanların özgür olamamasına/ olamadığına üzülüyorum.

1. Siz nelere seviniyorsunuz?

____

2. Sizi ne mutlu ediyor?

____

3. Siz nelere üzülüyorsunuz?

____

4. Siz nelere kızıyorsunuz veya sinirleniyorsunuz?

____

5. Siz nelerden korkuyorsunuz?

____

6. Siz nelerden endişeleniyorsunuz?

____

WORTSCHATZ

çevre kirliliği - *Umweltverschmutzung*
artmak - *zunehmen*
azalmak - *abnehmen*
(para) kazanmak - *verdienen*
(para) harcamak - *ausgeben*
özgür - *frei*

14

Hastalıklar ne yazık ki hayatın bir parçası. Her zaman sağlıklı olmayı dileriz. Ama hasta olduğumuz zaman kullanabileceğimiz kelime ve cümleleri de bilmemiz gerekiyor. Aşağıdaki soruları uygun yanıtlarla eşleştirin.

1. Neyiniz var?	___	A	Evet, bitkisel / organik ilaç aldım / kullandım. İğne oldum.
2. Ateşiniz var mı?	___	B	Hasta... / Grip... / Nesle... / İshal... / Kabız oldum.
3. İlaç aldınız mı?	___	C	Hayır, size bir haftalık rapor yazacağım.
4. Nereniz ağrıyor?	___	D	Evet, çok iyi olur.
5. Hastalık sigortanız var mı?	___	E	Evet, 39 derece ateşim var. Evet, ateşim yüksek.
6. Doktor çağırayım mı?	___	F	Evet, buyurun sigorta kartım.
7. Yarın işe gidebilir miyim?	___	G	Göğsümde ağrı var.

WORTSCHATZ

-i çağırmak - *rufen*
iğne - *Spritze*
nezle - *Schnupfen*
zatürre - *Lungenentzündung*
kanser - *Krebs*
rapor - *Attest*
ateş - *Fieber*

SPRACHTIPP

Hastalıklarda:
... oldum - „ich bin geworden"
-e yakalandım - „ich wurde erwischt"
Grip oldum.
Gribe yakalandım.

LEKTION 9 Türkiye Turu

CD 1 - TR. 52

WORTSCHATZ

yayla - *Hochebene*
-in yanı sıra - *zusammen mit*
mesafe - *Entfernung*
-i barındırmak - *beherbergen*
kartal - *Adler*
-e varmak - *erreichen*
dev - *Gigant, gigantisch*
meraklı - *neugierig*
mimari - *Architektur, architektonisch*
-i yansıtmak - *widerspiegeln*
varlık - *Gebilde*
meşhur - *ünlü*
Milattan önce (MÖ) - *v. Chr.*
Milattan sonra (MS) - *n. Chr.*
yüzyıl (yy.) - *Jahrhundert*
korunmuş - *geschützt*

1

Aşağıda gördüğünüz tarihî ve turistik yerleri biliyor musunz? CD'den bu yerlerle ilgili tanıtımları dinledikten sonra resimleri uygun yer adlarıyla birleştirin.

A Aspendos **B** Ayder Yaylası **C** Nemrut Dağı 

1. ______________

2. ______________

3. ______________

4. ______________

CD 1 - TR. 52

WORTSCHATZ

sınır - *Grenze*
örtü - *Decke*
millî park - *Nationalpark*
ören yeri - *Ruinenstätte*
krallık - *Königreich*
il - *Provinz (in Türkei)*

2

Yukarıda dinlediğiniz tanıtımları tekrar dinleyip soruları yanıtlayın.

1. Ayder Yaylası hangi ilin sınırları içinde?
- ☐ **A** Gümüşhane ili sınırları içinde.
- ☐ **B** Rize ili sınırları içinde.

2. Yayla neden tercih ediliyor?
- ☐ **A** Kaplıcasından dolayı.
- ☐ **B** Zengin bitki örtüsünden dolayı.

3. Nemrut'ta bulunan millî park, içinde ne barındırıyor?
- ☐ **A** Millî parkta antik kent var.
- ☐ **B** Millî parkta kartallar var.

4. Nemrut ören yeri kimin için uygun bir yerdir?
- ☐ **A** Doğa meraklıları için.
- ☐ **B** Tarih meraklıları için.

5. Safranbolu hangi listede yer alıyor?
- ☐ **A** Dünya Mirası listesinde.
- ☐ **B** Osmanlı klasikleri listesinde.

6. Safranbolu evleri hangi mimariyi yansıtıyor?
- ☐ **A** Klasik Osmanlı mimarisini.
- ☐ **B** Modern Türk mimarisini.

7. Aspendos'u kim inşa etmiş?
- ☐ **A** Osmanlılar inşa etmiş.
- ☐ **B** Romalılar inşa etmiş.

3

Paula ve Erhan, üniversitenin koridorlarında tatilde ne yapacaklarını konuşuyorlar. İki arkadaşın ne konuştuklarını dinleyip aşağıdaki soruları yanıtlayın. Doğru mu, yanlış mı?

CD 1 - TR. 53

	DOĞRU	YANLIŞ
1. Erhan yaz tatilinde nerede çalışayacağını tam olarak bilmiyor.	☐	☐
2. Paula tatilde arabayla Türkiye turu yapacak.	☐	☐
3. Geziyi Paula'nın bir arkadaşı planladı.	☐	☐
4. Tura Van ilinden başlayacaklar.	☐	☐
5. Arkadaşlar tur boyunca kalacakları yerlerin rezervasyonunu yaptırmışlar.	☐	☐
6. Paula Erhan'a tura katılmayı teklif etti.	☐	☐

Reale Bedingungssätze

Bei den realen Bedingungsätzen sind i.d.R. zwei Handlungen vorhanden. Dabei ist die erste Handlung die Bedingung für die zweite. Mit ihnen wird im Türkischen ein Satzgefüge gebildet:

1. Handlung ist die Bedingung für die	2. Handlung
İster**sen**	sen de gel!
Wenn *du möchtest,*	*komm mit!*

Bedingungsätze werden mit der zweiförmigen Endung -(y)sa bzw. -(y)se gebildet: **Bei Verbalsätzen** kommt die Endung -(y)sE **nach einer Zeitendung** wie -di, -yor, -ecek usw. Es ist also **eine zusammengesetzte Zeitform** (s. § 2.7):

Stamm	Verneinung	Zeit	-(y)sE	Person
çalış-	-ma-	-yacak- (Futur)	-sa-	n

Yazın çalışmayacaksan bizimle tatile gel!
Wenn du im Sommer nicht arbeitest, komm mit uns in den Urlaub!

Diese Endung bekommt die gleichen Personalendungen wie das Präteritum -di:

Ben ister**sem**... *Wenn ich möchte ...*	**Sen** ister**sen**... *Wenn du möchtest ...*	**O** isterse... *Wenn er/sie/es möchte ...*
Biz ister**sek**... *Wenn wir möchten ...*	**Siz** istersen**iz**[1]... *Wenn ihr möchtet /Sie möchten ...*	**Onlar** isterse... **Onlar** ister**ler**se[2]... *Wenn sie möchten ...*

[1]große Vokalharmonie: -nız, -niz, -nuz, -nüz; [2]kleine Vokalharmonie: -lar und -ler

WORTSCHATZ

-in aklına gelmek - *jdm. einfallen, in den Sinn kommen*
Van ili - *die Provinz Van*

SPRACHTIPP

akıl *(Verstand)* – **aklı** *(sein/ihr Verstand)*
Vokalausfall!
Bei der Wendung **aklına gelmek** verändert sich die Possessivendung in ‚aklına' je nach Person:
benim aklıma, senin aklına, onun aklına, bizim aklımıza, sizin aklınıza, onların aklına (~~onların~~ akıllarına)

Benim aklıma güzel bir şey geldi.
Mir ist etwas Schönes eingefallen.

WORTSCHATZ

basit cümle - *einfacher Satz*
sıralı cümle - *Satzreihe*
birleşik cümle - *Satzgefüge*
şartlı birleşik cümle - *Satzgefüge mit Bedingungssatz*
öyleyse - *in dem Fall, dann*

Anıtkabir - *letzte Ruhestätte von Mustafa Kemal Atatürk (1881-1938)*

SPRACHTIPP

Das Adverb **eğer** oder **şayet** steht manchmal am Anfang eines Bedingungssatzes, um den Bedingungscharakter des Satzes zu verstärken.

4

Aşağıdaki basit cümlelerden şartlı birleşik cümleler yapın.

Örnek:
1. kişi: (1) Erhan rehber olarak çalışmak istiyor.
2. kişi: (2) Öyle**yse** Erhan benim firmamda çalışabilir. *(basit cümle)*
2. kişi: Erhan rehber olarak çalışmak istiyor**sa** ~~öyleyse~~ benim firmamda çalışabilir. *(şartlı birleşik cümle)*

1. (1) Türkiye turu yapacaklar. (2) Öyleyse ben de tura katılayım.
   ____
2. (1) Biz Adıyaman'a otobüs bileti bulamadık. (2) Öyleyse uçakla gidin.
   ____
3. (1) Araba kiraladık. (2) O zaman geze geze gelirsiniz.
   ____
4. (1) Kalacağımız yerlerde rezervasyon yaptırmayacağız. (2) O zaman boş oda bulamazsınız. ______________________
5. (1) Herhâlde Ankara'ya gitmeyiz. (2) O zaman Anıtkabir'i göremezsiniz. ______________________

CD 1 - TR. 54

WORTSCHATZ

yan cümle - *Nebensatz*
zaman eki - *Zeitendung*
şart eki - *Bedingungsendung*
-i doldurmak - *füllen*
temel cümle - *Hauptsatz*
-i -le birleştirmek - *etw. mit etw. verbinden*

5

Türkiye'de çalışan deneyimli bir rehber, size Türkiye'nin değişik şehirlerinde neler yapmanız gerektiğini anlatıyor. Rehber, konuşmasında şartlı birleşik cümleler kullanıyor. Konuşmayı dinledikten sonra yan cümledeki boşlukları zaman ve şart ekleriyle doldurup temel cümleyle birleştirin. CD'den tekrar dinleyerek kontrol edin.

1. Siz dağlar arasında şirin bir Rum kasabası görmek iste______	___ **A** Alaçatı'ya mutlaka uğrayın.
2. Çanakkale'de Zafer Anıtı'nı gör______	___ **B** Şirince'ye gelin.
3. Sörf yapmayı sev______	___ **C** Demre'ye gelin.
4. Noel Baba'nın kilisesini merak et______	___ **D** 4 bin yıllık Köyceğiz'i görün.
5. Doğaya ve tarihe özlem duy______	___ **E** tabii ki olmaz.
6. Demre'ye gel______	___ **F** Myra antik kentini de muhakkak gezin.

Reale Bedingung bei Nominalsätzen
-(y)sE kann sowohl **an Verbalsätze** als auch **an Nominalsätze** angehängt werden.

Einfacher Nominalsatz	Satzgefüge mit realem Bedingungssatz	
	Bedingungssatz (Nebensatz)	Hauptsatz
Julia arkelog.	Julia arkeolog**sa...**	Türkiye'yi iyi tanır.
Erhan rehber değil.	Erhan rehber değil**se...**	firmamızda çalışamaz.
Erhan'ın zamanı var.	Erhan'ın zamanı var**sa...**	tura katılır.
Otelde yer yok.	Otelde yer yok**sa...**	çadırda kalırız.

6

Paula birkaç gün önce bir seyahat acentesine gidip Adıyaman'a otobüs bileti almak istemişti. Paula'nın acentede çalışan elemanla neler konuştuğunu okuyun.

Paula: İyi günler! Temmuz ayında Adıyaman'a otobüsü seferiniz var mı?
Eleman: Bir saniye, hemen bakıyorum. Evet, temmuz ayında Adıyaman'a her gün seferimiz var. Siz hangi gün gitmeyi düşünüyorsunuz?
Paula: 20 Temmuzda. Bilet fiyatları ne kadar?
Eleman: Bir gidiş 100 lira. Gidiş-dönüş alırsanız yüzde 10 indirim yapabilirim. 20 Temmuzda iki seferimiz var. Biri sabah saat 10:00'da, diğeri öğleden sonra saat 14:00'te.
Paula: Saat 10 otobüsünde 3 kişilik yer ayırabilir misiniz? Arkadaşlarım kabul ederse gelip biletleri alırım.
Eleman: Tabii, arzu ederseniz cuma gününe kadar biletlerinizi ayırabilirim. Adınız neydi?
Paula: Adım Paula. Bir sey daha soracağım. Yolculuk ne kadar sürüyor?
Eleman: Yaklaşık 18-19 saat.
Paula: 18 saat mi? Yolculuk 18 saatse arkadaşlarım uçakla gitmek isteyecektir. Peki, uçak biletleri ne kadar?

Yukarıdaki metinde nerelerde şart eki var? Onları bulun. Daha sonra bu cümleleri Almancaya çevirin.

Die Zeit im Hauptsatz bei Bedingungssätzen
Bei solch einem Satzgefüge steht das Prädikat des Hauptsatzes meistens im Aorist, in der Wunschform -(y)E, im Imperativ, seltener in der Notwendigkeitsform und im Futur. Das Präsens wird so gut wie nie, das Präteritum (-di) und die erfahrene Vergangenheit (-miş) nie gebraucht.

Otel güzelse...	*Wenn das Hotel schön ist ...*
...orada birkaç gün **kalırız**.	*... bleiben wir sicherlich ein paar Tage dort.*
...orada birkaç gün **kalalım**.	*... lass uns ein paar Tage dort bleiben.*
...orada birkaç gün **kal**.	*... bleib ein paar Tage dort.*
...orada birkaç gün **kalacağız**.	*... werden wir sicherlich ein paar Tage dort bleiben.*
...orada birkaç gün **kalmalıyız**.	*... sollten wir dort ein paar Tage bleiben.*

Um eine Handlung in der Vergangenheit im Hauptsatz auszudrücken, wird in der Regel eine zusammengesetzte Form mit -miş und -dir gebraucht → kalmıştır (s. § 2.6).

Otel güzelse...	*Wenn das Hotel schön ist, ...*
...orada birkaç gün kalmıştır.	*... ist er dort sicherlich ein paar Tage geblieben.*

ABC WORTSCHATZ

yükseklik - *Höhe*
deniz suyu - *Meerwasser*
tuzlu su - *Salzwasser*

7

Aşağıdaki soruları şart cümleleriyle yanıtlayın. Siz bu durumlarda ne yaparsınız?

1. Yazın Türkiye'de tatil yaparsanız en çok ne yaparsınız?

2. Kapadokya'ya giderseniz balonla gezer misiniz? Neden?

3. Otelde kalırsanız havuzda mı yüzersiniz, denizde mi?

4. Otelde yemekler iyi değilse ne yaparsınız?

5. Dışarıda yemek yerseniz nereye gidersiniz?

6. Kaldığınız otelde sıcak su yoksa ne yaparsınız?

8

Aşağıdaki cümleleri Türkçeye çevirin lütfen. Yan cümlelerde uygun zaman ekleri ve şart ekini kullanın.

1. Wenn ihr eines Tages in Kahramanmaraş Urlaub macht, esst von dem berühmten Maraş-Eis.

2. Wenn du in der Türkei eine Schwarzmeer-Tour machst, fahr nach Amasra und probier dort den Amasra-Salat.

3. Wenn ihr nach Amasya gefahren seid, habt ihr sicherlich die dortigen osmanischen Häuser bewundert.

4. Wenn Sie gerne Ski fahren, sind Sie sicherlich schon zum Uludağ gefahren.

5. Wenn du keine Angst vor Rafting hast, komm in die Kaçkar-Berge in Rize.

6. Wenn du gerne heilige Orte besuchst, hast du sicherlich das Haus von Mutter Maria gesehen.

CD 1 - TR. 53

WORTSCHATZ

Ski fahren - **kayak kaymak**
bestaunen - **-e hayret etmek**
Rafting - **rafting**
heilig - **kutsal**
Pilgerort - **hac yeri**
Pilgerfahrt - **hac**
(Mekka)Pilger(in) - **hacı**

SPRACHTIPP

esst! - y**i**yin!
fakat: sagt! - d**e**yin!

hac - hacca *(zur Pilgerfahrt)* (Konsonantenverdopplung!)

9

Türkiye'de tatilde yapmak deyince akla ne gelir? Konuyla ilgili 14 tane kelimeyi bulun.

G	Q	D	İ	N	L	E	N	M	E	K	T
E	F	E	O	W	A	Y	R	A	N	T	L
Z	R	N	A	N	N	G	S	X	D	I	A
M	E	İ	N	C	D	Y	Ü	Z	M	E	K
E	M	Z	V	A	P	U	R	H	E	Q	T
K	M	Ä	U	M	H	E	R	M	A	T	A
G	Ü	N	E	Ş	L	E	N	M	E	K	R
G	Z	Y	E	M	E	K	E	C	A	M	İ
X	E	Y	D	O	Ğ	A	V	Ç	A	Y	H

SPRACHTIPP

Aklınıza ne gelir? - *Was kommt euch in den Sinn?*
Aber ohne Possessivendung:
Akla ne gelir? - *Was kommt einem in den Sinn?*

Irreale Bedingungssätze in der Vergangenheit
An die Endung -se/-sa kann die Vergangenheitsendung -ydi/-ydı antreten. Das bedeutet, dass die irreale Handlung in der Vergangenheit liegt oder als völlig unmöglich eingeschätzt wird.

Yolculuk 18 saat **sürmeseydi** biletleri alırdım.	*Wenn die Reise nicht 18 Stunden gedauert hätte, hätte ich die Tickets gekauft.*

Wunschsätze mit -sa bzw. -se
Das sind alleinstehende irreale Bedingungssätze ohne Folgesatz. Sie werden oft mit dem Adverb **keşke** eingeleitet.

Keşke ben de sörf yapmayı bilsem! Keşke biraz daha Türkiye'de kalsaydın!	*Wenn ich doch auch surfen könnte!* *Wenn du doch noch ein bisschen in der Türkei bleiben würdest!*

Auch mehrfache Wunschäußerungen sind nicht selten:

Keşke bankacı olmasaydım da öğretmen olsaydım.	*Wäre ich doch keine Bankangestellte, sondern Lehrerin geworden.*
Keşke yengemi dinleseydik ve Türkiye'de bir yazlık alsaydık.	*Hätten wir doch nur auf meine Tante gehört und in der Türkei ein Sommerhaus gekauft.*

7

Her insanın bir hayali vardır. Sizce resimde gördüğünüz insanlar neyi hayal ediyor? Cümleleri lütfen Türkçeye çevirin ve uygun resimlerle birleştirin.

1. Satz ____________ **2.** Satz ____________ **3.** Satz ____________

A Wenn ich doch in der Schule fleißiger gewesen wäre und jetzt eine bessere Arbeit hätte.

____

B Wenn ich doch jetzt in der Schule wäre und dort neue Sachen lernen könnte.

____

C Wenn wir doch wie Supergirl fliegen könnten.

____

8

Hayatınızda pişman olduğunuz veya yapmak istediğiniz neler var? Aşağıdaki konularda yapmak istedikleriniz, hayalleriniz var mı? Bunları yazınız. Çözümler bölümünde birkaç örnek bulabilirsiniz.

WORTSCHATZ

... ile zaman geçirmek *– mit jmd.. bzw. etw. Zeit verbringen*

> **aile - araba - arkadaşlar - çocuk | torun - ev - film - hobi | boş zaman iş | meslek - kitap - komşular - okul | üniversite - para - sağlık seyahat | gezi - spor - şehir - yabancı dil**
> **anlaşmak - bitirmek - buluşmak - çalışmak - dikkat etmek - kiralamak - öğrenmek - okumak - olmak - satın almak - seyretmek - sigara içmek - taşınmak - yapmak - yardım etmek - yaşamak - yazmak - ...e zaman ayırmak - ile zaman geçirmek**

____

____

____

____

____

9

Paula uzun bir süre e-posta yazamamıştı. Bugün zamanı olduğu için otu-rup bir e-posta yazdı. E-postadaki boşlukları şart ve dilek ekleriyle doldu-run. Sonra CD'den dinleyerek bunları karşılaştırın.

CD 1 - TR. 57

WORTSCHATZ

-e şaşmak – *staunen über*
sertifika – *Zertifikat*
diploma – *Diplom*
mezuniyet belgesi – *Abschlussbescheinigung*
doğru dürüst – *so richtig (gut)*

Merhaba, Leyla!

Nasılsın, iyi misin? Ben çok iyiyim.

Daha önce zamanım ol______ (1) sana yazardım. Ama ne yazık ki son günlerde hiç zamanım olmadı. Sakın seni unuttuğumu sanma. Böyle düşün______ (2) sana çok darılırım. Şaka maka sınavlardan önce ne kadar ders çalıştığımı gör______ (3) çok şaşardın. Burada tanıştığım arkadaşlarla beraber çalış______ (4) bazı notlarım kötü olabilirdi. Ama şimdi bütün sınavları başarıyla geçtim ve sertifikamı aldım.

Sınavlar bittikten sonra hemen Türkiye turu için hazırlıklara başladık. Tura katılan arkeolog bayan ol______ (5) sanırım böyle güzel bir tur yapamazdık. O bize gidebileceğimiz yerleri söyle______ (6) her hâlde doğru dürüst hiçbir yeri gezemezdik. Bir gün Türkiye turu yap______ (7) bence önce oralara git. Sana e-postayla birlikte birkaç fotoğraf yolladım. (Sen) iste______ (8) birkaç tane daha gönderebilirim.

Herkese selamlar! Paula

WORTSCHATZ

ezan - *Gebetsruf*
ses - *Ton, Klang*
kordudan (tir tir) titremek - *vor Angst (heftig) zittern*
sakinleştirici - *beruhigend*
özellik - *Eigenschaft*
saçmalamak - *dummes Zeug reden*
kızcağız - *kleines Mädchen*
Ne dersen de! - *Du kannst sagen, was du möchtest!*
-e itiraz etmek - *widersprechen*
-i -den caydırmak - *jdm. von etw. abbringen*
-de ısrar etmek - *auf etw. beharren*

10

Paula'nın Türkiye'den ayrılmasına bir gün kala arkadaşları, ona bir veda partisi hazırlarlar. Partide neler konuşulduğunu okuyun ve sonra sorulara cevap verin.

Hakan: Paula, burada yaşadığın en ilginç olay neydi?
Paula: Bildiğiniz gibi ben daha önce hiç Türkiye'ye gelmemiştim. Burada kaldığım ilk gece birden bir sesle uyandım. Önce ne olduğunu anlayamadım. Ama bir görseydiniz korkudan resmen tir tir titredim. Sonra anladım ki duyduğum ses camiden gelen ezan sesiymiş.
Hakan: Sonra ezan sesine alıştın mı bari?
Paula: Evet, Almanya'ya dönünce ezan sesini kesin özlerim. Bence ezan sesinin insanı sakinleştirici bir özelliği var.

1. Paula ne zaman korkmuş?

____

Nermin: Burada seni en çok etkileyen şey neydi?
Paula: Öncelikle beni nasıl kabul ettiğinize hayran kaldım. Siz olmasaydınız burada o kadar çok şey yapamazdım.
Erhan: İstiyorsan grubumuzdan ayrılmak zorunda değilsin.
Nermin: Erhan, saçmalama. Kızcağız burada kalsa ne yapacak ?
Erhan: Burada kalırsa ona ev ve iş buluruz.
Paula: Önce Almanya'da üniversiteyi bitireyim, bakarsınız bu sefer çalışmak için gelirim.

2. Paula Türkiye'de kalmayı düşünüyor mu ?

____

3. Paula Türkiye'de kalırsa sizce en çok kim sevinir, kim üzülür?

____

Hakan: Yarın uçağın kaçta kalkıyor? Biliyorsun, seni havalimanına biz götüreceğiz.
Paula: Bence hiç zahmet etmeyin. Beni buraya getiren taksiciyi ararsam o beni götürür.
Hakan: Sen ne dersen de! Yarın seni havalimanına biz götürüyoruz.
Nermin: Hayatım, sen ne kadar itiraz edersen et, bunları caydıramazsın!

4. Hakan nede ısrar ediyor?

____

5. Paula Hakan'a itiraz etse bir şey değişir mi? Neden?

____

11

Paula ile arkadaşları veda gününde arabayla havalimanına gelirler. Kontollerden geçtikten sonra arkadaşlar birbirlerine veda ederler.

Paula: Arkadaşlar surat asmaya gerek yok! Söz, sizi ziyaret etmeye tekrar geleceğim.
Erhan: Sana çok alışmıştık, Paula. Emin ol, seni daha şimdiden özlüyorum.
Nermin: Gel, sana bir sarılayım.
Hakan: İyi uçuşlar! Uçak inince hemen ara bizi.
Paula: Biliyorum, siz Türkler uçak iner inmez telefon edersiniz.
Görevli: Bilet ve uçuş kartınız!
Paula: Buyurun! Arkadaşlar, her şey gönlünüzce olsun! Sizinle tanışmak benim için büyük bir mutluluktu.
Arkadaşlar: Hoşça kal! Kendine iyi bak!

 WORTSCHATZ

surat asmak - *ein Gesicht machen*
Söz! - *Versprochen!*
emin - *sicher*
Her şey gönlünüzce olsun! - *Alles soll so sein, wie eure Herzen es wünschen!*

12

Paula uçaktan iner inmez Türkiye'deki arkadaşlarına sesli mesaj atar. Eve geldikten sonra arkadaşlarına bir tane daha mesaj gönderir. Paula'nın yolladığı mesajları CD'den dinleyip soruları yanıtlayın. Doğru mu, yanlış mı?

	DOĞRU	YANLIŞ
1. Paula'nın uçağı saat yirmide havalimanına indi.	☐	☐
2. Paula bir taraftan bavulları bekliyor, bir taraftan da mesaj yazıyor.	☐	☐
3. Paula gece saat 12'ye doğru eve geldi.	☐	☐
4. Paula'yı ailesi karşıladı.	☐	☐
5. Arkadaşları Paula'nın ne kadar yorgun olduğunu gördü.	☐	☐

 WORTSCHATZ

-i -e atmak - *etw. auf etw. werfen*

13

Sıra sizde. Uzun bir aradan sonra eve dönünce neler yaparsınız? Lütfen aşağıdaki soruları yanıtlayın.

1. Hemen işe veya okula başlar mısınız?
2. Hemen ev işlerine başlar mısınız?
3. Önce kimleri ararsınız?
4. Kendinizi yorgun mu hissedersiniz, yoksa dinlenmiş mi?
5. Evde tatilinizi biraz uzatmaya çalışır mısınız? Örneğin; lokantaya veya bara giderek, gezerek, kitap okuyarak vs.
6. Tatilin bittiğine üzülür müsünüz, sevinir misiniz?

1

Wissen Sie noch, wie die Berufe auf Türkisch heißen?

Arbeiter(in) | Friseur(in) | Journalist(in) | Lehrer(in) | Maschinist(in) | Krankenpfleger(in) | Soldat(in) | Übersetzer(in)

1. ____________ 2. ____________ 3. ____________ 4. ____________

5. ____________ 6. ____________ 7. ____________ 8. ____________

2

Üben Sie nochmal die Verbaladverbien, indem Sie Sie die Sätze ins Türkische übersetzen.

1. Ich konnte keine Wohnung finden, **bevor** ich mit der Arbeit begonnen habe.

   ____

2. **Nachdem** ich die Universität absolviert hatte, habe ich ein Jahr eine Weltreise gemacht.

   ____

3. **Während** ich meine Weltreise gemacht habe, bin ich sehr verschiedenen Menschen begegnet.

   ____

3

Gehören diese Endungen zu den Verbaladverbien? Was bedeuten sie? Kreuzen Sie an.

	DOĞRU	YANLIŞ
1. -mAk	☐	☐
2. -DİkçE	☐	☐
3. -mEdEn	☐	☐
4. -mEktE	☐	☐

4

Wandeln Sie die Sätze in Passivsätze um.

harçlık - *Taschengeld*

1. Bayramlarda akrabaları ve komşuları ziyaret ediyoruz.
2. Gelen çocuklara harçlık veririz.
3. Normalde bayramlarda tatile gitmemek lazım.
4. Siz özel günlerde hediyeler alır mısınız?
5. Bayramlarda özel bir yemek hazırlar mısınız?

5

Welche Gefühle lösen diese Situationen bei Ihnen aus? Beantworten Sie die Fragen.

ABC WORTSCHATZ

sürücü - *Fahrer(in)*
kaldırım - *Bürgersteig*

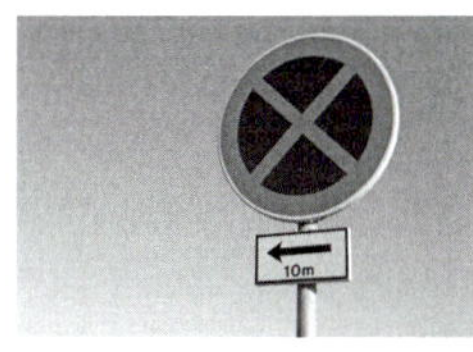

Örnek: Ben sürücülerin yasak yere park etmesine çok kızıyorum.

1. Politikacılar verdikleri sözü genellikle tutmuyor.
2. Bazı bisikletliler kaldırımdan gidiyor.
3. Çocuklar bağırarak oynuyor.
4. Komşu müziğin sesini açmış.
5. Arkadaşınız doğum gününüzde sizi aramadı.
6. İş yerinizde arkadaşlar sizi dikkate almıyor.
7. Bir arkadaşınız evlendi.

6

Finden Sie in dem Gitter zehn türkische Verben, die Gefühle ausdrücken.

E	N	D	İ	Ş	E	L	E	N	M	E	K
Ş	S	P	L	W	Ö	N	A	U	S	T	K
A	E	U	A	K	O	R	K	M	A	K	I
Ş	V	I	T	S	E	V	M	E	K	I	R
I	İ	P	D	A	Ö	N	H	H	E	Z	I
R	N	Ä	U	M	N	E	I	M	A	M	L
M	M	F	N	Y	Ä	M	N	L	I	A	M
A	E	N	G	A	Ğ	L	A	M	A	K	A
K	K	Y	G	Ü	L	M	E	K	A	S	K

7

Üben Sie nochmal die realen und irrealen Bedingungssätze. Füllen Sie dafür die Lücken mit den entsprechenden Endungen. Achten Sie darauf, dass nicht in jedem Fall eine Zeitform (Präsens, Aorist usw.) nötig ist.

Değerli dostalarım,

size şu an Marmaris'in Turunç ilçesinden yazıyorum. İnanın, burayı bir gör________ (1) çok beğenirsiniz. Kaldığımız otel plaja çok yakın. Eğer (biz) denizde yüzmek iste________ (2) 5 dakikada oraya gidebiliriz. Plaj maalesef kum değil. Kum ol________ (3) çocuklar için tabii ki daha iyi olurdu. Ama biz buradan yine de çok memnunuz. Eğer ileride yine Türkiye'de tatil yapmayı düşün________ (4) burayı görmenizi tavsiye ederim.
Şehrin etrafındaki dağlar ağaçlarla dolu olduğu için buranın havası da çok temiz. Zaten her şey mükemmel ol________ (5) size „Burayı mutlaka görün!" demem.
Bu akşam zamanınız var________ (6) telefonlaşalım.
Herkese kucak dolusu sevgiler...

Şimal

8

Welche Form des Partizips ist richtig? Das -en- oder -dik-Partizip? Schreiben Sie A oder B.

___ **1.** Sen tatilde (A) dolaşan | (B) dolaştığın yerlerden bir şeyler getiriyor musun?

___ **2.** Kapadokya, beni çok (A) etkileyen | (B) etkilediği bir yer.

___ **3.** Yazın sörf (A) yapan | (B) yaptığım zaman kendimi özgür hissediyorum.

___ **4.** Daha önce sörf yapmayı (A) öğrenmeyen | (B) öğrenmediğim için pişman oldum.

___ **5.** Bizi havalimanında (A) karşılayan | (B) karşıladığı arkadaşı nereden tanıyorsun?

___ **6.** Zamanın ve paran (A) olan | (B) olduğu hâlde neden tatile gitmiyorsun?

9

Welche Träume oder Wünsche haben Sie? Schreiben Sie auf.

Örnek: Sie möchten ein neues Auto. - Keşke yeni bir arabam olsa.

1. Sie möchten ein größeres Haus.

____

2. Sie möchten nicht so viel arbeiten.

____

3. Sie wünschten, Sie hätten sich mit ihrem Freund nicht gestritten.

____

4. Sie wünschten, Sie hätten früher mit Türkisch angefangen.

____

5. Sie wünschten, Sie wären nicht Anwältin geworden.

____

6. Sie wünschten, Sie könnten sich mehr Zeit für Ihre Familie nehmen.

____

ANHANG

LEKTION 1

hazırlık (-ğı)	*Vorbereitung*	1
yaş günü	*Geburtstag*	1
sürpriz	*Überraschung*	1
sürpriz yapmak (-e)	*überraschen*	1
davet (-ti)	*Einladung*	1
davet etmek (-i)	*einladen*	1
zaten	*sowieso*	1
üzülmek (-e)	*traurig sein (über)*	1
bu aralar	*zurzeit*	1
herhâlde	*wahrscheinlich; bestimmt*	1
kafeterya	*Cafeteria*	1
hakkında	*über (Thema)*	1
ders	*Unterricht*	1
harika	*wunderbar*	2
sayesinde	*dank*	2
oldukça	*ziemlich*	2
ilerlemek	*Fortschritte machen*	2
haklı olmak	*recht haben*	2
karar	*Entscheidung*	2
karar vermek (-e)	*sich entscheiden*	2
aslında	*eigentlich*	2
darılmak (-e)	*sauer sein (auf)*	2
yine (de)	*trotzdem*	2
sevinmek (-e)	*sich freuen (über)*	2
fikir (-kri)	*Idee*	2
bitki	*Pflanze*	2
bitki çayı	*Kräutertee*	2
karın (-rnı)	*Bauch*	2
aç	*hungrig*	2
karnı aç	*er/sie ist hungrig*	2
tok	*satt*	2
fena	*schlecht*	2
gelişmek	*sich entwickeln*	2
sade	*einfach*	2
acıkmak	*Hunger bekommen*	3
susamak	*Durst bekommen*	3
doymak	*satt werden*	3
sağlık (-ğı)	*Gesundheit*	3
afiyet	*Wohlbefinden*	3
Sağlığınıza!	*Auf Ihr/euer Wohl!*	3
tarif	*Rezept*	3
zahmetli	*mühsam*	3
denemek (-i)	*probieren*	3
patlamak	*platzen*	3
kese	*(Geld)beutel*	3
bereket (-ti)	*Fruchtbarkeit*	3
ziyade	*mehr*	3
Ziyade olsun!	*Danke für das Essen!*	3
götürmek (-e, -i)	*mitnehmen*	4
o zaman	*dann*	4
makarna	*Nudeln*	4
düşünmek (-i)	*denken*	4
bayılmak (-e)	*schwärmen für*	4
sahi	*wirklich*	4
et (eti)	*Fleisch*	5
reyon	*Regal (im Supermarkt)*	5
eşya	*Sache(n)*	5
ev eşyaları	*Haushaltsgeräte*	5
temel gıda	*Grundnahrungsmittel*	5
kahvaltılık	*Frühstücks-*	5
ürün	*Produkt*	5
kişisel	*persönlich*	5
bakım	*Pflege*	5
kişisel bakım	*Körperpflege*	5
bölüm	*Abteilung; Teil*	5
temizlik (-ği)	*Reinemachen*	5
malzeme	*Zubehör*	5
yüzde	*Prozent*	6
indirimli	*ermäßigt*	6
üzeri	*darüber hinaus*	6
hediye	*Geschenk*	6
hediye etmek (-e, -i)	*schenken*	6
yerine	*anstelle*	6
armut (-du)	*Birne*	7
bal	*Honig*	7
bıçak (-ğı)	*Messer*	7
bulaşık deterjanı	*Spülmittel*	7
çamaşır deterjanı	*Waschmittel*	7
çatal	*Gabel*	7
dana	*Kalb*	7
diş macunu	*Zahnpasta*	7
gazoz	*Brauselimonade*	7
kaşar	*Hartkäse*	7
kaşık (-ğı)	*Löffel*	7
kıyma	*Hackfleisch*	7
konserve	*Konserve*	7
kuzu	*Lamm*	7
margarin	*Margarine*	7
meyve suyu	*Obstsaft*	7
peçete	*Serviette*	7
pirinç (-ci)	*Reis (nicht gekocht)*	7
reçel	*Marmelade*	7
salam	*Salami*	7
salça	*Tomatenmark*	7
soda	*Sprudel*	7
sosis	*Würstchen*	7
sıvı	*flüssig*	7
sabun	*Seife*	7
sirke	*Essig*	7
sucuk (-ğu)	*Knoblauchwurst*	7
şampuan	*Shampoo*	7
tabak (-ğı)	*Teller*	7
tava	*Pfanne*	7
tavuk (-ğu)	*Huhn, Hähnchen*	7
tereyağı	*Butter*	7
un	*Mehl*	7
yoğurt (-du)	*Joghurt*	7
yumuşatıcı	*Weichspüler*	7
zeytin	*Olive*	7
zeytinyağı	*Olivenöl*	7
tavsiye etmek (-e, -i)	*empfehlen*	8
özellikle	*besonders*	8
humus	*Hummus*	8
nohut (-du)	*Kichererbsen*	8
limon suyu	*Zitronensaft*	8
sarımsak (-ğı)	*Knoblauch*	8
tahin	*Sesampaste*	8
pul biber	*Chiliflocken*	8
kimyon	*Kreuzkümmel*	8
gram	*Gramm*	8
arzu	*Wunsch*	8
kısır	*Weizengrützensalat*	8
kızmak (-e)	*sich ärgern (über)*	9
özür dilemek (-den)	*sich entschuldigen (bei)*	9
öpmek (-i)	*küssen*	9
ummak	*hoffen*	9
bu yüzden	*deshalb, aus diesem Grund*	9
mesaj	*(Kurz)nachricht, SMS*	10
unutkan	*vergesslich*	10
o yüzden	*deshalb, aus jenem Grund*	10

hatta	*sogar*	10
çeşit (-di)	*Art, Sorte*	10
sevgi	*Liebe*	10
Sevgiler!	*Alles Liebe! (Briefschluss)*	10
maydanoz	*Petersilie*	11
nakit para	*Bargeld*	12
banka kartı	*Bankkarte*	12
hazır	*bereit*	12
hazırlamak (-i, -e)	*vorbereiten*	12
taşımak (-i)	*tragen*	12
yanında taşımak	*bei sich tragen*	12
kutlamak (-i)	*feiern (ein Fest)*	12
mangal yapmak	*grillen*	12
alkollü	*alkoholisch*	12
alkolsüz	*alkoholfrei*	12
satıcı	*Verkäufer(in)*	13
acı	*scharf*	13
ekşi	*sauer*	13
tatlı	*süß*	13
tatsız	*fade*	13
ezme	*Püree, Paste*	13
patlıcan ezmesi	*Auberginenpüree*	13
birçok	*viele*	14
pazarlık etmek (-le)	*handeln, feilschen*	14
örneğin	*zum Beispiel*	14
giyecek (-ği)	*Kleidung*	14
elektronik	*elektronisch*	14
buna karşılık	*da(hin)gegen*	14
yiyecek (-ği)	*Esswaren*	14
normalde	*normalerweise*	14
edilmek (Pass. v. etmek)	*getan werden*	14
poşet (-ti)	*Tüte*	15
torba	*Beutel*	15
şifre	*Geheimzahl*	15
girmek (-i)	*eingeben (Daten)*	15
tuş	*Taste*	15
basmak (-e)	*drücken (auf)*	15
fiş	*Kassenzettel*	15
seçmek (-i)	*aussuchen*	15
kasap (-bı)	*Metzger*	16
alışveriş merkezi	*Einkaufszentrum*	16
sezon	*Saison*	16
nakit ödemek	*bar bezahlen*	16
taksitle ödemek	*in Raten zahlen*	16

LEKTION 2

asmak (-i, -e)	*aufhängen*	1
çıkarmak (-i)	*ausziehen (Schuhe)*	1
geç kalmak	*sich verspäten*	1
çağırmak (-i)	*einladen*	1
hariç	*außer*	1
herkes	*jeder*	1
gerçek	*wirklich*	1
şaka	*Spaß*	1
sorun	*Problem*	1
dost (-tu)	*Freund(in)*	1
ziyaret (-ti)	*Besuch*	1
mutlaka	*unbedingt*	1
gerekmek	*notwendig sein (wird meist ‚müssen' übersetzt)*	1
için (-diği)	*weil*	1
ruh	*Seele*	2
ses	*Laut; Stimme*	2
sesini açmak (-in)	*lauter machen*	2
çalmak (-i)	*spielen (Instrument, CD)*	2
şarkı	*Lied*	2
radyo	*Radio*	2
indirmek (-den -i)	*herunterladen*	2
şarkıcı	*Sänger(in)*	2
hayran olmak (-e)	*Fan sein von, bewundern*	2
elbette	*natürlich*	2
Ciddi misin?	*Im Ernst?*	2
beri (-diğinden)	*seitdem*	2
melodik	*melodisch*	2
ayrıca	*außerdem*	2
şarkı sözleri	*Liedtexte*	2
kendisi	*er/sie selbst*	2
bestelemek (-i)	*komponieren*	2
yani	*das heißt*	2
dört dörtlük	*vollkommen*	2
sanatçı	*Künstler(in)*	2
muhteşem	*prächtig*	2
sanmak	*glauben, vermuten*	2
albüm	*Album*	2
satış	*Verkauf*	2
rekor	*Rekord*	2
kırmak (-i)	*brechen*	2
tam	*völlig, ganz*	2
ha(y)di!	*los!*	2
millet (-ti)	*Volk; Leute*	2
altın	*Gold, golden*	2
plak (-ğı)	*Schallplatte*	2
ödül	*Preis*	2
beste	*Komposition*	2
ait olmak (-e)	*gehören (zu)*	2
çıkarmak (-i)	*herausbringen*	3
binlerce	*Tausende*	3
yarışma	*Wettbewerb*	3
sofra	*Esstisch*	4
zahmet (-ti)	*Mühe*	4
zahmet etmek	*sich Mühe machen*	4
rica	*Bitte*	4
rica etmek (-i)	*bitten*	4
sürekli	*ständig*	4
bakla	*Saubohne*	4
ağız (-ğzı)	*Mund*	4
baklayı ağzından çıkarmak	*mit der Sprache herausrücken*	4
artık	*endlich*	4
yaşasın!	*hurra!*	4
önüne (-in)	*vor (Richtungsdativ)*	5
salon	*Saal*	5
mümkün	*möglich*	5
sadece	*nur*	5
dalga geçmek (-le)	*auf den Arm nehmen*	5
grup	*Gruppe*	5
şarkı söylemek	*singen*	5
eğlenceli	*amüsant*	5
zaman (-diği)	*wenn, als (zeitlich)*	5
şahit olmak (-e)	*Zeuge sein von*	5
dikkat (-ti)	*Aufmerksamkeit, Beachtung*	6
dikkat etmek (-e)	*aufpassen, achten (auf)*	6
etkinlik (-ği)	*Veranstaltung*	6
alınmak (Pass. v. almak)	*(mit)genommen werden*	6
tabi (-e)	*verpflichtet zu, -pflichtig*	6
katılımcı	*Teilnehmer(in)*	6
ebeveyn	*Eltern*	6
açılış	*Öffnung*	6
iade	*Rückgabe*	6
iptal (-li)	*Stornierung*	6
değişiklik (-ği)	*Änderung*	6
profesyonel	*professionell*	6

kayıt (cihazı)	*Aufnahme(gerät)*	6
şirket (-ti)	*Firma*	6
hak (-kkı)	*Recht*	6
limit	*Limit*	6
adet (-di)	*Stück*	6
kategori	*Kategorie*	6
yan yana	*nebeneinander*	6
fazla	*mehr*	6
ücret (-ti)	*Gebühr*	6
ücretli	*gebührenpflichtig*	6
ücretsiz	*kostenlos*	6
geri	*zurück*	6
film çekmek	*filmen*	6
izin (izni)	*Erlaubnis*	6
e-posta	*Email*	7
sesini kısmak (-in)	*leiser machen*	7
caz	*Jazz*	7
tür	*Art*	7
her türlü	*jeder Art*	7
kalabalık (-ğı)	*Menschenmenge*	8
kabul etmek (-i)	*akzeptieren*	9
reddetmek (-i)	*ablehnen*	9
ülke	*Land*	9
yurt dışı	*Ausland*	9
yurt içi	*Inland*	9
birkaç	*einige, ein paar*	9
her zaman	*immer*	9
güler yüzlü	*freundlich*	9
yardımsever	*hilfsbereit*	9
başvuru	*Bewerbung*	9
başvuruda bulunmak (-e)	*sich bewerben (für)*	9
yüksek	*hoch*	9
standart (-dı)	*Standard*	9
hukuk (-ku)	*Jura*	10
fakülte	*Fakultät*	10
olumlu	*positiv*	10
olumsuz	*negativ*	10
cevap (-bı)	*Antwort*	10
yanıt (-tı)	*Antwort*	10
değişik	*verschieden*	11
neredeyse	*fast*	11
rahmetli	*verstorben*	11
ise	*jedoch*	11
hata	*Fehler*	11
kul	*Mensch (‚Knecht (Gottes)')*	11
saz	*türkische Laute*	11
imkânsız	*unmöglich*	11
Merak etme!	*Mach dir keine Sorgen!*	12
ayak (-ğı)	*Fuß*	12
Ayaklarınıza sağlık!	*Danke fürs Kommen!*	12
yavaş yavaş	*langsam (Adverb)*	12
kaçmak	*sich davonmachen*	12
tebrik etmek (-i)	*beglückwünschen*	12
söz	*Versprechen*	13
seve seve	*mit Vergnügen*	13
arzu etmek (-i)	*wünschen*	13
neden	*Grund*	14
yükseköğrenim	*Hochschulstudium*	14
yüksekokul	*Hochschule*	14
diğer	*andere(r, s)*	14
Avrupa Birliği	*Europäische Union*	14
kullanmak (-i)	*benutzen*	14
uygulamak (-i)	*anwenden*	14
lise	*Gymnasium*	14
not (-tu)	*Note*	14
bilgi	*Wissen*	14
geliştirmek (-i)	*ausbauen*	14
karşılanmak (Pass. v. karşılamak)	*empfangen werden*	14
çocukluk (-ğu)	*Kindheit*	15
zor (gelmek (-e))	*schwer(fallen)*	15
gezi	*Reise*	15
evlenmek (-le)	*heiraten*	15
gençlik (-ği)	*Jugend*	15
ilerletmek (-i)	*weiterentwickeln*	15
görülmeye değer	*sehenswert*	15
doğal	*natürlich*	15
keşfetmek (-i)	*entdecken*	15
özel	*privat; besondere(r, s)*	15
sıcakkanlı	*warmherzig*	15
akraba	*Verwandte(r)*	15
nazik	*höflich*	15
yerleşmek (-e)	*sich niederlassen in*	15
yazlık (-ğı)	*Sommerhaus; Sommer-*	15

LEKTION 3

görevli	*Angestellte(r)*	1
numaralı	*mit der Nummer ...*	1
henüz	*noch nicht*	1
ileride	*weiter (hinten); künftig*	1
taraf	*Seite*	1
hesaplı	*preiswert*	1
bavul	*Koffer*	1
bagaj	*Kofferraum*	1
durum	*Lage, Zustand*	1
Kaç lira tutar?	*Wie viel wird das kosten?*	1
yaklaşık	*ungefähr*	1
taksimetre	*Taxameter*	1
bacı	*Schwester*	1
ayrılmak (-den)	*verlassen*	1
borç (-cu)	*Schulden*	1
Borcum ne?	*Was schulde ich?*	1
yurt (-du)	*Wohnheim; Heimat*	1
öğrenci yurdu	*Studentenwohnheim*	1
işte!	*da!*	1
Üstü kalsın!	*Der Rest ist für Sie!*	1
memur	*Beamte(r)*	1
pasaport	*Pass*	1
amaç (-cı)	*Zweck; Ziel*	1
çerçeve	*Rahmen*	1
kabul	*Annahme, Aufnahme*	1
belge	*Dokument*	1
sıra	*Reihe(nfolge); Warteschlange*	1
gümrük (-ğü)	*Zoll*	1
gümrüğe tabi	*zollpflichtig*	1
tütün	*Tabak*	1
dizüstü bilgisayar	*Laptop*	1
elektrikli	*elektrisch*	1
tane	*Stück*	1
avro	*Euro*	1
bozdurmak (-i)	*umtauschen*	1
imzalamak (-i)	*unterschreiben*	1
kontrol (-lü)	*Kontrolle*	2
başka (-den)	*außer*	3
koymak (-i, -e)	*hinlegen, hinstellen*	3
diploma	*Diplom*	3
hızlı	*schnell*	4
zorunda olmak/kalmak (+ Infinitiv)	*müssen (gezwungen sein, etw. zu tun)*	4
kiralamak (-i)	*mieten*	5
mühendis	*Ingenieur*	5

döviz bürosu	*Wechselstube*	5
vergi	*Steuer*	5
dikkat!	*Achtung!*	5
veresiye	*auf Kredit*	6
teklif etmek (-e, -i)	*vorschlagen*	6
KDV	*MwSt.*	6
dahil	*inklusive*	6
asgari	*mindest-*	6
ücret (-ti)	*Lohn*	6
uygulanmak	*angewendet werden*	6
garsoniye	*Bedienungsgeld*	6
hesap (-bı)	*Rechnung*	6
kapalı	*geschlossen*	6
alan	*Bereich*	6
yasak	*verboten*	6
hâlde (-diği)	*obwohl*	6
sürece (-diği)	*solange*	6
Söz!	*Versprochen!*	7
kayıp	*verloren*	8
form	*Formular*	8
marka	*Marke*	8
model	*Modell*	8
ölçü	*Maß(e)*	8
tahminî	*geschätzt*	8
değer	*Wert*	8
açıklama	*Erklärung*	8
imza	*Unterschrift*	8
kahverengi	*braun*	8
deri	*Leder*	8
kulp (-bu)	*Henkel*	8
kilit (-di)	*Schloss*	8
değerli	*wertvoll*	9
iletişim	*Kommunikation*	9
iletişime geçmek (-le)	*sich melden (bei)*	9
kap (-bı)	*Behälter*	9
kaybetmek (-i)	*verlieren*	9
kimlik (-ği)	*Ausweis*	9
dijital	*digital*	9
fotoğraf makinesi	*Fotoapparat*	9
sırt çantası	*Rucksack*	9
cüzdan	*Portemonnaie*	9
ehliyet (-ti)	*Führerschein*	9
miktar	*Menge*	9
istek (-ği)	*Wunsch; Forderung*	10
memnuniyet (-ti)	*Zufriedenheit*	10
şikâyet (-ti)	*Beschwerde(n)*	10
şikâyet etmek (-i, -e)	*sich beschweren*	10
ne yazık ki	*leider*	10
diye	*sagend (schließt direkte Rede ab; wird nicht übersetzt)*	10
reklam	*Werbung*	10
süre	*Dauer*	10
boyunca	*(ent)lang*	10
temizlenmek	*gereinigt werden*	10
personel	*Personal*	10
eğitimsiz	*un(aus)gebildet*	10
hizmet (-ti)	*Dienst(leistung)*	10
sunmak (-e, -i)	*anbieten*	10
yetkili	*Zuständige(r)*	10
his (-ssi)	*Gefühl*	10
hissetmek (-i)	*fühlen*	10
kendini hissetmek	*sich fühlen*	10
eğitimli	*gebildet, ausgebildet*	10
yakında	*bald*	10
dilek (-ği)	*Wunsch*	10
gerçekten	*wirklich (Adverb)*	10

olağanüstü	*außergewöhnlich*	10
anı	*Erinnerung*	10
belli	*bestimmt, klar*	10
saygı	*Respekt*	10
çalışkan	*fleißig*	11
övmek (-i)	*loben*	11
temiz	*sauber*	11
oyun alanı	*Spielplatz*	11
bulunmak (-de)	*sich befinden in*	11
imkân	*Möglichkeit*	11
yeterince	*ausreichend*	11
eksiklik (-ği)	*Mangel*	11
düzeltmek (-i)	*korrigieren*	11
yardımcı olmak (-e)	*behilflich sein*	12
doldurmak (-i)	*ausfüllen*	12
uyandırmak (-i)	*wecken*	12
bağırmak (-e)	*(an)schreien*	13
aksi takdirde	*andernfalls*	13
sipariş etmek (-i)	*bestellen*	13
temizlemek (-i)	*sauber machen*	13
çağırmak (-i)	*rufen*	13
hiç	*jemals; (bei verneintem Verb) niemals*	14
kaçırmak (-i)	*verpassen*	14
anlaşmak (-le)	*sich verständigen*	14
yenge	*Tante (angeheiratete)*	14
şaşırmak (-e)	*sich wundern (über)*	14
aslan	*Löwe*	14
oyuncak (-ğı)	*Spielzeug*	14
kavuşmak (-e)	*wiedersehen*	14
çoğunlukla	*meistens*	14
misafirperver	*gastfreundlich*	14
gürültü	*Lärm*	14
önder	*Führer(in)*	15
meclis	*Parlament*	15
tarafından	*seitens, von*	15
kurmak (-i)	*gründen*	15
kurulmak	*gegründet werden*	15
etnik	*ethnisch*	15
Kürt	*Kurde*	15
Çerkez	*Tscherkesse*	15
Boşnak	*Bosnier*	15
Arnavut	*Albaner*	15
Gürcü	*Georgier*	15
Arap	*Araber*	15
oluşturmak (-i)	*bilden*	15
laik	*laizistisch*	15
sosyal	*sozial*	15
devlet (-ti)	*Staat*	15
başkent (-ti)	*Hauptstadt*	15
ordu	*Militär*	15
resmî	*offiziell; förmlich*	15
vatandaş	*Bürger (eines Staates)*	15
iklim	*Klima*	15
tarım	*Landwirtschaft*	15
çeşitli	*verschiedene*	15
yetişmek	*wachsen*	15

LEKTION 4

bere	*Baskenmütze*	1
bikini	*Bikini*	1
çizme	*Stiefel*	1
çorap (-bı)	*Socke*	1
eşofman	*Trainingsanzug*	1
gecelik (-ği)	*Nachthemd*	1
kazak (-ğı)	*Pullover*	1

külot (-du)	*Unterhose*	1
mayo	*Badehose, Badeanzug*	1
palto	*Mantel*	1
sandalet (-ti)	*Sandale*	1
takım elbise	*Anzug*	1
terlik (-ği)	*Hausschuh*	1
eşlik etmek (-e)	*begleiten*	2
düğün	*Hochzeit(sfeier)*	2
devamlı	*ständig*	2
giymek (-i)	*anziehen (Kleider)*	2
tekstil	*Textilien, Textil-*	2
kaliteli	*qualitätsvoll*	2
kayıt yaptırmak (-e)	*sich anmelden (für)*	2
giysi	*Kleidung*	2
kumaş	*Stoff*	4
sentetik	*synthetisch*	4
karışım	*Gemisch*	4
beden	*Größe (Kleidung)*	4
açık mavi	*hellblau*	4
yakışmak (-e)	*gut stehen (Kleidung)*	4
dar	*eng*	4
bol	*weit (Kleidung)*	4
soyunma odası	*Umkleidekabine*	4
iş yeri	*Arbeitsstelle*	5
takmak (-i)	*tragen (Uhr, Schmuck)*	5
üstünü değiştirmek	*sich umziehen*	5
kariyer	*Karriere*	6
temsilci	*Vertreter(in)*	6
belirtmek (-i)	*verdeutlichen*	6
başlangıç (-cı)	*Anfang*	6
âşık	*verliebt*	6
âşık olmak (-e)	*sich verlieben (in)*	6
sektör	*Sektor*	6
ekonomi	*Wirtschaft*	6
önemli	*wichtig*	6
vurgulamak (-i)	*betonen*	6
Çalışma Bakanlığı	*Arbeitsministerium*	6
veri	*Angabe*	6
bildirmek (-i)	*mitteilen*	6
ifade etmek (-i)	*zum Ausdruck bringen*	6
üretmek (-i)	*produzieren*	6
dikkat çekmek (-e)	*aufmerksam machen auf*	6
ihraç etmek (-i)	*exportieren*	6
ihraç (-cı)	*Export*	6
ithal etmek (-i)	*importieren*	6
kuru	*trocken*	7
ılık	*lauwarm*	7
düşük	*niedrig*	7
ısı	*Wärme*	7
ütülenmek	*gebügelt werden*	7
üretilmek (Pass. v. üretmek)	*produziert werden*	7
ağartıcı	*Bleichmittel*	7
kullanılmak	*gebraucht werden*	7
benzer	*ähnlich*	7
hassas	*empfindlich*	7
çamaşır	*Wäsche*	7
hakiki	*echt*	7
organik	*organisch, biologisch*	7
plan	*Plan*	8
zorluk (-ğu)	*Schwierigkeit*	8
karşılaşmak (-le)	*treffen auf*	8
güçlük (-ğü)	*Schwierigkeit*	8
rağmen (-e)	*trotz*	8
büyümek	*groß werden*	8
terzi	*Schneider(in)*	8
çalışan	*Mitarbeiter(in)*	8
fuar	*Messe*	8
gurur	*Stolz*	8
gurur duymak	*stolz sein*	8
koleksiyon	*Kollektion*	8
tasarlamak (-i)	*entwerfen*	8
sayılmak	*gezählt werden; gelten als*	9
canım	*meine Liebe / mein Lieber*	9
uymak (-e)	*passen*	9
butik (-ği)	*Boutique*	9
kolye	*Halskette*	9
nişan	*Verlobung*	9
Kusura bakma(yın)!	*Entschuldige(n Sie)!*	9
çabuk	*rasch*	9
orijinal	*original*	9
sahte	*nachgemacht*	9
dövme	*Tätowierung*	9
kemer	*Gürtel*	9
küpe	*Ohrring*	9
yüzük (-ğü)	*Ring*	9
geçmek	*vergehen*	10
önem	*Bedeutung*	10
yitirmek (-i)	*verlieren*	10
kürk	*Pelz*	10
gerek	*notwendig*	10
kıyafet (-ti)	*Kleidung*	10
koşul	*Bedingung*	10
uydurmak (-i)	*anpassen*	10
giyinmek	*sich ankleiden*	10
kalın	*dick*	10
özen	*Sorgfalt*	10
özenle	*sorgfältig*	10
program	*Sendung*	12
rüküş	*schlecht angezogen*	12
kaynak (-ğı)	*Quelle*	12
dergi	*Zeitschrift*	12
uzman	*Experte*	12
tavsiye	*Rat*	12
Çok şükür!	*Gott sei Dank!*	12
hayat (-tı)	*Leben*	12
giyim	*Kleidung*	12
kural	*Regel*	12
göstermek (-i)	*zeigen*	12
özen göstermek (-e)	*bedacht sein auf*	12
gerekli	*notwendig*	12
belirlemek (-i)	*bestimmen*	12
ekonomik	*wirtschaftlich*	12
ilgili (-le)	*betreffend*	12
başvurmak (-e)	*sich wenden an*	12
tanınmış	*bekannt*	12
örnek (-ği)	*Beispiel*	12
hizmetçi	*Diener(in)*	13
karşılamak (-i)	*empfangen*	13
köşe	*Ecke*	13
ilgilenmek (-le)	*sich interessieren für*	13
servis yapmak (-e)	*bedienen*	13
dolayı (-den)	*wegen*	13
sahip (-bi)	*Besitzer*	13
etek (-ği)	*Saum*	13
sokmak (-i, -e)	*stecken (in)*	13
sinirlenmek (-e)	*sich aufregen*	13
hizmet etmek (-i)	*bedienen*	13
anlam	*Bedeutung*	13

LEKTION 5

Türkisch	Deutsch	
saray	*Palast*	1
çarşı	*Basar*	1
önermek (-e, -i)	*vorschlagen*	1
dışarıda	*draußen*	1
can	*Seele*	1
(canı) sıkılmak	*sich langweilen*	1
meşhur	*berühmt*	1
vakit (-kti)	*Zeit*	2
tek başına	*ganz alleine*	2
belki	*vielleicht*	2
şans	*Glück*	3
manzara	*Ausblick, Ansicht*	3
kale	*Festung, Burg*	3
orası	*dieser Ort*	3
Topkapı Sarayı	*Topkapı-Palast*	3
eskiden	*früher*	3
padişah	*Sultan*	3
heyecanlı	*aufgeregt; spannend*	3
restore etmek (-i)	*restaurieren*	3
doya doya	*ausgiebig*	3
eğer	*falls*	3
ören yeri	*Ruinenstätte*	3
yorulmak (-den)	*müde werden (von)*	4
şahsen	*persönlich (Adverb)*	4
tercih etmek (-i)	*vorziehen*	4
vazgeçmek (-den)	*verzichten auf; aufgeben*	4
devam etmek (-e)	*fortfahren mit*	4
fethetmek (-i)	*erobern*	5
yapım	*Bau(arbeiten)*	5
tamamlamak (-i)	*vollenden*	5
Haliç	*Goldenes Horn*	5
yarımada	*Halbinsel*	5
imparatorluk (-ğu)	*Imperium*	5
idare	*Verwaltung*	5
eğitim	*Bildung, Ausbildung*	5
merkez	*Zentrum*	5
taşınmak (-e)	*umziehen (nach)*	5
terk etmek (-i)	*verlassen*	5
korumak (-i)	*schützen*	5
cumhuriyet (-ti)	*Republik*	5
kuruluş	*Gründung*	5
metrekare	*Quadratmeter*	5
kaplamak (-i)	*bedecken*	5
mimari	*architektonisch; Architektur*	5
yapı	*Bau(werk)*	5
arşiv	*Archiv*	5
yaptırmak (-i)	*machen lassen*	6
ada	*Insel*	6
alışmak (-e)	*sich gewöhnen an*	7
başarmak (-i)	*zustande bringen*	7
çare	*Lösung*	7
bıkmak (-den)	*satthaben*	7
bırakmak (-i)	*lassen*	7
çekinmek (-den)	*sich scheuen vor*	7
fayda	*Nutzen*	7
çekmek (-i)	*ziehen*	7
güçlük çekmek	*Schwierigkeiten haben*	7
hazırlanmak (-e)	*sich vorbereiten (auf)*	7
hoşlanmak (-den)	*Gefallen finden an*	7
ısrar etmek (-de)	*bestehen auf*	7
rahatsız olmak (-den)	*sich stören an*	7
sırası değil (-in)	*nicht am Platze sein*	7
utanmak (-den)	*sich schämen (wegen)*	7
yarar	*Nutzen*	7
yasaklamak (-i)	*verbieten*	7
zevk almak (-den)	*Spaß haben an*	7
sarnıç (-cı)	*Zisterne*	9
Adalar	*Prinzeninseln*	9
dondurma	*Speiseeis*	10
usta	*Meister*	10
top (-pu)	*Kugel*	10
çikolata	*Schokolade*	10
kaymak (-ğı)	*Rahm*	10
çilek (-ği)	*Erdbeere*	10
vanilya	*Vanille*	10
vişne	*Sauerkirsche*	10
fıstık (-ğı)	*Pistazie*	10
pide	*im Ofen gebackenes Teigschiffchen gefüllt mit Hackfleisch oder Käse usw.*	10
birer	*je eine*	10
kuşbaşı	*gewürfeltes Fleisch*	10
yöre	*Gegend*	10
tarz	*Art*	10
ayrıntılı	*detailliert*	10
hediye paketi yapmak (-i)	*als Geschenk einpacken*	10
araştırma	*Untersuchung, Forschung*	10
bilim	*Wissenschaft*	10
din	*Religion*	10
edebiyat (-tı)	*Literatur*	10
hikâye	*Erzählung*	10
masal	*Märchen*	10
şiir	*Gedicht*	10
felsefe	*Philosophie*	10
mizah	*Humor*	10
bilim kurgu	*Science-Fiction*	10
siyasi	*politisch*	10
ceviz	*Walnuss*	10
tatmak	*kosten, probieren*	10
ayıp (-bı)	*Schande; ungehörig*	10
kat (-tı)	*Schicht*	10
yufka	*Blätterteig*	10
fındık (-ğı)	*Haselnuss*	10
konmak (Pass. v. koymak)	*gelegt/gestellt werden*	10
tepsi	*Backblech*	10
fırın	*Ofen; Bäckerei*	10
şerbet (-ti)	*Sorbet*	10
ticaret (-ti)	*Handel*	10
ton	*Tonne*	10
aslen	*eigentlich*	10
kuşak (-ğı)	*Generation*	10
uğramak (-e)	*vorbeikommen bei*	10
madde	*Stoff*	10
fatura	*Rechnung*	10
ishal (-li)	*Durchfall*	10
karşı (-e)	*gegen*	10
şurup (-bu)	*Sirup*	10
merhem	*Salbe*	10
bitkisel	*pflanzlich*	10
ağrı	*Schmerz*	10
baş ağrısı	*Kopfschmerzen*	10
öksürük (-ğü)	*Husten*	10
kabızlık (-ğı)	*Verstopfung*	10
güneş yanığı	*Sonnenbrand*	10
sinek sokması	*Mückenstich*	10
böcek ısırması	*Insektenbiss*	10
sokmak (-i)	*stechen*	10
ısırmak (-i)	*beißen*	10
ısırık (-ğı)	*Biss*	10

RÜCKBLICK 1

başvurmak (-e)	*sich bewerben (für)*	6
gecikme/rötar yapmak	*Verspätung haben*	7

LEKTION 6

torun	*Enkel(in)*	1
aşağıda	*unten*	1
yazılı	*aufgeschrieben; schriftlich*	1
fiil	*Verb*	1
işaretlemek	*ankreuzen*	1
makinist	*Maschinist(in)*	1
kriz	*Krise*	1
yüzünden	*wegen*	1
işten çıkarılmak	*entlassen werden*	1
vasıfsız (vasıflı)	*unqualifiziert (qualifiziert)*	1
işçi	*Arbeiter(in)*	1
yorucu	*anstrengend*	1
kasaba	*Kleinstadt*	1
biriktirmek (-i)	*sammeln, sparen*	1
memleket (-ti)	*Heimat(land)*	1
zeki	*klug*	1
mezun olmak (-den)	*absolvieren*	1
bitirmek (-i)	*beenden*	1
şef	*Chef(in)*	1
yukarıda	*oben*	2
yanıtlamak (-i)	*beantworten*	2
basit	*einfach*	2
emekli	*Rentner(in)*	2
işsiz	*arbeitslos*	2
bahsetmek (-i)	*erwähnen*	3
cümle	*Satz*	3
karışmak	*durcheinandergeraten*	3
düzgün	*korrekt*	3
sertifika	*Zertifikat*	3
dükkân	*Laden*	3
kesim	*Schnitt; Gegend*	3
hoşgörülü	*tolerant*	3
hoşgörü	*Toleranz*	3
püf noktası	*Knackpunkt*	3
işveren	*Arbeitgeber(in)*	3
düzenlemek (-i)	*organisieren*	3
kapanmak	*sich schließen*	3
zarf-fiil	*Verbaladverb*	4
boşluk (-ğu)	*Lücke*	4
uygun	*passend*	4
ek (-ki)	*Endung*	4
tamamlamak (-i)	*ausfüllen*	4
seçenek (-ği)	*Option*	4
monoton	*monoton*	4
paydos	*Feierabend*	4
öğle paydosu	*Mittagspause*	4
dolaşmak	*spazieren gehen*	4
göç (-çü)	*Migration*	4
yeterli	*ausreichend*	4
güç (-cü)	*Kraft*	4
iş gücü	*Arbeitskraft*	4
sahip olmak (-e)	*besitzen*	4
anlaşma	*Abkommen*	4
kârlı	*gewinnbringend*	4
yasa	*Gesetz*	4
prim	*Prämie*	4
asıllı	*stammend aus, -stämmig*	4
toplum	*Gesellschaft*	4
entegre olmak (-e)	*sich integrieren*	4
sebep (-bi)	*Grund*	4
anavatan	*Vaterland*	4
ilân	*Anzeige*	5
kelime	*Wort*	5
deneyim	*Erfahrung*	5
deneyimli	*erfahren*	5
referanslı	*mit Referenzen*	5
gelişim	*Entwicklung*	5
bakıcı	*Pfleger*	5
beceri	*Fertigkeit*	5
kuvvetli	*stark*	5
yatkın (-e)	*geneigt*	5
görev	*Pflicht*	5
derece	*Grad*	5
hijyen	*Hygiene*	5
ilişki	*Beziehung*	5
güçlü	*stark*	5
serbest	*frei*	5
tercüman	*Übersetzer(in)*	5
tercüme	*Übersetzung*	5
ardıl	*konsekutiv*	5
simultane	*simultan*	5
özgeçmiş	*Lebenslauf*	5
alıştırma	*Übung*	6
şekil (-kli)	*Form*	6
dönüş	*Rückkehr*	6
patron	*Chef(in)*	6
sigorta	*Versicherung*	6
çevirmek (-i)	*übersetzen*	7
gizli	*verborgen*	8
maaş	*Gehalt*	8
alıcı	*Empfänger*	9
gönderen	*Absender*	9
ilgi	*Beziehung; (Brief) Betreff*	9
eleman	*Mitarbeiter(in)*	9
hem ... hem de	*sowohl ... als auch*	9
çevirmen	*Übersetzer(in)*	9
nitelik (-ği)	*Eigenschaft*	9
yerine getirmek (-i)	*erfüllen*	9
öğüt (-dü)	*Tipp*	9
satır	*Zeile*	9
Akdeniz	*Mittelmeer*	9
kıyı	*Küste*	9
büyükelçilik (-ği)	*Botschaft(sgebäude)*	9
kısım (-smı)	*Teil*	9
sürdürmek (-i)	*führen (Leben)*	9
tadını çıkarmak (-in)	*genießen*	9
yerel	*regional*	9
yönetim	*Verwaltung*	9
bakım evi	*Pflegeheim*	9
temsilcilik (-ği)	*Vertretung*	9
öğrenim görmek	*studieren*	9
eşleştirmek (-i, -le)	*verbinden*	10
hâlâ	*noch immer*	10
ömür (ömrü)	*Leben*	10
dershane	*Nachhilfe*	11
başarı	*Erfolg*	11
asker	*Militär; Soldat*	11
askerlik (-ği)	*Militärdienst*	11
nişanlanmak	*sich verloben*	11
yuva	*Nest*	11
mezar	*Grab*	11
dua etmek (-e)	*beten (für)*	11
staj	*Praktikum*	11

LEKTION 7

cami	*Moschee*	1
namaz	*Gebet (rituelles)*	1
kırgın	*gekränkt*	1
barışmak (-le)	*sich versöhnen*	1
dinci	*extrem religiös*	1
dindar	*religiös*	1
yaymak (-i, -e)	*ausbreiten*	1
oruç tutmak	*fasten*	1
namaz kılmak	*das rituelle Gebet verrichten*	1
cuma namazı	*Freitagsgebet*	1
zorlama	*Zwang*	1
zorlamak (-i)	*zwingen*	1
edilgen	*passiv*	3
etken	*aktiv*	3
öğretmek (-e, -i)	*lehren (jdn. etw.)*	3
bayramlaşmak (-le)	*einander zum Fest beglückwünschen*	3
kolonya	*Kölnischwasser*	3
tutmak (-i)	*halten; (Süßigkeit) anbieten*	3
ikram etmek (-e -i)	*anbieten*	3
mezarlık (-ğı)	*Friedhof*	3
kimsesiz	*alleinstehend*	3
konu	*Thema*	4
doğrusu	*ehrlich gesagt*	4
birleştirmek (-i -le)	*zusammenführen*	5
park etmek	*parken*	5
ateş	*Feuer*	5
yakmak (-i)	*anzünden; verbrennen*	5
yüksek sesle	*laut (Adverb)*	5
dinî	*religiös*	5
mum	*Kerze*	6
boyamak (-i)	*färben*	6
Noel	*Weihnachten*	7
Paskalya	*Ostern*	7
kutsal	*heilig*	7
kilise	*Kirche*	7
âdet (-ti)	*Brauch*	7
benzemek (-e)	*ähneln*	7
ilginç	*interessant*	8
bol bol	*reichlich (Adverb)*	8
fırsat (-tı)	*Gelegenheit*	8
dolu	*voll*	9
artık (+ Verneinung)	*nicht mehr*	9
kırsal	*ländliche*	9
gelenek (-ğı)	*Tradition*	9
töre	*Sitte*	9
tebrik kartı	*Glückwunschkarte*	10
birlikte (-le)	*zusammen (mit)*	10
devam	*Fortsetzung*	10
dilemek (-i)	*wünschen*	10
mübarek	*gesegnet*	10
mutluluk (-ğu)	*Glück(seligkeit)*	10
huzur	*Ruhe*	10
nice	*sehr viele*	10
içten	*herzlich*	10
metin (-tni)	*Text*	11
kamu	*öffentlich, Öffentlichkeit*	11
kurum	*Institut*	11
saymak (-i)	*zählen*	11
tamam	*Gesamtheit*	11
daire	*Wohnung; Büro*	11
devlet dairesi	*Behörde*	11
geçit töreni	*Parade*	11
emekçi	*Arbeiter(in), Handwerker(in)*	11
bağımsızlık (-ğı)	*Unabhängigkeit*	11
mücadele	*Kampf*	11
galip (-bi)	*Sieger*	11
galip gelmek	*gewinnen*	11
mağlup olmak	*verlieren*	11
arife	*Vortag (eines religiösen Festes)*	11
takvim	*Kalender*	11
önceki	*vorherig*	11
kurban	*Opfer(tier)*	11
kurban kesmek	*Opfertier(e) schlachten*	11
dağıtmak (-e, -i)	*verteilen*	11
yılbaşı	*Neujahr*	12
evlilik (-ği)	*Ehe*	12
ölüm	*Tod*	12
kutlu	*glücklich, gesegnet*	12
gönül (-nlü)	*Herz*	12
yastık (-ğı)	*Kissen*	12
Başınız sağ olsun!	*Mein Beileid!*	12
Dostlar sağ olsun!	*Danke! (Antwort auf Beileid)*	12
aklına gelmek (-in)	*einfallen (jdm.)*	13
hatırlamak (-i)	*sich erinnern (an)*	13
hatırlatmak (-e, -i)	*erinnern (jdn. an etw.)*	13
duygu	*Gefühl*	13
yaşamak (-i)	*erleben*	13
neşeli	*fröhlich*	13
sevinçli	*freudig*	13
hüzün	*Schwermut*	13
hüzünlü	*schwermütig*	13

LEKTION 8

hanımefendi	*meine Dame (Anrede)*	1
kaba	*unhöflich*	1
ağlamak	*weinen*	1
bir dahaki kere	*nächstes Mal*	1
dikkatli	*aufmerksam*	1
bencil	*Egoist*	1
bencillik (-ği)	*Egoismus*	1
vs. (ve saire)	*usw.*	2
çeviri	*Übersetzung*	3
endişelenmek (-den)	*sich Sorgen machen*	3
nefret etmek (-den)	*hassen*	3
kırılmak (-e)	*gekränkt sein*	3
izin vermek (-e)	*erlauben*	4
razı olmak (-e)	*einverstanden sein*	4
koca	*Ehemann*	4
akıllı	*klug, vernünftig*	4
hoş	*angenehm*	4
sevindirmek (-i)	*erfreuen*	4
hamile	*schwanger*	4
kalp (-bi)	*Herz*	4
kükremek	*brüllen (Löwe)*	4
dönüşmek (-e)	*sich verwandeln in*	4
gizlice	*heimlich (Adverb)*	4
konuşma	*Gespräch*	5
vücut (-du)	*Körper*	7
uzuv (uzvu)	*Organ, Körperteil*	7
organ	*Organ, Körperteil*	7
bacak (-ğı)	*Bein*	7
kafa	*Kopf*	7
bel	*Taille, Lende*	7
boğaz	*Rachen*	7
boyun (-ynu)	*Hals*	7
burun (-rnu)	*Nase*	7
diş	*Zahn*	7
diz	*Knie*	7

dudak (-ğı)	*Lippe*	7
göğüs (-ğsü)	*Brust*	7
kol	*Arm*	7
kulak (-ğı)	*Ohr*	7
mide	*Magen*	7
parmak (-ğı)	*Finger*	7
omuz (omzu)	*Schulter*	7
sırt (-tı)	*Rücken*	7
yanak (-ğı)	*Wange*	7
yüz	*Gesicht*	7
surat (-tı)	*Gesicht, Miene*	7
hayrola	*was ist denn los?*	8
hâlsiz	*kraftlos*	8
kramp	*Krampf*	8
görünmek	*erscheinen*	8
klinik (-ği)	*Klinik*	8
randevu	*Termin (beim Arzt)*	8
saçmalamak	*dummes Zeug reden*	8
sızlamak	*schmerzen (ziehender Schmerz, z.B. Zahnschmerzen)*	9
ağrımak	*schmerzen (von innen verursacht, z.B. Magenschmerzen)*	9
acımak	*schmerzen (von außen verursacht, z.B. Schnittwunde)*	9
acil	*dringend*	10
not (-tu)	*Notiz*	10
midesi bulanıyor	*er/sie hat sich den Magen verdorben*	10
kusmak	*sich erbrechen*	10
aşırı	*extrem*	10
terlemek	*schwitzen*	10
acil bölüm	*Notfallstation*	10
zehirlenme	*Vergiftung*	10
zehirlenmek (-den)	*sich vergiften (an)*	10
kan	*Blut*	11
muayene etmek (-i)	*untersuchen (Arzt)*	11
aralıklı	*in Abständen*	11
teşhis	*Diagnose*	11
antibiyotik (-ği)	*Antibiotikum*	11
alerji	*Allergie*	11
nefes almak	*einatmen*	11
nefesi tutmak	*den Atem anhalten*	11
nefes vermek	*ausatmen*	11
derin	*tief*	11
korkutmak (-i)	*Angst machen*	12
şükretmek (-e)	*dankbar sein für*	12
iyileşmek	*gesund werden*	12
kötüleşmek	*schlechter werden*	12
ihtimal (-li)	*Wahrscheinlichkeit*	12
iyimser	*optimistisch*	12
kötümser	*pessimistisch*	12
gerçekçi	*realistisch*	12
davranış	*Verhalten*	12
davranmak (-e)	*sich verhalten*	12
alakalı (-le)	*betreffend*	12
ortaya koymak (-i)	*darlegen*	12
arttırmak (-i)	*steigern*	12
sıralamak (-i)	*aufzählen*	12
hedef	*Ziel*	12
kilitlenmek (-e)	*sich fokussieren auf*	12
karşılıklı	*gegenseitig*	12
beslemek (-i)	*sich ernähren*	12
ulaşmak (-e)	*erreichen*	12
kendini belli etmek	*sich herauskristallisieren*	12
değişmek	*sich verändern*	12
tatminkâr	*befriedigend*	12
psikolog (-ğu)	*Psychologe, Psychologin*	12
harcamak (-i)	*ausgeben*	12
obje	*Objekt*	12
başarılı	*erfolgreich*	13
başarısız	*erfolglos*	13
çevre	*Umgebung; Umwelt*	13
kirlilik (-ği)	*Verschmutzung*	13
artmak	*zunehmen*	13
azalmak	*abnehmen*	13
özgür	*frei, unabhängig*	13
sağlıklı	*gesund*	13
saygılı	*respektvoll*	13
saygısız	*respektlos*	13
kupa	*Pokal*	13
devlet adamı	*Staatsmann*	13
uzaklaşmak (-den)	*sich entfernen (von)*	13
hastalık (-ğı)	*Krankheit*	14
parça	*Teil*	14
iğne olmak	*Spritze bekommen*	14
ateş	*Fieber*	14
nezle	*Schnupfen*	14
nezle olmak	*Schnupfen bekommen*	14
ishal olmak	*Durchfall bekommen*	14
kabız olmak	*Verstopfung bekommen*	14
rapor	*Attest*	14
hastalık sigortası	*Krankenversicherung*	14

LEKTION 9

tanıtım	*Bekanntmachen*	1
dağ	*Berg*	1
orman	*Wald*	1
kaplı	*bedeckt*	1
yayla	*Hochebene*	1
ilçe	*Landkreis*	1
mesafe	*Entfernung*	1
flora	*Flora*	1
yanı sıra (-in)	*zusammen mit*	1
kaplıca	*Kurort*	1
bölge	*Gebiet, Region*	1
krallık (-ğı)	*Königreich*	1
antik	*antik*	1
kent (-ti)	*Stadt*	1
barındırmak (-i)	*beherbergen*	1
millî	*national*	1
kartal	*Adler*	1
heykel	*Statue*	1
varmak (-e)	*erreichen*	1
dev	*gigantisch, Gigant*	1
meraklı	*Liebhaber(in); neugierig*	1
ideal	*ideal*	1
mekân	*Ort*	1
bağlı (-e)	*verbunden mit*	1
Karadeniz	*Schwarzes Meer*	1
klasik	*klassisch*	1
yansıtmak (-i)	*widerspiegeln*	1
miras	*Erbe*	1
liste	*Liste*	1
kültürel	*kulturell*	1
varlık (-ğı)	*etwas, das existiert, Gebilde*	1
amfitiyatro	*Amphitheater*	1
yüzyıl (yy.)	*Jahrhundert (Jh.)*	1
inşa etmek (-i)	*erbauen*	1
kapasite	*Fassungsvermögen*	1

korunmuş	*geschützt, erhalten*	1
sınır	*Grenze*	2
il	*Provinz (Verwaltungseinheit in Türkei)*	2
örtü	*Decke*	2
rehber	*Fremdenführer*	3
uçmak	*fliegen*	3
planlamak (-i)	*planen*	3
yarı	*Hälfte*	3
arkeolog (-ğu)	*Archäologe, Archäologin*	3
taa	*ganz weit (Interjektion)*	3
ayarlamak (-i)	*regeln*	3
keşke	*wenn doch nur*	3
öyleyse	*wenn das so ist, dann ...*	4
şayet	*falls*	4
yan cümle	*Nebensatz*	5
temel cümle	*Hauptsatz*	5
şart (-tı)	*Bedingung*	5
dört bir köşesi	*jeder Winkel*	5
şirin	*niedlich, lieblich*	5
Rum	*Grieche, Griechin (in Anatolien)*	5
özlem duymak (-e)	*Sehnsucht haben*	5
yıllık	*Jahre alt, -jährig*	5
merak etmek (-i)	*neugierig sein, sich interessieren für*	5
Truva	*Troja*	5
zafer	*Sieg*	5
anıt (-tı)	*Denkmal*	5
acente	*Agentur*	6
seyahat acentesi	*Reisebüro*	6
sefer	*Verbindung (Bus)*	6
saniye	*Sekunde*	6
ayırmak (-i)	*reservieren*	6
gidiş-dönüş	*Hin- und Rückfahrt*	6
balon	*Ballon*	7
havuz	*Schwimmbecken, Becken*	7
hayret etmek (-e)	*bestaunen*	8
kayak kaymak	*Ski fahren*	8
örf	*Sitte, Brauch*	10
denklik (-ği)	*Gleichheit*	10
gözetmek (-i)	*beachten*	10
seçim	*Auswahl*	10
soy	*Abstammung*	10
sülale	*Familie und Verwandte*	10
araştırmak (-i)	*erforschen*	10
belirti	*Anzeichen*	10
beşik kertmesi	*Verlobung im Babyalter*	10
zorlayıcı	*zwingend*	10
zorunluluk (-ğu)	*Zwang(släufigkeit)*	10
elçi	*Versandter*	10
denilmek	*genannt werden*	10
devreye girmek	*auf den Plan treten*	10
Ege	*Ägäis*	10
kesinlikle	*definitiv*	10
oğlan	*Junge*	10
falan	*der und der, die und die*	10
diz çökmek	*niederknien*	10
doğum	*Geburt*	10
önem vermek (-e)	*Bedeutung beimessen*	10
asır (asrı)	*Jahrhundert*	10
Güneydoğu	*Südosten*	10
adlandırmak	*bezeichnen*	10
gerilemek	*zurückgehen*	10
hâlen	*immer noch*	10
yıldız	*Stern*	10
ağaç (-cı)	*Baum*	10
bilezik (-ği)	*Armreif*	10
geometrik	*geometrisch*	10
figür	*Figur*	10
büyü	*Zauber*	10
nazar	*(böser) Blick*	10
aşiret (-ti)	*Volksstamm*	10
damga	*Stempel*	10
güç gösterisi	*Demonstration der Stärke*	10
sağlamak (-i)	*sicherstellen*	10
halk oyunu	*Volkstanz*	10
folklor	*Folklore*	10
Kafkas	*Kaukasus*	10
özellik (-ği)	*Besonderheit; Eigenschaft*	10
tesir	*Einwirkung*	10
horon	*Volkstanz im Schwarzmeergebiet*	10
Hemşin	*Kleinstadt in Rize*	8
titremek	*zittern*	10
sıçramak	*springen*	10
sallamak	*schaukeln, schwingen*	10
teslim etmek (-i, -e)	*aushändigen*	11
sınırsız	*unbegrenzt*	11
kasko	*Kasko*	11
Hayırlı yolculuklar!	*Gute Reise!*	11
acil durum	*Notfall*	11
memnuniyetle	*gerne*	11
uçuş	*Flug*	11
karşılığında (-in)	*für, als Gegenleistung für*	11
uzatmak (-i)	*verlängern*	11
yukarıdan	*von oben*	11
kişi başına	*pro Person*	11
ulaşım	*Transport*	11
madalya	*Medaille*	11
nadiren	*selten*	11
güvenilir	*vertrauenswürdig*	11
misafirperverlik (-ği)	*Gastfreundschaft*	11
sergi	*Ausstellung*	12
şelale	*Wasserfall*	12
göl	*See*	12
ırmak (-ğı)	*Fluss*	12
akarsu	*fließendes Gewässer*	12
vadi	*Tal*	12
han	*Herberge*	12
kervansaray	*Karawanserei*	12
hoşuna gitmek (-in)	*gefallen*	12
flört etmek (-le)	*flirten*	12

LEKTION 10

zevkli	*vergnüglich*	1
ardından (-in)	*nach*	1
kozmopolitik	*kosmopolitisch*	1
endişelendirmek (-i)	*Sorgen machen (jdm.)*	1
pişman	*reumütig*	1
pişman olmak (-e)	*bedauern*	1
misafir etmek (-i)	*als Gast aufnehmen*	1
şaka maka	*Spaß bei Seite!*	1
yabancılık çekmek	*sich fremd fühlen*	1
günlük	*täglich*	3
sörf yapmak	*surfen*	3
hayal (-li)	*Fantasie, Vorstellung*	7
hayal etmek (-i)	*sich vorstellen*	7
çözüm	*Lösung*	8
zaman ayırmak (-e)	*sich Zeit nehmen für*	8
deniz kenarı	*Meeresküste*	8

Lektionswortschatz

sakın	*bloß nicht!, ja nicht!*	9
doğru dürüst	*so richtig*	9
yollamak (-i -e)	*schicken*	9
kala (-e)	*vor (zeitl.)*	10
veda	*Abschied*	10
veda etmek (-e)	*sich verabschieden*	10
resmen	*förmlich*	10
tir tir titremek	*zittern wie Espenlaub*	10
ezan	*Gebetsruf*	10
bari	*wenigstens*	10
kesin	*auf jeden Fall*	10
sakinleştirici	*beruhigend*	10
etkilemek (-i)	*beeindrucken*	10
öncelikle	*vor allem*	10
bu sefer	*dieses Mal*	10
itiraz etmek (-e)	*widersprechen*	10
caydırmak (-i -den)	*von etwas abbringen*	10
kararlı	*entschlossen*	10
surat asmak	*ein Gesicht machen*	11
emin olmak (-den)	*sicher sein*	11
sarılmak (-e)	*umarmen*	11
özlemek (-i)	*vermissen*	11
içeri(ye)	*hinein*	12
hâl (-li)	*Zustand*	12

RÜCKBLICK 2

sürücü	*Fahrer(in)*	5
kaldırım	*Bürgersteig*	5
inanmak (-e)	*glauben*	7
etrafında (-in)	*um ... herum*	7
mükemmel	*vollkommen*	7
telefonlaşmak	*miteinander telefonieren*	7

LEKTION 1

1

1A; 2B; 3A; 4C

2

1Y; 2D; 3D; 4D; 5Y; 6Y

3

1D; 2G; 3F; 4B; 5H; 6I; 7C; 8A; 9E

Weitere Redewendungen zum Thema Essen und Trinken:

Sağlığınıza! ("Auf Ihre/eure Gesundheit!" sagt man als Trinkspruch); **Yemekler harika görünüyor!** (Das Essen sieht klasse aus.); **Bu yemeğin tarifini bana verir misin?** (Kannst du mir das Rezept von diesem Gericht geben?); **Bunun tarifi çok kolay!** (Das Rezept davon ist sehr einfach.); **Bunun yapılışı çok zahmetli!** (Das zu machen ist sehr mühsam.); **Tatlıdan biraz daha alır mısınız?** (Möchten Sie noch etwas vom Nachtisch?); **Tatlıyı denemezseniz darılırım.** (Wenn ihr nicht vom Nachtisch probiert, bin ich beleidigt!); **Biraz daha yersem patlarım herhâlde!** (Wenn ich noch ein bisschen mehr esse, platze ich wahrscheinlich.); **Kesenize bereket!** ("Segen für Ihren Geldbeutel!" sagt man, wenn jemand etwas mitgebracht hat, das er gekauft hat. Oder der Gast sagt es zu dem Gastgeber nach dem Essen.); **Ziyade olsun!** (Nach dem Essen sagt der Gast "Möge es (das Essen) mehr werden!")

4

1. Paula'nın partisine; **2.** salatası; **3.** alayım; **4.** bulabilirsin; **5.** kalkalım, yapman, almam; **6.** görüşürüz; **7.** kaçta; **8.** 6'dan, Evini; **9.** evinde, çalıştık

5

1. meyve ve sebze bölümü; **2.** et reyonu; **3.** süt ve süt ürünleri; **4.** kişisel bakım; **5.** temel gıda; **6.** ev eşyaları, **7.** temizlik malzemeleri; **8.** kahvaltılık ürünler

6

1. Das Zweite ist 50 % ermäßigt. **2.** Bei einem Einkauf ab 50 Lira 10 % Rabatt. **3.** Drei kaufen, zwei bezahlen (Kaufe drei und zahle zwei.) **4.** Zwei kaufen, eins bezahlen (Wer eins kauft, bekommt eins geschenkt), **5.** Bis zum 18. Februar 9,- statt 22,- Lira. **6.** Das Zweite kostet 2 Lira.

7

1. dana eti, kıyma, kuzu eti, salam, sosis, sucuk, tavuk
2. bıçak, çatal, çay bardağı, fincan, kaşık, peçete, tabak, tava
3. bal, çay, gazoz, kahve, konserve, makarna, meyve suyu pirinç, reçel, salça, sirke, soda, su, şeker, tuz, un, zeytinyağı
4. bal, beyaz peynir, eski kaşar, reçel, salam, sosis, sucuk, tereyağı, zeytin
5. diş fırçası, diş macunu, sıvı sabun, şampuan
6. armut, elma, havuç, muz
7. ayran, margarin, süt, tereyağı, yoğurt
8. bulaşık deterjanı, çamaşır deterjanı, yumuşatıcı

9

1. Umarım; **2.** ettim; **3.** değildin; **4.** unutmuşum; **5.** kızmadın; **6.** dilerim; **7.** olacak; **8.** başlayacak; **9.** gelebilirsin; **10.** Öptüm

10

1. aldım; **2.** ederim / ediyorum; **3.** oluyorum; **4.** konuştum; **5.** geleceğim / geliyorum; **6.** aldım; **7.** görüşürüz

11

1. bal; **2.** reçel; **3.** sarımsak; **4.** maydanoz; **5.** pirinç; **6.** şeker; **7.** beyaz peynir; **8.** zeytin

B	E	Y	A	Z	C	P	E	Y	N	İ	R
A	Z	Ş	L	W	Ö	N	A	U	S	T	L
L	R	E	A	I	R	E	Ç	E	L	I	A
T	P	K	Y	S	A	R	I	M	S	A	K
Z	İ	E	L	T	D	N	H	H	E	Q	U
D	R	R	İ	M	I	Y	O	Ğ	U	R	T
I	İ	F	M	Y	N	N	N	L	I	C	T
G	N	N	O	Ü	G	M	E	C	H	Ö	U
X	Ç	Y	N	M	A	Y	D	A	N	O	Z

12

1. Ben genellikle marketten veya pazardan alışveriş yapıyorum / yaparım. **2.** Evet, Türk marketlerinden de alışveriş yaparım, çünkü bazı şeyleri sadece orada buluyorum. **3.** Hayır, ben bugün alışverişe gitmedim, ama eşim gitti. **4.** Büyük alışverişleri genellikle banka kartıyla yaparız, çünkü yanımızda çok para taşımak istemiyoruz. **5.** Yarın erken kalkmam lazım, o yüzden bu akşam partiye gitmeyeceğim. **6.** Evet, bu hafta sonu kızım evde arkadaşlarıyla doğum gününü kutlayacak. **7.** Arkadaşım partide mangal yaptı. Alkollü ve alkolsüz içecekler almış, ayrıca çok değişik salatalar hazırlamış. **8.** Genellikle müzik CD'si veya salata götürürüm.

13

Die Lösung finden Sie bei den Audiotexten.

15

Die Lösung finden Sie bei den Audiotexten.

LEKTION 2

1

1D; 2D; 3Y; 4Y; 5D; 6Y

2

1D; 2C; 3G; 4B; 5H; 6F; 7E; 8A

3

Die Lösung finden Sie bei den Audiotexten.

4

Die Lösung finden Sie bei den Audiotexten.

5

1. kaldığım; **2.** Duman'ın / verdiği; **3.** verdikleri; **4.** benim / sevdiğim

6

1C; 2C; 3B; 4B; 5C; 6A

7

1. Tanıdığım bütün arkadaşlara e-posta yazdım.
2. Müziğin sesini biraz kısabilir miyiz?
3. Kıraç benim çok sevdiğim bir şarkıcı.
4. Ben cazdan Türk nat müziğine kadar her türlü müziği dinlerim.
5. Senin en çok dinlediğin müzik türü hangisi ?
6. Arkadaşlar, getirdiğiniz hediyeler için çok teşekkür ederim.
7. Paula'nın partisinde yediğimiz mezeler çok lezzetliydi.

8

U	F	P	D	T	A	N	I	Ş	M	A	K
E	E	I	İ	C	H	E	C	K	L	T	A
Ğ	D	A	N	S	N	E	T	M	E	K	L
L	B	İ	L	E	T	E	C	K	Z	N	A
E	M	P	E	G	Ö	T	H	H	Z	Q	B
N	D	Ä	M	M	H	E	A	M	E	T	A
M	E	Z	E	Y	Ä	H	N	T	T	C	L
E	A	N	K	O	N	S	E	R	L	Ö	I
K	W	H	A	Y	R	A	N	U	İ	I	K

9

1. yurtdışında; **2.** seçtim; **3.** kere; **4.** tanıştığım; **5.** ülke; **6.** karar; **7.** kabul; **8.** olacak; **9.** yapmadan; **10.** istediğim

10

1. Tatil yaptığım otelde çok Alman turist vardı. **2.** Türkçe kursunda tanıştığı genç bir adam, Türkiye'de okumak istiyordu. **3.** Gitmek istediğiniz üniversitede hukuk fakültesi var mı? **4.** Başvuru yaptığım (başvuruda bulunduğum, başvurduğum) iki üniversiteden olumlu cevap aldım.

11

Die Lösung finden Sie bei den Audiotexten.

12

Die Lösung finden Sie bei den Audiotexten.

13

1. Absage; **2.** Zusage; **3.** Zusage; **4.** Absage; **5.** Zusage

1. Ich hätte ja große Lust, aber ich bin an dem Tag schon woanders verabredet. **2.** Na klar! Was kann ich für dich besorgen? **3.** Ich komme sehr gerne. Gibt es etwas, das du dir wünschst? **4.** Es tut mir leid, aber an dem Tag werde ich nicht in der Stadt sein. **5.** Willst du, dass ich was zum Essen oder Trinken mitbringe?

LEKTION 3

1

1. Bild-TR 18 **2.** Bild-TR 19 **3.** Bild-TR 20 **4.** Bild-TR 17 **5.** Bild-TR 16

2

1Y; 2D; 3D; 4D; 5Y

3

1. Polis, üniversitenin kabul belgesini görmek istiyor.
2. Elektrikli diş fırçası (bavuldaki) küçük çantanın içinde.
3. Hayır, yoktu. O yüzden döviz bürosundan avro bozdurmak istiyor.
4. Bavulları arabanın (veya: taksinin) bagajına koyuyorlar.
5. Çünkü oda henüz hazır değil ve ayrıca Paula bir şey(ler) yemek istiyor.

4

Die Lösung finden Sie bei den Audiotexten.

5

1. bulamadığım; **2.** bildiğin; **3.** sevdiği; **4.** istediğimiz; **5.** olduğu; **6.** Ali'nin ... olmadığı; **7.** Ali ... olmadığı

6

1C; 2B; 3D; 4E; 5F; 6A

7

Die Lösung finden Sie bei den Audiotexten.

8

Kayıp Eşya Bilgisi - Eşya türü: evrak çantası, Markası / Modeli: Samsonite, Rengi: kahverengi, Adedi: 1 tane, Ölçüleri: Yaklaşık 40 - 30 - 8 cm büyüklüğünde, Tahminî değeri: 350 Türk Lirası, Açıklama: Deri evrak çantası. Kulplu ve tek kilitli. Çantamın içinde önemli belgeler ve bir miktar nakit para var.
Kayıp Bildileri - Yer: İstanbul Atatürk Havalimanı, Tarih: 09.06.2017, Saat: 15:00-15:15 arası

9

1. marka; **2.** kabı; **3.** nerede; **4.** değerli; **5.** iletişime; **6.** otobüste; **7.** kaybettim; **8.** kimliğim; **9.** rica

10

1. Şikâyet; **2.** Memnuniyet; **3.** Memnuniyet ve istek

11

Sayın Bayanlar ve Baylar,
ben ve ailem otelinizde bir hafta tatil yaptık.
Her şeyden önce güler yüzlü ve çalışkan personelinizi övmek istiyoruz. Ayrıca odamız her zaman temiz, yemekler ise harikaydı. Fakat ne yazık ki birkaç şeyi de size şikayet etmek istiyoruz. Örneğin; ilanınızda, çocuklar için oyun alanları bulunmaktadır, diye yazdığınız hâlde çocuklar için böyle bir imkân yoktu. Akşamları ise duş almak için yeterince sıcak su yoktu. Ayrıca otelinizde içecekler çok pahalıydı.
Umarız ki saydığımız eksiklikleri en kısa zamanda düzeltirsiniz ve bundan sonra gelen misafirleriniz otelinizden daha çok memnun kalır.
Saygılarımızla...

12

Die Lösungen finden Sie bei den Audiotexten.

13

1D; 2A; 3B; 4F; 5C; 6E

14

1. Bundan 5-6 yıl önce İstanbul'dan Berlin'e gelirken uçağı kaçırdım, çünkü yolda çok trafik vardı. Uçağı kaçırdığım için tekrar dayımlara döndüm. Yengem beni kapıda gördüğü zaman çok şaşırdı ve „Oğlum, ne işin var burada?" dedi.
2. Oğlum kaldığımız yazlıkta oyuncak aslanını unuttu. Bir iki sene sonra yine aynı yazlıkta tatil yaptık ve oğlum aslanına kavuştu.

3. Biz genellikle Türkiye'de, Almanya'da veya Avusturya'da tatil yaptığımız için tatilde çoğunlukla Türkçe ve Almanca konuşuyoruz. Ayrıca turistik yerlerde insanların çoğu İngilizce biliyor.
4. Türkiye'de bizim en sevdiğimiz şey, insanların yardımsever ve misafirperver olması. En sevmediğimiz şey ise bazı turistlerin tatil yerinde çok gürültü yapması.

LEKTION 4

1

1. eşofman; **2.** çizme; **3.** takım elbise; **4.** kazak; **5.** terlik; **6.** gecelik; **7.** bere; **8.** mayo

2

1, 2, 4, 5, 6, 8, 9

3

1A; 2A/B; 3B; 4B

4

Die Lösungen finden Sie bei den Audiotexten.

5

Die Lösungen finden Sie bei den Audiotexten.

6

Die Lösungen finden Sie bei den Audiotexten.

7

1D, 2F, 3H, 4A, 5G, 6B, 7I, 8E, 9C

8

1. kurduğunu, karşılaştığını; **2.** yapacaklarını; **3.** istediğini, olduğunu/olduklarını; **4.** katılacağını; **5.** tasarladığını

9

1. küpe; **2.** kemer; **3.** (kol) saat(i); **4.** kolye; **5.** yüzük; **6.** çanta

10

1A/B; 2A; 3B; 4B

11

Y	Ç	İ	Z	M	E	A	K	O	L	Y	E
E	Ü	P	L	W	Ö	M	Ü	Z	İ	K	L
Ç	R	Z	A	I	N	K	P	B	L	U	Z
S	A	I	Ü	C	H	A	E	K	E	N	Y
A	M	N	D	K	Ö	Z	H	M	A	Y	O
A	D	Ä	T	M	H	A	I	M	E	T	T
T	F	A	Y	A	K	K	A	B	I	R	H
B	İ	K	İ	N	İ	N	V	U	A	S	S

‚Müzik' passt nicht zu den anderen Wörtern.

13

1. Hoca düğüne önce normal kıyafetleriyle geldiği için hizmetçiler onu uzak bir masaya oturtur.
2. Ortadaki/ Bahçenin ortasında bulunan masada zengin insanlar oturduğu için hizmetçiler oraya hizmet eder.
3. Sinirlenen Hoca eve gider, kürkünü giyer ve tekrar düğüne geri gelir.
4. Çünkü Hoca'ya göre gördüğü hizmet, kendisi (Hoca) için değildir.
5. Bence özel günlerde şık giyinmeli. Ama şık kıyafetler pahalı olmak zorunda değil.
6. Türk Dil Kurumu'na (Türkisches Sprachinstitut) göre „Ye, kürküm, ye!" şu demek: Gösterilen saygının kişiliğe değil, giyime olduğunu belirtmek için kullanılan bir söz.

Nacherzählung:
Nasrettin Hoca bir gün günlük kıyafetleriyle bir düğüne gitmiş, ama düğünde kimse ona bakmamış, kimse ona hizmet etmemiş. Hizmetçiler sadece şık kıyafetli insanlara hizmet ediyormuş. Bunu gören Hoca çok sinirlenmiş ve hemen evine gidip kürkünü giymiş. Biraz sonra şık kürküyle tekrar düğüne gelen Hoca'ya hizmetçiler hemen yemek getirmiş. Fakat Hoca gelen yemeğ yemeyip kürküne vermiş: „Ye kürküm, ye! Bu yemek bana değil, sana geldi!" demiş.

LEKTION 5

1

Folgende Themen kommen vor: 1, 2, 3, 5, 7, 8

2

1B; 2A; 3C; 4C; 5A; 6B (Antwort A wäre grammatikalisch nicht korrekt, weil onlar nicht erwähnt wurde.)

3

Die Lösungen finden Sie bei den Audiotexten.

4

Die richtigen Endungen finden Sie bei den Audiotexten.
Zuordnung der Bilder: 1F; 2B; 3D; 4A

6

1D; 2D; 3Y; 4D; 5Y; 6D; 7D; 8D

7

1. (-mEyi ...) başarmak, beklemek, bırakmak, düşünmek, rica etmek, sevmek, söylemek, tercih etmek, unutmak, yasaklamak
2. (-mEyE ...) alışmak, başlamak, bayılmak, çalışmak, devam etmek, hazırlanmak, karar vermek, ne diyorsun?
3. (-mEktE ...) fayda var, güçlük çekmek, haklı olmak, ısrar etmek, yarar var
4. (-mEktEn ...) başka çare yok, bıkmak, çekinmek, hoşlanmak, korkmak, memnun olmak, rahatsız olmak, utanmak, vazgeçmek, yorulmak, zevk almak
5. (-mEnİn ...) sırası değil
   Mit den Verben sormak und yapmak nicht möglich.

8

Die Lösungen finden Sie bei den Audiotexten.

9

1B; 2G; 3J; 4C; 5E; 6I; 7F; 8D; 9A; 10H

10

1. En sevdiğim dondurma, Maraş dondurmasıdır.
2. Elbette! Gezdiğim yörelerin yemeklerini veya tatlılarını mutlaka denerim.
3. Genellikle bilim kurgu veya siyasi kitaplar okurum.
4. Eğer çok önemli bir şeyse orada doktora giderim.

Lösungen

RÜCKBLICK 1 - LEKTION 9

RÜCKBLICK 1

1

1. bitki; **2.** kahvaltı; **3.** peynir; **4.** makarna; **5.** zeytin; **6.** (domates) salça(sı); **7.** sarımsak; **8.** salata

2

1. pirinç; **2.** bal; **3.** peçete; **4.** diş fırçası; **5.** yoğurt; **6.** Karnım aç.

3

1. ettiğim; **2.** yaptığın; **3.** çıkardığı; **4.** kaldığımız; **5.** gittiğiniz; **6.** getirdiği/ getirdikleri

4

1D; 2A; 3F; 4B (G); 5C; 6E (D); 7G

5

1. Gümrüğe tabi eşyanız var mı?
2. Ben iki kişilik bir oda ayırtmıştım.
3. Şoför Bey, biraz yavaş gidin lütfen.
4. İki yüz elli avro bozdurmak istiyorum.
5. Tanıdığım birçok öğrenci burada okumak istiyor.

6

1. Türkiye 1923 yılında kuruldu.
2. Hayır, Türkiye'nin başkenti Ankara('dır).
3. Türkiye'de yaklaşık 30 etnik grup yaşıyor.
4. Türkçeden sonra en çok Kürtçe konuşuluyor.
5. Türkiye AB'ye girmek için 1963 yılında başvurdu.

7

Sevgili arkadaşım! Nasılsın, iyi misin? (Umarım iyisindir.) Ben iyiyim. Uçağım bir saat gecikme/rötar yaptı, fakat uçuş iyi geçti. Uçakta devamlı uyudum. Akşam saat yedide Antalya'ya indik. Burada maalesef yağmur yağıyor. Şansıma bavulları fazla beklemedim. Hemen bir taksiye binip otele gittim. Kaldığım otel küçük, fakat güzel. Yarın kahvaltıdan sonra plaja gitmek istiyorum. Fakat şimdi çok yorgunum. Daha sonra sana yine yazarım...

8

1. Komşu, bu eteği geçen hafta aldığını söyledi.
2. Arkadaşım, kızının bu butikte çalıştığını söyledi.
3. Satıcı, bu kazağın çok kaliteli olduğunu söyledi.
4. Müşteri, bozuk parası(nın) olmadığını söyledi.

9

açıklamak, anlatmak, (-in) altını çizmek, belirtmek, bildirmek, (-e) dikkat çekmek, ifade etmek, söylemek, vurgulamak

10

1. Gelecek hafta bankada işe başlayacağım için kendime yeni bir takım elbise almak istiyorum.
2. Modayı hiç takip etmediği hâlde her zaman çok şık giyinir.
3. Yeni alışveriş merkezi açıldığı zaman oradan sık sık alışveriş yapacağım.

11

1. Ben iki top dondurma istiyorum. Biri vanilyalı diğeri çikolatalı olsun.
2. Bana hangi tatlıyı tavsiye edersiniz?
3. Kitabı hediye paketi yapar mısınız?
4. Peynirden tadabilir miyim?
5. Fatura yazar mısınız?

LEKTION 6

1

Außer 1 und 3 kommen alle Wörter vor.

2

1A; 2B; 3B; 4A; 5A; 6B

3

Die richtige Reihenfolge ist: E, C, H, D, B, I, A, G, F.

4

Die Lösungen finden Sie bei den Audiotexten.

6

Die Lösungen finden Sie bei den Audiotexten.

7

1. Birçok Türk, yıllarca Almanya'da çalıştıktan sonra Türkiye'ye döndü.
2. Üniversiteye başlamadan önce bir yıl boyunca İngiltere'de yaşadım.
3. O zamanlar dil kursuna giderek İngilizcemi geliştirebildim.
4. Yükseköğrenim yaparken şimdiki eşimle tanıştım.

8

U	Ç	A	L	I	Ş	M	A	K	I	B	T
E	İ	Ş	L	A	R	A	M	A	K	T	L
R	Ş	A	D	E	N	E	Y	İ	M	L	İ
T	S	E	R	T	İ	F	İ	K	A	N	Ş
Z	İ	P	D	G	Ö	N	Ş	H	A	Q	V
D	Z	Ä	U	M	H	E	Ç	M	Ş	T	E
E	L	E	M	A	N	H	İ	L	I	C	R
G	İ	N	G	Ü	G	M	E	C	H	Ö	E
E	K	İ	P	Ç	E	V	İ	R	M	E	N

9

1B; 2A; 3D; 4E; 5I; 6F; 7H; 8G; 9C

10

Die Lösungen finden Sie bei den Audiotexten.

11

1. doğdum; **2.** çalıştığı / çalıştıkları; **3.** yaşında(yken); **4.** bilmediğim; **5.** anla(ya)mıyordum; **6.** gittikten sonra; **7.** bitirdim; **8.** gidip / giderek; **9.** hazırlandığım; **10.** yapmaya; **11.** gitmeden; **12.** Görür görmez; **13.** döner dönmez; **14.** bulunca; **15.** geçti; **16.** oldu; **17.** büyüyüp; **18.** kaybettim; **19.** gidip

1. Ben Berlin'de doğdum. Berlin'de tabii ki çok Türk veya Türk asıllı vatandaş var.
2. Ben Berlin'de liseyi bitirdikten sonra Münih'te yükseköğrenim gördüm. Okul yıllarında ve üniversitede çok iyi Türk veya yabancı arkadaşlarım oldu.
3. Küçükken polis olmak istiyordum, ama şimdi mühendislik yapıyorum.
4. Okulu, yani liseyi bitirdikten sonra üniversitelere başvurdum.
5. Mesleğimi üniversitede ve stajım sırasında öğrendim.

6. Evet, işimden çok memnunum. Çünkü çok yönlü bir meslek.
7. Şimdi Münih'te ailemle birlikte yaşıyorum. Ama iş için sık sık değişik şehirlere, bazen de yurt dışına çıkıyorum. Oturduğumuz evde maalesef Türk komşumuz yok.
8. Boş zamanlarımda tenis oynarım. Tatilde ise ailemle birlikte Avrupa ülkelerini gezeriz.

LEKTION 7

1
A

2
1D; 2Y; 3D; 4Y; 5D; 6Y; 7D

3
Die Lösungen finden Sie bei den Audiotexten.

4
1D; 2D; 3D; 4Y

5
1C (edilmez); 2A (yakılmaz); 3F (konuşulmaz); 4D (girilmez); 5B (içilmez); 6E (çekilmez)

6
Bilder: I. camiye gidildi. II. El öpüldü. III. Yumurta boyandı. IV. Mum yakıldı.
Zuordnung: 1E (gidilir); 2A (edilir); 3H (kılınır); 4B (öpülür); 5J (ziyaret edilir); 6D (bayramlaşılır); 7F (verilir), 8K (yakılır); 9G (söylenir); 10-11C-I (boyanır-aranır)

7
1A; 2A; 3B; 4A

8
1. kutlandı, kutlanıyor; **2.** anlattığım; **3.** tarafından; **4.** karşılandım; **5.** öpmek; **6.** verildi; **7.** edildi; **8.** istedikleri; **9.** geçtiğini; **10.** tanımaya; **11.** kutlanıyormuş

9
1. Bayramlar eskiden aile ve komşularla kutlanırdı.
2. Günümüzde bayramlarda tatile gidiliyor. **3.** Artık telefon edilmiyor. **4.** Akraba ve arkadaşlarla bayramlaşmak için sadece mesaj atılıyor. Akraba ve arkadaşların bayramını kutlamak için sadece mesaj atılıyor. **5.** Büyükler artık ziyaret edilmiyor. **6.** Kırsal kesimde gelenekler hâlâ korunuyor.

10
1. Sevgili; **2.** ailenin; **3.** sağlık; **4.** dilerim; **5.** Sayın; **6.** Sizin; **7.** devamını; **8.** birlikte; **9.** geçirmenizi; **10.** günler; **11.** kutlarız

11
Es sind insgesamt 19 Passivformen zu finden (alphabetisch): ayrılır (von ayırmak), belirlenir, dağıtılır, ilan edilmektedir (2x), kabul edilmiştir (2), kesilen, kesilir, kurulduğu, kurulmasından, kutlanır, kutlanmaktadır (4), sayılır (2), yapılır. (Das Nomen ‚kuruluş' hat auch die Passivendung in sich. Es ist aber ein lexikalisches Wort.)

12
1B; 2E; 3A; 4C; 5D; 6F

LEKTION 8

1
1D; 2C; 3B; 4A

2
1B; 2A; 3A; 4B

3
1L; 2I; 3J; 4F; 5B; 6A; 7G; 8E; 9C; 10D; 11H; 12K

4
1D; 2Y; 3Y; 4D

5
1A-B; 2A-B; 3B; 4B; 5A

6
1. Paula macht sich Sorgen, dass sie in den Ferien die Flugtickets nicht finden könnte.
2. Er/Sie ist stolz darauf, die Universität absolviert zu haben.
3. Er/Sie schämt sich, das zu sagen.
4. Er/Sie schämt sich über das, was sie gesagt haben.

7
1. bacak; **2.** parmak; **3.** göz; **4.** burun; **5.** kulak; **6.** baş; **7.** diz; **8.** el

8
1D; 2D; 3D; 4D; 5Y

9
1. diş(ler)im; **2.** gözlerim; **3.** boynum; **4.** belin, sırtın; **5.** kolu, dizi, bacağı; **6.** kulağı; **7.** midesi; **8.** Boğazım

10
Die Lösungen finden Sie bei den Audiotexten.

11
Hasta: 3; doktor: 1, 2, 4, 5, 6, 7, 8, 9, 10, 11, 12.

12
1. sevindim/ şaşırdım; **2.** korkuttun; **3.** korktuk; **4.** üzüldüm; **5.** sevindik / (şaşırdık); **6.** şükrediyorum; **7.** nefret ediyorum

13
Örnek cümleler:
1. Çocuklarımın sağlıklı olmasına seviniyorum.
2. Fenerbahçe'nin Avrupa kupasını kazanması beni mutlu etti.
3. Onun iyi bir işte çalış(a)mamasına üzülüyorum.
4. İnsanların birbirine saygısız olmasına kızıyorum.
5. Bazı devlet adamlarının söylediklerinden korkuyorum.
6. Ülkenin demokrasiden daha fazla uzaklaşmasından endişeleniyorum.

14
1B; 2E; 3A; 4G; 5F; 6D; 7C

LEKTION 9

1
1D; 2A; 3B; 4C

2
1B; 2A-B; 3A; 4B; 5A; 6A; 7B

3
1D; 2D; 3D; 4Y; 5Y; 6D

4

1. Türkiye turu yapacaklarsa ben de tura katılayım.
2. Siz Adıyaman'a otobüs bileti bulamadıysanız uçakla gidin.
3. Araba kiraladıysanız geze geze gelirsiniz.
4. Kalacağınız yerlerde rezervasyon yaptırmayacaksanız boş oda bulamazsanız.
5. Ankara'ya gitmezseniz Anıtkabir'i göremezsiniz.

5

1B (istiyorsanız / isterseniz); 2E (görmezseniz); 3A (seviyorsanız); 4C (ediyorsanız / ederseniz); 5D (duyuyorsanız / duyarsanız); 6F (gelirseniz)

6

1. alırsanız (Wenn Sie Hin- und Rückfahrt(tickets) kaufen, könnte ich 10% Rabatt geben.) **2.** kabul ederse (Wenn meine Freunde einverstanden sind, komme ich wieder und kaufe die Tickets.) **3.** arzu ederseniz (Wenn Sie wünschen, könnte ich Ihnen die Tickets bis Freitag reservieren.) **4.** 18 saatse (Wenn die Reise 18 Stunden ist (dauert), werden meine Freunde mit dem Flugzeug fliegen wollen.)

7

1. Türkiye'de yazın tatil yaparsam bol bol dondurma yerim. **2.** Kapadokya'ya gidersem balonla gezerim. Çünkü bence balonla gezersem her yeri görürüm. **3.** Otelde kalırsam denizde yüzerim. **4.** Otelde yemekler iyi değilse lokantaya giderim. **5.** Dışarıda yemek yersem küçük lokantalara giderim. **6.** Kaldığım(ız) otelde sıcak su yoksa otelden ayrılırım.

8

1. Eğer bir gün Kahramanmaraş'ta tatil yaparsanız ünlü Maraş dondurmasından yiyin. **2.** Şayet Türkiye'de Karadeniz turu yaparsan Amasra'ya git ve orada Amasra salatasını dene. **3.** Eğer Amasya'ya gittiyseniz oradaki Osmanlı evlerine herhâlde hayret etmişsinizdir. **4.** Eğer kayak kaymayı seviyorsanız kesin Uludağ'a gitmişsinizdir. **5.** Raftingden korkmuyorsan Rize'deki Kaçkar Dağları'na gel. **6.** Kutsal yerleri ziyaret etmeyi seviyorsan Meryem Ana'nın evini görmüşsündür.

9

G	Q	D	İ	N	L	E	N	M	E	K	T
E	F	E	O	W	A	Y	R	A	N	T	L
Z	R	N	A	N	N	G	S	X	D	I	A
M	E	İ	N	C	D	Y	Ü	Z	M	E	K
E	M	Z	V	A	P	U	R	H	E	Q	T
K	M	Ä	U	M	H	E	R	M	A	T	A
G	Ü	N	E	Ş	L	E	N	M	E	K	R
G	Z	Y	E	M	E	K	E	C	A	M	İ
X	E	Y	D	O	Ğ	A	V	Ç	A	Y	H

12

1. Tatil demek, dinlenmek demek. İşim çok yorucu olduğu için, tatilde otelden hiç dışarı çıkmam. Şaka yapıyorum. Tatil demek; değişik yerler görmek, değişik insanlarla tanışmak, farklı kültürleri yaşamak demek.
2. Doğu ve Güneydoğu Anadolu hariç, Türkiye'nin her yerini gördüm. Görmediğim yerleri de en kısa zamanda görmek istiyorum.
3. Türkiye'nin her yeri bir başka güzel: Karadeniz'in doğası, Akdeniz'in denizi harika... Ama Kapadokya mutlaka görülmesi gereken bir yer.
4. Eğer Türkiye'de tatil yaparsak sanırım yine İstanbul'da tatile başlarız, sonra arabayla ya Akdeniz'e ya da Karadeniz'e gideriz.

LEKTION 10

1

1D; 2D; 3D; 4Y; 5D

2

1B; 2A; 3A; 4A-B; 5B; 6A-B

3

Die Lösungen finden Sie bei den Audiotexten.

4

1. Bileti... - Wer ein Ticket hat, der soll bitte nicht warten. H **2.** Genç... - Wer jung ist, der wünscht sich einen aktiven Urlaub zu verbringen. S **3.** Zamanı... - Diejenigen, die keine Zeit haben, bevorzugen einen kurzen Urlaub zu machen. H

5

1. A - Das Essen, das wir während der Tour gegessen haben, war sehr köstlich. **2.** A - Kappadokien war ein Ort, den ich unbedingt sehen wollte. **3.** A/B - A. Die Sultan-Ahmet-Moschee ist eine der Moscheen, die ich am meisten besuche. B. Die Sultan-Ahmet-Moschee ist eine der Moscheen, die am meisten besucht wird. oder - Die Sultan-Ahmet-Moschee ist eine der meistbesuchten Moscheen.

6

1. Wenn ich Geld hätte, würde ich mir ein neues Auto kaufen. (Irrealer Satz, weil ich kein Geld habe und kein Auto kaufe.) **2.** Wenn Sie in die Natur eintauchen möchten, empfehlen wir Ihnen das Schwarze Meer. (real)
3. Wenn dieses antike Theater nicht restauriert worden wäre, wären nicht so viele Touristen gekommen. (Irrealer Satz, weil das Theater restauriert wurde und viele Touristen kommen.)

7

1B, Keşke şimdi okulda olsam ve yeni şeyler öğrensem. 2C, Keşke Süper Kız gibi uçabilsek. 3A, Keşke okulda daha çalışkan olsaydım da şimdi daha iyi bir işim olsaydı.

8

Beispiele: Film çok sıkıcıydı, keşke hiç seyretmeseydim. Kitap çok heyecanlıymış, keşke daha önce okusaydım. Gençken keşke sigaraya başlamasaydım! Keşke sağlığıma daha fazla dikkat etseydim. Keşke Türkiye'de deniz kenarında bir yazlığımız olsaydı. Keşke gitar çalabilsem.

9

Die Lösungen finden Sie bei den Audiotexten.

10

1. Ezan sesini duyduğu zaman çok korkmuş. **2.** Paula Türkiye'de kalmayı düşünmüyor, ama üniversiteyi bitirdiği zaman çalışmak için yine Türkiye'ye gelebilir. **3.** Paula Türkiye'de kalırsa en çok sanırım Erhan sevinir, en çok da Almanya'daki arkadaşları ve ailesi üzülür. **4.** Hakan Paula'yı havalimanına götürmekte ısrar ediyor. **5.** Paula itiraz etse de bir şey değişmez, çünkü Hakan Paula'yı havalimanına götürmekte kararlı.

12

1Y; 2D; 3D; 4Y; 5D

13

1. Tatilden döndükten iki üç gün sonra işe başlarım.
2. Evet, hemen çamaşırları yıkarım ve evi temizlerim.
3. Önce Türkiye'deki ailemi arar, iyi bir şekilde eve geldiğimizi söylerim.
4. Tatilde çok gezdiğimiz için kendimi biraz yorgun hissederim.
5. Hayır, ama tatilden getirdiğimiz CD'leri çalarım.
6. Tatilde çektiğimiz resimlere bakarak biraz tatili uzatmaya çalışırım.
7. Tatilin bittiğine hem üzülür hem de sevinirim. Gelecek yaz tatilini ise hemen düşünmem.

RÜCKBLICK 2

1

1. gazeteci; **2.** kuaför; **3.** hasta bakıcı; **4.** çevirmen; **5.** öğretmen; **6.** işçi; **7.** asker; **8.** makinist

2

1. İşe başlamadan önce ev/daire bulamadım.
2. Üniversiteyi bitirdikten sonra bir yıl dünya turu yaptım.
3. Dünya turunu yaparken çok değişik insanlarla karşılaştım.

3

1Y; 2D (Je länger ... umso mehr ...), 3D (ohne zu), 4Y

4

1. Bayramlarda akrabalar ve komşular ziyaret edilir.
2. Gelen çocuklara harçlık verilir.
3. Normalde bayramlarda tatile gidilmez.
4. Sizde özel günlerde hediye alınır mı?
5. Sizde / Evinizde bayramlarda özel bir yemek hazırlanır mı?

5

1. Politikacıların verdikleri sözü tutmamalarına kızıyorum.
2. Bazı bisikletlilerin kaldırımda gitmelerine şaşırıyorum.
3. Çocukların bağırarak oynamasına kızmıyorum.
4. Komşunun müziğin sesini açmasına bazen sinirleniyorum.
5. Arkadaşımın doğum günümde beni aramamasına üzüldüm.
6. İş yerinde bazı arkadaşların beni dikkate almamasına canım sıkılıyor.
7. Arkadaşımın evlenmesine çok sevindim.

6

E	N	D	İ	Ş	E	L	E	N	M	E	K
Ş	S	P	L	W	Ö	N	A	U	S	T	K
A	E	U	A	K	O	R	K	M	A	K	I
Ş	V	I	T	S	E	V	M	E	K	I	R
I	İ	P	D	A	Ö	N	H	H	E	Z	I
R	N	Ä	U	M	N	E	I	M	A	M	L
M	M	F	N	Y	Ä	M	N	L	I	A	M
A	E	N	G	A	Ğ	L	A	M	A	K	A
K	K	Y	G	Ü	L	M	E	K	A	S	K

7

1. görseniz; **2.** istersek; **3.** olsa(ydı); **4.** düşünürseniz; **5.** olmasa; **6.** varsa

8

1B; 2A; 3B; 4B; 5A; 6B

9

1. Keşke daha büyük bir evim olsa.
2. Keşke bu kadar çok çalışmasam.
3. Keşke arkadaşımla kavga etmeseydim.
4. Keşke Türkçeye daha önce başlasaydım.
5. Keşke avukat olmasaydım.
6. Keşke aileme daha çok zaman ayırabilsem.

Audiotexte

LEKTION 1

Übung 1 - Track 1

Engin: Selam, Sara!
Sara: Merhaba, Engin! Bu akşam ne yapıyorsun?
Engin: Bu akşam Paula bir parti veriyor. Ben oraya gidiyorum.
Sara: Bugün Paula'nın yaş günü mü?
Engin: Hayır, ama galiba bize bir sürprizi var. Seni davet etmedi mi?
Sara: Hayır, zaten benim bu akşam başka bir işim var.
Engin: Üzülme, Sara. Biliyorsun, Paula bu aralar çok meşgul. Seni davet etmeyi unuttu herhâlde.
Sara: Olabilir!
Engin: Sara, sen de partiye gel, lütfen.
Sara: Bilmiyorum, önce bir düşünmem lazım.
Engin: Tamam, ben şimdi derse gidiyorum. Dersten sonra kafeteryada buluşalım mı?
Sara: Olur, benim de Türkçe dersim var. Sonra görüşürüz!
Engin: Görüşürüz!

Engin: *Grüß dich, Sara!*
Sara: *Hallo, Engin! Was machst du heute Abend?*
Engin: *Heute Abend gibt Paula eine Party. Da gehe ich hin.*
Sara: *Hat Paula heute Geburtstag?*
Engin: *Nein, aber sie hat wohl eine Überraschung für uns. Hat sie dich nicht eingeladen?*
Sara: *Nein, ich habe auch sowieso heute Abend etwas anderes zu tun.*
Engin: *Nicht traurig sein, Sara! Du weißt, Paula hat diese Tage viel zu tun. Sie hat bestimmt vergessen, dich einzuladen.*
Sara: *Kann sein.*
Engin: *Sara, bitte, komm doch auch mit zur Party.*
Sara: *Ich weiß nicht, das muss ich mir erst noch überlegen.*
Engin: *Gut, ich gehe jetzt zum Kurs. Treffen wir uns nach dem Kurs in der Cafeteria?*
Sara: *Okay. Jetzt ist auch mein Türkischkurs. Wir sehen uns danach!*
Engin: *Bis dann!*

Übung 2 - Track 2

Engin: Türkçe dersin nasıldı?
Sara: Harikaydı. Bu kurs sayesinde Türkçem oldukça ilerledi.
Engin: Haklısın. Peki bu akşam için bir karar verdin mi?
Sara: Aslında Paula'ya biraz darıldım, ama yine de gelmeye karar verdim.
Engin: Buna çok sevindim. Bence Paula'ya bir şey söyleme. Seni görünce bakalım, ne yapacak?
Sara: İyi fikir! Ben sütlü kahve alacağım. Sen ne içersin?
Engin: Ben bir bitki çayı alırım. Karnın aç mı?
Sara: Hayır, ben tokum.

Engin: *Wie war dein Türkischkurs?*
Sara: *Es war fantastisch. Dank dieses Kurses hat sich mein Türkisch ganz schön verbessert.*
Engin: *Da hat du recht. Und, hast du dich für heute Abend schon entschieden?*
Sara: *Ich war eigentlich ein bisschen sauer auf Paula. Ich habe mich dann aber doch dazu entschieden, zu kommen.*
Engin: *Das freut mich sehr. Ich finde, du sagst besser gar nichts zu Paula! Mal sehen, wie sie reagiert, wenn sie dich sieht.*
Sara: *Gute Idee! Ich nehme einen Milchkaffee. Und was trinkst du?*
Engin: *Ich nehme einen Kräutertee. Hast du Hunger?*
Sara: *Nein, ich bin satt.*

Übung 3 - Track 3

1. Sen acıktın mı?	***1.*** *Hast du Hunger?*
2. Benim karnım aç.	***2.*** *Ich bin hungrig.*
3. Ben çok susadım.	***3.*** *Ich bin sehr durstig.*
4. Doydun mu?	***4.*** *Bist du satt geworden?*
5. Ben doydum.	***5.*** *Ich bin satt geworden.*
6. Ben tokum.	***6.*** *Ich habe keinen Hunger.*
7. Yemekler çok lezzetliydi.	***7.*** *Das Essen war sehr lecker.*
8. Ellerinize sağlık.	***8.*** *Sie haben hervorragend gekocht. (Wörtl.: Heil Ihren Händen!)*
9. Afiyet olsun.	***9.*** *Guten Appetit!*

Übung 4 - Track 4

Sara: Paula'nın partisine bir şey götürmek istiyor musun?
Engin: Ben makarna salatası götürmeyi düşünüyorum.
Sara: Ben de o zaman birkaç tane meze alayım!
Engin: Ben o mezelere bayılıyorum! Yakınlarda bir Türk marketi var. Orada öyle şeyler bulabilirsin.

Sara: Kalkalım mı? Senin salata yapman lazım, benim de meze almam lazım.
Engin: Tamam, bu akşam Paula'da görüşürüz.
Sara: Sahi, parti bu akşam saat kaçta başlıyor?
Engin: Paula "Saat 6'dan itibaren gelebilirsiniz!" dedi. Evini biliyorsun, değil mi?
Sara: Evet, bir iki defa evinde ders çalıştık...

Sara: *Willst du etwas zur Party von Paula mitbringen?*
Engin: *Ich habe vor, einen Nudelsalat mitzubringen.*
Sara: *Dann kaufe ich ein paar Vorspeisen.*
Engin: *Ich bin ganz verrückt auf diese Vorspeisen! In der Nähe gibt es einen türkischen Lebensmittelladen. Dort kannst du so etwas finden.*

Sara: *Gehen wir los? Du musst noch Salat machen und ich muss Vorspeisen kaufen.*
Engin: *Okay, wir sehen uns dann heute Abend bei Paula.*
Sara: *Wann fängt denn heute Abend die Party an?*
Engin: *Paula hat gesagt: „Ihr könnt ab sechs Uhr kommen." Du weißt doch, wo sie wohnt, oder?*
Sara: *Ja, wir hatten ein-, zweimal bei ihr zu Hause gelernt.*

Übung 8 - Track 5

Sara: İyi günler, ben biraz meze almak istiyorum. Hangisini tavsiye edersiniz?
Satıcı: Efendim, bütün mezelerimiz lezzetlidir. Ama ben size özellikle humusu tavsiye ederim.
Sara: Bir tadabilir miyim, acaba?
Satıcı: Tabii ki! Buyurun, afiyet olsun.

Sara: Mm, çok lezzetli. Bunun içinde neler var?
Satıcı: İçinde nohut, limon suyu, sarımsak, tahin, yağ, pul biber ve kimyon var.
Sara: Tamam, bana 150 gram verin, lütfen.
Satıcı: Başka bir arzunuz var mı?
Sara: 250 gram da kısır alayım...

Sara: *Guten Tag, ich möchte ein paar Vorspeisen kaufen. Welche würden Sie empfehlen?*
Verkäufer: *Meine Dame, alle unsere Vorspeisen sind köstlich. Aber ich würde Ihnen besonders den Hummus empfehlen.*
Sara: *Dürfte ich vielleicht mal probieren?*
Verkäufer: *Aber natürlich! Bitte schön, guten Appetit!*
Sara: *Mm, sehr lecker. Was ist denn alles darin enthalten?*
Verkäufer: *Es sind darin Kichererbsen, Zitronensaft, Knoblauch, Sesampaste, Öl, Chiliflocken und Kreuzkümmel enthalten.*
Sara: *Okay, geben Sie mir bitte 150 Gramm.*
Verkäufer: *Haben Sie noch einen Wunsch?*
Sara: *Ich nehme noch 250 Gramm Weizengrützensalat.*

Übung 13 - Track 6

Satıcı: İyi günler, buyurun!
Müşteri: İyi günler, ben biraz meze almak istiyorum.
Satıcı: Hangi mezelerden istersiniz?
Müşteri: 150 gram kısır almak istiyorum.
Satıcı: Tamam, başka bir arzunuz var mı?
Müşteri: Şu nasıl bir şey?
Satıcı: O, yoğurtlu patlıcan ezmesi. Çok lezzetlidir.
Müşteri: İçinde neler var?
Satıcı: İçinde patlıcan, yoğurt, sarımsak, limon, tuz.
Müşteri: Çok acı mı?
Satıcı: Hayır, hiç acı değil.
Müşteri: O zaman bana 200 gram verin, lütfen...

Verkäufer: *Guten Tag, treten Sie ein!*
Kundin: *Guten Tag, ich möchte gern ein paar Vorspeisen kaufen.*
Verkäufer: *Welche Vorspeisen (wörtl: von welchen Vorspeisen) hätten Sie denn gern?*
Kundin: *Ich möchte 150 Gramm Weizengrützensalat kaufen.*
Verkäufer: *Okay, haben Sie noch einen Wunsch?*
Kundin: *Was ist das?*
Verkäufer: *Das ist Auberginenpüree mit Joghurt. Es ist sehr lecker.*
Kundin: *Was ist da alles drin?*
Verkäufer: *Aubergine, Joghurt, Knoblauch, Zitrone und Salz.*
Kundin: *Ist es sehr scharf?*
Verkäufer: *Nein, es ist überhaupt nicht scharf.*
Kundin: *Dann geben Sie mir bitte 200 Gramm davon.*

Übung 15 - Track 7

Satıcı:
1. Poşet ister misiniz?
2. Şifrenizi girin ve ‚OK' tuşuna basın!
3. Bugün bütün ürünlerimiz % 10 indirimli.
6. Buyurun, siz seçebilirsiniz.
7. Bozuk paranız var mı?
8. Nasıl ödemek istersiniz?

Müşteri:
4. Fiş keser misiniz?
5. Şu peynirden tadabilir miyim?

Verkäufer:
1. *Möchten Sie eine Tüte?*
2. *Geben Sie Ihre Geheimzahl ein und drücken Sie die Bestätigungstaste!*
3. *Heute sind alle unsere Waren um 10 Prozent herabgesetzt.*
6. *Bitte schön, Sie können auswählen.*
7. *Haben Sie Kleingeld?*
8. *Wie möchten Sie zahlen?*

Kundin:
4. *Könnten Sie einen Kassenzettel ausdrucken?*
5. *Könnte ich von diesem Käse probieren?*

LEKTION 2

Übung 1 - Track 8

Paula: Hoş geldiniz!
Engin/Sara: Hoş bulduk.
Paula: Geldiğinize çok sevindim. Ceketlerinizi buraya asabilirsiniz.
Engin: Ayakkabılarımızı çıkaralım mı?
Paula: Evet, lütfen!
Sara: Geç kalmadık değil mi?
Paula: Hayır, hayır! Daha birçok arkadaş gelmedi.
Engin: Kimleri davet ettin ki?
Paula: Tanıdığım bütün arkadaşları çağırdım. Çünkü bugün size büyük bir sürprizim var.
Sara: Ben hariç herkesi çağırdın, öyle mi?
Paula: Ay, seni unuttuğum için gerçekten çok üzgünüm, Sara. Ne kadar kızsan haklısın!
Sara: Şaka yapıyorum, Paula. Olabilir, sorun değil.
Engin: Arkadaşlar, merhaba!
Kerem: Vay, sen de mi buradasın, Engin!
Engin: Selam, dostum. Bakıyorum, herkes burada!

Paula: *Willkommen!*
Engin/Sara: *Schön hier zu sein.*
Paula: *Ich freue mich sehr, dass ihr gekommen seid. Ihr könnt eure Jacken hier hinhängen.*
Engin: *Sollen wir unsere Schuhe ausziehen?*
Paula: *Ja, bitte!*
Sara: *Wir sind nicht zu spät gekommen, oder?*
Paula: *Nein, nein! Einige Freunde sind noch gar nicht gekommen.*
Engin: *Wen hast du denn alles eingeladen?*
Paula: *Ich habe alle Freunde eingeladen, die ich kenne. Ich habe nämlich heute eine große Überraschung für euch.*
Sara: *Du hast alle eingeladen außer mir, oder?*
Paula: *Ach, es tut mir wirklich sehr leid, dass ich dich vergessen habe, Sara. Du hast schon recht, wenn du sauer bist. (Wörtl. etwa: Wie sauer du auch bist, du hast recht damit.)*
Sara: *Ich mach nur Spaß, Paula. Das kann schon mal passieren, kein Problem!*
Engin: *Hallo Freunde!*
Kerem: *Ach nein, du auch hier, Engin?*
Engin: *Grüß dich, mein Freund. Ich sehe schon, es sind alle da.*

Übung 2 - Track 9

Kerem: Paula, müziğin sesini açabilir miyim?
Paula: Tabii ki. İstersen başka bir CD de çalabilirsin.
Kerem: Sende Türkçe pop müzik var mı?
Paula: Evet, Türkçe pop müziğinden birkaç tane CD'm var. Fakat ben çok CD almıyorum. Genellikle Youtube'tan veya radyodan müzik dinliyorum. Ya sen?
Kerem: Ben internetten pek müzik dinlemiyorum. Ama bazen yeni şarkıları internetten mp3 çalarıma indiriyorum.
Paula: Senin sevdiğin bir şarkıcı var mı?
Kerem: Ben Sertab Erener hayranıyım. Sende CD'si var mı?
Paula: Elbette. Sertab Erener benim de en sevdiğim şarkıcı.
Kerem: Ciddi misin? Sertab Erener'i ne zamandan beri dinliyorsun?
Paula: Eurovision'u kazandığından beri. Sertab'ın sesi çok güzel. Şarkıları da çok melodik. Ayrıca şarkı sözlerini kendisi yazıyor ve bazen de şarkılarını kendisi besteliyor.
Kerem: Yani dört dörtlük bir sanatçı. Bak, bu CD'si muhteşem.
Sanırım son albümü satış rekorları kırdı. Arkadaşlar, bu şarkı tam danslık bir şarkı. Haydi, herkes dansa kalkıyor.
Paula: Millet, Kerem'i duydunuz. Hadi, kalkın!

Kerem: *Paula, kann ich die Musik lauter machen?*
Paula: *Na klar. Wenn du willst, kannst du auch eine andere CD auflegen.*
Kerem: *Hast du türkische Popmusik da?*
Paula: *Ja, ich habe ein paar CDs mit türkischer Popmusik. Aber ich kaufe nicht so viele CDs. Ich höre meistens auf Youtube oder im Radio Musik. Und du?*
Kerem: *Ich höre nicht so viel Musik im Internet. Ich lade mir aber manchmal neue Lieder vom Internet auf meinen MP3-Player herunter.*
Paula: *Hast du einen Lieblingssänger? (Wörtl.: Gibt es einen Sänger, den du liebst?)*
Kerem: *Ich bin ein Fan von Sertab Erener. Hast du eine CD von ihr?*
Paula: *Aber sicher. Sertab Erener ist auch meine Lieblingssängerin.*
Kerem: *Im Ernst? Seit wann hörst du Sertab Erener?*
Paula: *Seitdem sie die Eurovision gewonnen hat. Sertabs Stimme ist sehr schön und ihre Lieder sind auch sehr melodisch. Außerdem schreibt sie ihre Songtexte selbst und manchmal komponiert sie auch ihre Lieder selbst.*
Kerem: *Das heißt, sie ist eine vollkommene Künstlerin. Schau, diese CD ist großartig. Ich glaube, ihr letztes Album hat alle Verkaufsrekorde gebrochen. Freunde, auf dieses Lied kann man richtig gut tanzen. (Wörtl.: Freunde, dieses Lied ist ganz zum Tanzen.) Auf geht's, alle aufgestanden zum Tanzen!*
Paula: *Leute, ihr habt Kerem gehört. Los, steht auf!*

Übung 3 - Track 10

1. *Sertap Erener'in* bu yıl çıkardığı albüm harika.
2. Sanatçı, verdiği konserlerde binlerce hayranıyla buluştu.
3. *Erener* 2003 yılında katıldığı Eurovision yarışmasını kazandı.
4. Bu yarışmada söylediği şarkıyı Demir Demirkan ile birlikte besteledi.
5. Benim en sevdiğim şarkısı *„Sevdam Ağlıyor"*, *„Lâ'l"* adlı albümde yer alıyor.
6. (Sizin) dinlediğiniz bu albüm altın plak ödülünü kazandı.
7. Kerem'in dans ettiği kız kim?

1. *Das Album, das Sertab Erener dieses Jahr veröffentlicht hat, ist wunderbar.*
2. *Die Künstlerin traf bei den Konzerten, die sie gab, auf Tausende ihrer Fans.*
3. *Erener gewann den Eurovision-Wettbewerb, an dem sie im Jahr 2003 teilgenommen hatte.*
4. *Das Lied, das sie auf diesem Wettbewerb sang, hatte sie zusammen mit Demir Demirkan komponiert.*
5. *Das Lied von ihr, das ich am meisten liebe, ist „Sevdam Ağlıyor". Es ist auf dem Album „Lâ'l" enthalten.*
6. *Dieses Album, das ihr gerade hört, hat die goldene Schallplatte gewonnen.*
7. *Wer ist das Mädchen, mit dem Kerem tanzt?*

Übung 4 - Track 11

1. Paula: Arkadaşlar, hadi sofraya buyurun!
2. Kerem: Neden bu kadar zahmet ettin, Paula? Ellerine sağlık!
3. Paula: Zahmet de ne demek? Rica ederim! Hadi, afiyet olsun! Bir şey kalmasın, lütfen.
4. Paula: Sara, getirdiğin mezeler çok lezzetliymiş! Kesene bereket! Bunları nereden aldın?
5. Sara: Onları sürekli alışveriş yaptığım Türk marketinden aldım.
6. Engin: Paula, bize söylemek istediğin sürpriz neydi?
7. Kerem: Hadi Paula, baklayı ağzından çıkar artık!
8. Paula: Arkadaşlar, size benim söylemek istediğim şuydu: İki ay sonra okumak için Türkiye'ye gidiyorum. Yaşasın!

1. Paula: *Auf, Freunde, kommt zum Essen!*
2. Kerem: *Warum hast du dir so viel Mühe gemacht, Paula? Das hast du alles so schön gemacht! (Wörtl.: Heil deinen Händen!)*
3. Paula: *Was heißt hier Mühe? Ich bitte dich! Auf jetzt, guten Appetit! Es soll bitte nichts übrigbleiben!*
4. Paula: *Sara, die Vorspeisen, die du mitgebracht hast, waren sehr lecker! Vielen Dank dafür! (Wörtl. etwa: ‚Möge deine Brieftasche gesegnet sein!') Wo hast du sie gekauft?*
5. Sara: *Ich habe sie in dem türkischen Lebensmittelladen gekauft, wo ich regelmäßig einkaufe.*
6. Engin: *Paula, was war denn nun die Überraschung, die du uns mitteilen wolltest?*
7. Kerem: *Los Paula, raus mit der Sprache jetzt!*
8. Paula: *Freunde, die Überraschung, die ich euch mitteilen wollte, ist folgende: In zwei Monaten werde ich in der Türkei studieren. Darauf ein Hoch!*

Übung 5 - Track 12

Leyla: Ben geçen sene ailemle Trabzon'da tatil yaptım. Kaldığımız otelde DUMAN bir konser verdi. Konser başlamadan 2 saat önce DUMAN hayranları otelin önüne geldi.

Engin: Sen de gittin mi konsere?
Leyla: Tabii ki! DUMAN'ın Trabzon'da verdiği konserin bilet fiyatları sadece 35 liraydı. Konser verdikleri salona saat sekizden itibaren girmek mümkündü.
Engin: DUMAN'ı ne zamandan beri dinliyorsun?
Leyla: Dalga mı geçiyorsun? DUMAN benim en sevdiğim gruplardan biri.

Leyla: *Ich habe letztes Jahr mit meiner Familie in Trabzon Urlaub gemacht. In dem Hotel, in dem wir untergebracht waren, gab DUMAN ein Konzert. Zwei Stunden bevor das Konzert anfing, kamen schon die DUMAN-Fans vor das Hotel.*
Engin: *Bist du auch zu dem Konzert gegangen?*
Leyla: *Na klar! Die Karten für das Konzert, das DUMAN in Trabzon gab, kosteten nur 35 Lira. Ab acht Uhr konnte man in den Saal gehen, in dem sie das Konzert gaben.*
Engin: *Seit wann hörst du DUMAN?*
Leyla: *Willst du mich veräppeln? DUMAN ist doch eine meiner Lieblingsgruppen.*

Übung 11 - Track 13

1. Benim en sevdiğim müzik türü yok. Değişik türlerde müzik dinlemeyi seviyorum. Gençken daha çok arabesk dinlerdim. Daha sonra Heavy Metal dinlemeye başladım. Şimdi neredeyse her türlü müziği dinliyorum.
2. Benim en sevdiğim şarkıcı rahmetli Barış Manço. En sevdiğim müzik grubu ise Iron Maiden.
3. Bu çok zor bir soru. En sevdiğim şarkı herhâlde Orhan Gencebay'ın "Hatasız Kul Olmaz" şarkısı. Fakat o kadar harika albümler dinledim ki: Bu veya şu albüm en iyisi, demek imkânsız.
4. En son arkadaşlarla konsere gittim.
5. Çok az saz çalıyorum.

1. *Ich habe keine Lieblingsmusik. Ich höre gern Musik der verschiedensten Art. Als Jugendlicher hörte ich mehr arabeske Musik. Später fing ich dann an, Heavy Metal zu hören. Jetzt höre ich fast jede Art von Musik.*
2. *Mein Lieblingssänger ist der verstorbene Barış Manço. Meine Lieblingsband ist aber Iron Maiden.*
3. *Das ist eine sehr schwierige Frage. Mein Lieblingslied ist auf jeden Fall das Lied „Hatasız Kul Olmaz" von Orhan Gencebay. Allerdings habe ich schon so tolle Alben gehört, dass es unmöglich ist, zu sagen, dies oder jenes Album wäre am besten.*
4. *Das letzte Mal bin ich mit Freunden zu einem Konzert gegangen.*
5. *Ich spiele ein klein wenig Saz.*

Übung 12 - Track 14

Kerem: Arkadaşlar, ben yavaş yavaş kaçıyorum.
Sara: Evet, ben de kalkayım. Geç oldu!
Paula: Oturun, ne güzel sohbet ediyorduk.
Engin: Yine buluşuruz, merak etme. Ayrıca bakarsın İstanbul'a da geliriz.
Paula: Oraya da beklerim tabii ki.
Sara: Bence Türkiye'ye gitmekle iyi ediyorsun, Paula. Tebrik ederim.
Kerem: Bence de, Paula. Ayrıca her şey için teşekkürler. Görüşürüz.
Paula: Geldiğiniz için çok teşekkürler. Ayaklarınıza sağlık.

Kerem: *Freunde, ich werde mich langsam davonmachen.*
Sara: *Ja, ich breche dann auch auf. Es ist schon spät.*
Paula: *Setzt euch, wir haben uns so schön unterhalten.*
Engin: *Wir treffen uns wieder, keine Sorge. Und außerdem: Vielleicht kommen wir ja auch mal nach Istanbul.*
Paula: *Dort rechne ich natürlich auch mit eurem Besuch.*
Sara: *Ich finde, du tust gut daran, in die Türkei zu gehen, Paula. Ich wünsche dir dazu alles Gute.*
Kerem: *Das finde ich auch, Paula. Und außerdem: Vielen Dank für alles! Bis bald!*
Paula: *Vielen Dank, dass ihr gekommen seid. Schön, dass ihr da wart.*

Übung 15 - Track 15

Merhaba, benim adım Heike. Ben Berlinliyim. 2004 yılında halk eğitim merkezinde Türkçe öğrenmeye başladım. İlk önce Türkçe öğrenmek bana zor geldi. Fakat bir yıl sonra bir grupla beraber Türkiye'de bir kültür gezisi yaptım. Orada eşimle tanıştım. İki yıl sonra evlendik. Bizim şimdi iki çocuğumuz var. Eşim çocuklarla Türkçe konuşuyor. Yani çocuklarımız hem Türkçe hem Almanca öğrendiler. O yüzden tatilde Türkiye'ye gidince eşimin ailesiyle ve oradaki arkadaşlarıyla Türkçe konuşabiliyorlar. Ben de şimdi çok daha iyi Türkçe biliyorum. Çünkü Türkiye'deki yeni ailemle ve arkadaşlarımla Türkçe konuşuyorum.

Hallo, ich heiße Heike. Ich bin aus Berlin. Im Jahr 2004 hatte ich in der Volkshochschule angefangen, Türkisch zu lernen. Anfangs fiel mir das Türkischlernen schwer. Aber nach einem Jahr machte ich mit einer Reisegruppe eine Bildungsreise in der Türkei. Dort habe ich meinen Mann kennengelernt. Zwei Jahre später haben wir geheiratet. Wir haben jetzt zwei Kinder. Mein Mann spricht mit den Kindern Türkisch. Das heißt, unsere Kinder haben sowohl Türkisch als auch Deutsch gelernt. Deshalb können sie, wenn wir in den Ferien in die Türkei fahren, mit der Familie meines Mannes und mit ihren dortigen Freunden Türkisch sprechen. Auch ich kann jetzt viel besser Türkisch sprechen. Denn ich spreche mit meiner neuen Familie und meinen Freunden in der Türkei Türkisch.

LEKTION 3

Übung 1 - Track 16

Birinci Diyalog
Görevli: Buyurun, hoş geldiniz!
Paula: Hoş bulduk. Benim bir rezervasyonum vardı.
Görevli: Adınız neydi?
Paula: Paula Schmidt.
Görevli: Evet, 308 numaralı oda sizin. Odanız henüz hazır değil.
Paula: Ne zamana hazır olur?
Görevli: İkiye kadar hazır olur.
Paula: Burada bildiğiniz iyi bir lokanta var mı?
Görevli: Buradan sağa dönün. 100 metre ileride, sağ tarafta küçük bir eczane göreceksiniz. Eczanenin karşısında iyi bir Türk lokantası var. Yemekler hem lezzetli hem de hesaplıdır.
Paula: Bavullarımı burada bırakabilir miyim?
Görevli: Şu odaya koyabilirsiniz.

Erster Dialog
Hotelangestellter: *Willkommen!*
Paula: *Guten Tag. Ich hatte ein Zimmer reserviert.*
Hotelangestellter: *Wie war Ihr Name?*
Paula: *Paula Schmidt.*
Hotelangestellter: *Ja, Zimmer Nummer 308 ist für Sie. Ihr Zimmer ist noch nicht fertig.*
Paula: *Bis wann wird es fertig sein?*
Hotelangestellter: *Bis zwei Uhr ist es fertig.*
Paula: *Kennen Sie hier ein gutes Restaurant?*
Hotelangestellter: *Gehen Sie von hier aus nach rechts. Nach 100 Metern sehen sie auf der rechten Seite eine kleine Apotheke. Gegenüber der Apotheke befindet sich ein gutes türkisches Restaurant. Das Essen ist gut und auch preiswert.*
Paula: *Kann ich meine Koffer hierlassen?*
Hotelangestellter: *Sie können sie in diesem Zimmer dort abstellen.*

Übung 1 – Track 17

İkinci Diyalog
Taksici: Taksi lazım mı?
Paula: Boş musunuz?
Taksici: Evet, buyurun! Bavulları bagaja alalım. Nereye gideceksiniz?
Paula: Adresteki otele gideceğim. O oteli biliyor musunuz?
Taksici: Hayır, ama yeri kolay. Aşağı yukarı 1 saat sürer. Trafik durumuna bağlı. Bu saatlerde her zaman çok trafik oluyor.
Paula: Peki, kaç lira tutar?
Taksici: 80 lirayı geçmez! Buradan Kadıköy yaklaşık 35 kilometre.
Paula: Tamam, taksimetreyi açıyorsunuz, değil mi?
Taksici: Tabii ki.

Paula: Şoför bey, biraz yavaş gider misiniz, lütfen?
Taksici: Tamam, pardon! Nereden geliyorsun, bacım?
Paula: Ben Berlin'den geliyorum... Şoför Bey, ben sizin telefon numaranızı alabilir miyim?
Taksici: Tabii ki. Buyrun, kartımı vereyim.
Paula: Ben bu cumartesi otelden ayrılıp öğrenci yurduna yerleşeceğim. Sizi arasam beni oraya götürür müsünüz?
Taksici: Ne demek? Tabii ki götürürüm. Saat kaçta otelden ayrılmayı düşünüyorsunuz?
Paula: Sabah 10, 10 buçuk gibi ayrılmayı düşünüyorum.
Taksici: O zaman ben 10 buçuktan önce gelip sizi alırım. Bu ara otele de geldik işte.
Paula: Teşekkürler! Borcum ne?
Taksici: 75 lira.
Paula: Buyurun, üstü kalsın!
Taksici: Sağ ol, bacım. Cumartesi günü görüşürüz.

Zweiter Dialog
Taxifahrer: *Brauchen Sie ein Taxi?*
Paula: *Sind Sie frei?*
Taxifahrer: *Ja, bitte schön! Die Koffer tun wir in den Kofferraum. Wohin möchten Sie?*
Paula: *Ich möchte zu dem Hotel mit dieser Adresse hier. Kennen Sie dieses Hotel?*
Taxifahrer: *Nein, aber es ist leicht zu finden (wörtl.: aber sein Ort ist leicht). Es wird ungefähr eine Stunde dauern. Das hängt von der Verkehrslage ab. Um diese Zeit herum gibt es immer viel Verkehr.*
Paula: *Gut, wie viel wird es kosten?*
Taxifahrer: *Nicht mehr als 80 Lira! (Wörtl.: Es wird 80 Lira nicht übersteigen!) Kadıköy ist von hier aus etwa 35 Kilometer entfernt.*
Paula: *Alles klar. Sie schalten das Taxameter ein, oder?*
Taxifahrer: *Aber natürlich!*

Paula: *Herr Fahrer, könnten Sie bitte etwas langsamer fahren?*
Taxifahrer: *In Ordnung, entschuldigen Sie bitte! Woher kommen Sie, meine Schwester?*
Paula: *Ich komme aus Berlin ... Herr Fahrer, könnte ich Ihre Telefonnummer haben?*
Taxifahrer: *Natürlich. Bitte schön, ich geb' Ihnen meine Visitenkarte.*
Paula: *Ich werde diesen Samstag das Hotel verlassen und ins Studentenwohnheim ziehen. Würden Sie mich dort hinbringen, wenn ich Sie anrufe?*
Taxifahrer: *Was für eine Frage! Natürlich bringe ich Sie hin. Um wie viel Uhr haben Sie vor, das Hotel zu verlassen?*
Paula: *Ich habe vor, das Hotel morgens etwa um zehn, halb elf zu verlassen.*
Taxifahrer: *Dann werde ich vor halb elf kommen und Sie abholen. Da, sehen Sie, inzwischen sind wir schon am Hotel angekommen.*
Paula: *Danke! Was bin ich Ihnen schuldig?*
Taxifahrer: *75 Lira.*
Paula: *Bitte schön, der Rest ist für Sie!*
Taxifahrer: *Danke, meine Schwester. Dann also bis Samstag.*

Übung 1 – Track 18

Üçüncü Diyalog
Memur: İyi günler. Pasaportunuz lütfen!
Paula: Buyurun.
Memur: Turistik amaçla mı geliyorsunuz?
Paula: Hayır, üniversitede Erasmus Programı çerçevesinde okumak için geldim.
Memur: Üniversitenin kabul belgesi nerede?
Paula: Buyurun.
Memur: İlk defa mı Türkiye'ye geliyorsunuz?
Paula: Hayır, daha önce tatil yapmak için birkaç kere gelmiştim.
Memur: Tamam, iyi günler. Sıradaki...
Paula: Teşekkür ederim, iyi günler!

Dritter Dialog
Beamter: *Guten Tag. Ihren Reisepass bitte!*
Paula: *Bitte schön.*
Beamter: *Sind Sie in touristischer Absicht gekommen?*
Paula: *Nein, ich bin gekommen, um im Rahmen des Erasmus-Programms auf der Universität zu studieren.*
Beamter: *Wo ist die Aufnahmebestätigung der Universität?*
Paula: *Bitte schön.*

Beamter: *Sind Sie zum ersten Mal in die Türkei gekommen?*
Paula: *Nein, ich war früher schon mehrmals hier (wörtl.: gekommen), um Urlaub zu machen.*
Beamter: *In Ordnung, einen schönen Tag noch. Der Nächste ...*
Paula: *Danke schön, guten Tag!*

Übung 1 - Track 19

Dördüncü Diyalog
Memur: Gümrüğe tabi eşyanız var mı? Alkol, tütün, elektronik eşya.
Paula: Dizüstü bilgisayarım ve kameram var.
Memur: Onları siz mi kullanıyorsunuz?
Paula: Evet, onları ben kullanıyorum.
Memur: Tamam, şu bavulu açın lütfen! Bu küçük çantada ne var?
Paula: Orada benim kullandığım bakım malzemeleri var. Bir de elektrikli diş fırçası.
Memur: Kendi kullandığınız eşyalardan birer tane sokabilirsiniz! Tamam, geçebilirsiniz!

Vierter Dialog
Beamter: *Haben Sie etwas zu verzollen? Alkohol, Tabak, Elektronik?*
Paula: *Ich habe einen Laptop und eine Kamera.*
Beamter: *Benutzen Sie diese Geräte selbst?*
Paula: *Ja, ich benutze sie.*
Beamter: *In Ordnung. Öffnen Sie bitte diesen Koffer da! Was ist in dieser kleinen Tasche?*
Paula: *Darin sind die Kosmetikutensilien, die ich benutze, und auch eine elektrische Zahnbürste.*
Beamter: *Von den Dingen, die Sie selbst benutzen, dürfen Sie immer je eines einführen! Okay, Sie können passieren!*

Übung 1 - Track 20

Beşinci Diyalog
Paula: İyi günler, ben 200,- avro bozdurmak istiyorum.
Görevli: İki liranız var mı?
Paula: Ne yazık ki, yanımda hiç Türk parası yok.
Görevli: Sorun değil! Şurayı imzalayın lütfen.
Paula: Buyurun!
Görevli: Buyurun, paranız!

Fünfter Dialog
Paula: *Guten Tag, ich möchte 200,- Euro wechseln.*
Angestellter: *Haben Sie zwei Lira?*
Paula: *Ich habe leider kein türkisches Geld bei mir.*
Angestellter: *Kein Problem! Bitte unterschreiben Sie hier.*
Paula: *Bitte schön!*
Angestellter: *Bitte schön, Ihr Geld!*

Übung 4 - Track 21

1. Paula Türkiye'de okumak istediği için oraya gidiyor.
2. Türkiye'de çok iyi üniversiteler olduğu için yabancı öğrenciler burada okumak istiyor.
3. Otel havalimanına uzak olduğu için taksiyle gittik.
4. Şoför çok hızlı gittiği için "Lütfen yavaş gidin!" dedim.
5. Paula, Türk lirası olmadığı için para bozdurmak zorunda.

1. *Weil Paula in der Türkei studieren möchte, fährt sie dorthin.*
2. *Da es in der Türkei sehr gute Universitäten gibt, wollen ausländische Studenten dort studieren.*
3. *Da das Hotel weit vom Flughafen entfernt ist, sind wir mit dem Taxi gefahren.*
4. *Da der Fahrer sehr schnell fuhr, sagte ich: „Fahren Sie bitte langsamer!"*
5. *Paula musste Geld wechseln, da sie kein türkisches Geld hatte.*

Übung 7 - Track 22

Sevgili arkadaşlar!
Nasılsınız? Ben İstanbul'a geldim. Uçak yolculuğunu sevmediğim hâlde yolculuğum iyi geçti. Otele geldiğim zaman odam hazır olmadığı için ve biraz da aç olduğum için yakınlardaki bir lokantaya oturdum ve şimdi kaşarlı pidemi bekliyorum. Türkiye'de kaldığım sürece size her gün Türkçe e-posta yazacağım. Söz! İstanbul'dan sevgilerle, hepinizi öpüyorum... Hoşça kalın!

Liebe Freunde!
Wie geht es euch? Ich bin in Istanbul angekommen. Obwohl ich nicht gerne fliege, ist mein Flug gut verlaufen. Da mein Zimmer, als ich im Hotel ankam, noch nicht fertig war und auch weil ich etwas hungrig war, bin ich in einem Restaurant in der Nähe eingekehrt und warte nun gerade auf mein Fladenbrot mit Kaschkawal-Käse. Solange ich in der Türkei bin, werde ich euch jeden Tag eine E-Mail auf Türkisch schreiben. Versprochen! Ich küsse euch alle in Liebe aus Istanbul ... Tschüss!

Übung 12 - Track 23

Resepsiyonist: Hoş geldiniz! Buyurun, nasıl yardımcı olabilirim?
Misafir: İyi günler, ben bir oda ayırtmıştım.
Resepsiyonist: Adınız neydi?
Misafir: Benim adım Ufuk Güneş. Oda hazır mı?
Resepsiyonist: Tabii ki. Bu formu doldurup şurayı imzalayın lütfen!
Misafir: Kahvaltı saat kaçta başlıyor?
Resepsiyonist: Kahvaltı saat 8'de başlıyor.
Misafir: Beni yarın saat 7'yi çeyrek geçe telefonla uyandırır mısınız?
Resepsiyonist: Olur, efendim. Ben sizi saat 7'yi çeyrek geçe telefonla arayıp uyandırırım. Başka bir arzunuz var mı?
Misafir: Bir de para bozdurmam lazım. Buralarda döviz bürosu var mı acaba?

Rezeptionistin: *Willkommen! Wie kann ich Ihnen behilflich sein?*
Gast: *Guten Tag. Ich hatte ein Zimmer reserviert.*
Rezeptionistin: *Wie war ihr Name?*
Gast: *Mein Name ist Ufuk Güneş. Ist das Zimmer fertig?*
Rezeptionistin: *Ja, natürlich. Füllen Sie bitte dieses Formular aus und unterschreiben Sie hier!*
Gast: *Um wie viel Uhr beginnt das Frühstück?*
Rezeptionistin: *Das Frühstück beginnt um acht Uhr.*
Gast: *Könnten Sie mich morgen um Viertel nach sieben telefonisch wecken?*
Rezeptionistin: *Geht in Ordnung, mein Herr. Ich werde Sie um Viertel nach sieben telefonisch wecken. Haben Sie sonst noch einen Wunsch?*

Gast: *Ich muss auch noch Geld wechseln. Gibt es vielleicht hier in der Umgebung eine Wechselstube?*

LEKTION 4

Übung 2 - Track 24

Paula: Erhan, bana eşlik ettiğine çok sevindim.
Erhan: Hiç sorun değil. Ben de ne zamandır alışverişe çıkmamıştım.
Paula: Kendine bir şey almak istiyor musun?
Erhan: Yakında bir akrabanın düğünü var. Belki bir takım elbise alırım.
Paula: Sen ve takım elbise? Bunun mümkün olduğunu sanmıyorum.
Erhan: Öyle söyleme. Eskiden lisede devamlı takım elbise giyiyordum. Peki, sana neler lazım?
Paula: Burada tekstil ürünlerinin hem ucuz hem de kaliteli olduğunu bildiğim için Almanya'dan fazla giyecek getirmedim.
Erhan: Yani çok alışveriş yapacağız.
Paula: Her şeyden önce bere ve kazak alacağım. Sonra yeni spor kursu için eşofman lazım.
Erhan: Spor kursuna gittiğini bilmiyordum. Ne zaman başladın?
Paula: Henüz başlamadım. Ama bir iki gün içinde kayıt yaptırmak istiyorum. Ayrıca iki hafta sonra Antalya'da bir otelde ailemle buluşacağım. O yüzden bikini veya mayo, bir de sandalet almak istiyorum.
Erhan: Tamam, bak şurada iyi bir spor mağazası var. İstiyorsan oradan başlayalım.

Paula: *Erhan, ich freue mich sehr, dass du mich begleitest.*
Erhan: *Kein Problem. Ich bin ja auch schon ewig nicht mehr einkaufen gegangen.*
Paula: *Willst du dir etwas kaufen?*
Erhan: *Demnächst feiert ein Verwandter von mir Hochzeit. Vielleicht kaufe ich mir einen Anzug.*
Paula: *Du und Anzug? Ich glaube nicht, dass das möglich ist.*
Erhan: *Sag das nicht! Früher habe ich auf dem Gymnasium ständig einen Anzug getragen. Gut, und was brauchst du?*
Paula: *Da ich weiß, dass Textilien hier günstig und hochwertig sind, habe ich nicht so viele Kleider aus Deutschland mitgenommen.*
Erhan: *Das heißt, wir werden viel einkaufen.*
Paula: *Vor allen Dingen werde ich eine Baskenmütze und einen Pullover kaufen. Und dann brauche ich noch für den neuen Sportkurs einen Trainingsanzug.*
Erhan: *Ich wusste gar nicht, dass du einen Sportkurs besuchst. Wann hast du damit angefangen?*
Paula: *Ich habe noch nicht damit angefangen. Aber in ein, zwei Tagen will ich mich anmelden. Außerdem werde ich mich in zwei Wochen in Antalya in einem Hotel mit meiner Familie treffen. Deshalb möchte ich einen Bikini oder einen Badeanzug und Sandaletten kaufen.*
Erhan: *Okay, schau, da ist ein gutes Sportgeschäft. Lass uns dort anfangen, wenn du willst.*

Übung 4 - Track 25

Paula: Bakar mısınız? Bu eşofmanın fiyatını bana söyleyebilir misiniz?
Satıcı: Onun fiyatı 225,- TL. Denemek ister misiniz?
Paula: Çok pahalıymış. Daha ucuzu yok mu, acaba?
Satıcı: Bu nasıl? Kumaşı pamuk ve sentetik karışımıdır. Fiyatı da 145,- lira.
Paula: Bunu nerede deneyebilirim?
Satıcı: Deneme odaları sağ tarafta.
Paula: Bu biraz dar geldi. Bunun bir beden büyüğü var mı?
Satıcı: Var ama, aynı renkte yok. 40 beden olarak sadece açık mavisi var. Bu renk bence size çok yakıştı.
Paula: Tamam, ben bunu alayım.
Satıcı: Buyurun, iyi günlerde giyin.

Paula: *Entschuldigung, könnten Sie mir bitte sagen, was dieser Trainingsanzug kostet?*
Verkäufer: *Er kostet 225,- Lira. Möchten Sie ihn anprobieren?*
Paula: *Das ist sehr teuer. Gibt es nicht vielleicht einen preiswerteren?*
Verkäufer: *Wie wär's damit? Der Stoff ist ein Mischgewebe aus Baumwolle und Synthetik. Er kostet 145,- Lira.*
Paula: *Wo kann ich ihn anprobieren?*
Verkäufer: *Die Umkleidekabinen sind auf der rechten Seite.*
Paula: *Er ist ein bisschen zu eng. Gibt es ihn auch eine Nummer größer?*
Verkäufer: *Gibt es schon, aber nicht in derselben Farbe. In der Größe 40 gibt es nur hellblaue. Diese Farbe steht Ihnen meiner Meinung nach sehr gut.*
Paula: *Okay, ich nehme ihn.*
Verkäufer: *Bitte schön. Viel Freude beim Tragen! (Wörtl.: Tragen Sie ihn an guten Tagen!)*

Übung 5 - Track 26

1. Ben iş yerinde takım elbise giydiğimi söyledim.
2. Sen saat takmayı sevmediğini söyledin.
3. Paula yeni bir eşofman almak istediğini söyledi.
4. Biz üstümüzü değiştirmek istediğimizi söyledik.
5. Siz alışverişe gitmek istediğinizi söylemediniz mi?
6. Onlar Antalya'da buluştuklarını söylediler mi?

1. *Ich sagte, dass ich am Arbeitsplatz einen Anzug trage.*
2. *Du sagtest, du würdest nicht gerne Armbanduhren tragen.*
3. *Paula sagte, sie wolle einen neuen Trainingsanzug kaufen.*
4. *Wir sagten, dass wir uns umziehen wollten.*
5. *Sagtet ihr nicht, dass ihr einkaufen gehen wolltet?*
6. *Sagten sie, dass sie sich in Antalya getroffen hätten?*

Übung 6 - Track 27

Gazeteci: Türkiye'de Bir Alman Kadının Kariyeri
Gazeteci: Bayan Güneş, yaklaşık 25 yıldan beri Türkiye'de yaşadığını anlatıyor ve buraya bir Alman tekstil firmasının temsilcisi olarak geldiğini ve burada eşiyle tanıştığını belirtiyor:
Bayan Güneş: Türkiye'ye ilk defa geldiğim zaman Türkçe bilmiyordum. Eşim de Almanca bilmediği için anlaşmamız başlangıçta biraz zor oldu.
Gazeteci: Eşine âşık olup burada kalmaya karar veren Güneş, Türk tekstil sektörünün Türkiye ekonomisi için çok önemli olduğunu vurguluyor. Çalışma Bakanlığı'nın verilerine göre 2 mily-

3 HÖRTEXTE

on kişinin bu sektörde çalıştığını bildiren Güneş, eşiyle beraber kurdukları tekstil firmasında şu anda 82 kişinin iş bulduğunu ifade ediyor. Firmalarında ürettikleri tekstil ürünlerinin en az İtalya'daki kadar kaliteli olduğuna dikkat çeken Güneş, bu yıl Avrupa'ya ihraç etmeyi düşündüklerini söylüyor.

Journalist: *Die Karriere einer deutschen Frau in der Türkei*
Journalist: *Frau Güneş berichtet, dass sie seit ungefähr 25 Jahren in der Türkei lebt, und weist darauf hin, dass sie als Vertreterin eines deutschen Textilunternehmens hierhergekommen war und hier ihren Mann kennengelernt hat:*
Fr. Güneş: *Als ich zum ersten Mal in die Türkei kam, konnte ich kein Türkisch. Da auch mein Mann kein Deutsch konnte, fiel es uns anfangs etwas schwer, uns gegenseitig zu verstehen.*
Journalist: *Güneş, die sich dazu entschlossen hatte, hier zu bleiben, als sie ihren Mann kennenlernte, betont, dass die türkische Textilbranche sehr wichtig für die Wirtschaft der Türkei sei. Güneş, die darlegt, dass gemäß den Angaben des Arbeitsministeriums zwei Millionen Personen in diesem Sektor arbeiten, sagt, dass in dem Textilunternehmen, das sie zusammen mit ihrem Mann gegründet hat, zurzeit 82 Personen Arbeit gefunden haben. Güneş, die darauf aufmerksam macht, dass die Textilprodukte, die sie in ihrer Firma herstellen, mindestens so hochwertig sind wie die in Italien, sagt, dass sie vorhaben, dieses Jahr nach Europa zu exportieren.*

Übung 8 – Track 28

Gazeteci: Bayan Güneş, bize firmanız ve bu yılki planlarınız hakkında biraz bilgi verir misiniz?
Bayan Güneş: Tabii ki. Ben firmayı 15 yıl önce İstanbul'da kurdum. O günden beri çeşitli zorluklarla karşılaştım. Tekstil sektörü, Türkiye'de büyük bir sektör olduğu hâlde marka ve modacılık alanında Avrupa'nın çok gerisinde. Tüm güçlüklere rağmen gelecek yıl Almanya'ya tekstil ihracatı yapacağız. Firmamız büyüdüğü için bu yıl iki terzi daha almak istiyorum. Fakat şunu da vurgulamak isterim: Benim için bütün çalışanlar çok değerli. Bu yıl firmamız ilk defa Paris'teki moda fuarına katılacak. Bundan büyük gurur duyuyoruz. Elbette bu fuar için yepyeni bir koleksiyon tasarladım.

Journalist: *Frau Güneş, könnten Sie uns ein paar Informationen zu Ihrer Firma und Ihren Plänen für dieses Jahr geben?*
Frau Güneş: *Selbstverständlich. Ich habe die Firma vor 15 Jahren in Istanbul gegründet. Seit jenem Tag bin ich mit verschiedenen Schwierigkeiten konfrontiert worden. Obwohl die Textilbranche in der Türkei ein großer Wirtschaftssektor ist, bleibt sie doch im Bereich der Markenware und der gehobenen Mode weit hinter Europa zurück. Doch allen Schwierigkeiten zum Trotz werden wir im kommenden Jahr Textilien nach Deutschland exportieren. Da sich unsere Firma vergrößert hat, möchte ich in diesem Jahr noch zwei weitere Schneider einstellen. Aber ich möchte auch Folgendes betonen: Für mich sind alle Mitarbeiter sehr wertvoll. Dieses Jahr wird unsere Firma erstmals an der Modemesse in Paris teilnehmen. Darauf sind wir sehr stolz. Natürlich habe ich für diese Messe eine nagelneue Kollektion entworfen.*

Übung 9 – Track 29

Hakan: Saatini yeni mi aldın?
Ufuk: Yeni sayılmaz. Yaklaşık iki ay önce aldım.
Hakan: Güle güle kullan. Ben de böyle bir saat almak istiyordum.
Ufuk: Bizim oradaki saatçide bu modeller var. Zamanın varsa işten sonra gidip beraber bakabiliriz.
Hakan: İyi olur, çünkü ben saatten hiç anlamam.

Hakan: *Hast du die Uhr (wörtl.: deine Uhr) neu gekauft?*
Ufuk: *Neu kann man nicht sagen. Ich habe sie vor etwa zwei Monaten gekauft.*
Hakan: *Viel Spaß damit! Ich würde mir auch gerne so eine Uhr kaufen.*
Ufuk: *Bei unserem hiesigen Uhrenhändler gibt es diese Modelle. Wenn du Zeit hast, können wir nach der Arbeit zusammen hingehen und uns umschauen.*
Hakan: *Das wäre gut, denn ich verstehe von Uhren rein gar nichts.*

Fatma: Ayşe, hayatım, bugün çok şıksın.
Ayşe: Teşekkür ederim. Sen de öylesin.
Fatma: Bluzunu yeni mi aldın? Rengi çok hoş. Sana da çok yakışmış.
Ayşe: Sağ ol, canım! Ben yeşil rengin bana uyacağını hiç düşünmüyordum. Ama butikteki hanım, bana yakıştığını söyledi. Ben de, bir deneyeyim, dedim.
Fatma: Bence çok iyi etmişsin. Güle güle giy.

Fatma: *Ayşe, meine Liebe, du bist heute sehr schick.*
Ayşe: *Danke schön. Du aber auch.*
Fatma: *Hast du die Bluse neu gekauft? Die Farbe ist sehr schön. Sie passt auch sehr gut zu dir.*
Ayşe: *Danke, meine Liebe! Ich hätte nicht gedacht, dass Grün zu mir passen würde. Aber die Dame in der Boutique sagte, dass es mir steht. Da sagte ich mir: „Dann probier' ich's mal."*
Fatma: *Ich finde, das hast du sehr gut gemacht. Viel Spaß beim Tragen!*

Fulda: Kolyen ne kadar değişik?
Ayşe: Beğendin mi?
Fulda: Hem de nasıl? Nereden aldın?
Ayşe: Ben almadım, Ufuk'un hediyesi.
Fulda: Ufuk sana kolye mi aldı?
Ayşe: Evet, nişan hediyesi olarak aldı.
Fulda: Ciddi misin? Peki, bana neden evlenenceğinizi anlatmadın?
Ayşe: Kusura bakma, her şey çok çabuk oldu. Ama düğüne seni de bekliyoruz.

Fulda: *Deine Halskette ist so was von ausgefallen!*
Ayşe: *Gefällt sie dir?*
Fulda: *Und wie! Wo hast du sie gekauft?*
Ayşe: *Ich habe sie nicht gekauft. Sie ist ein Geschenk von Ufuk.*
Fulda: *Ufuk hat dir eine Halskette geschenkt?*
Ayşe: *Ja, er hat es als Verlobungsgeschenk gekauft.*
Fulda: *Im Ernst? Ja, warum hast du mir nicht erzählt, dass ihr heiraten werdet?*

Ayşe: *Entschuldige bitte, es ging alles so schnell. Aber zur Hochzeit erwarten wir dich auch.*

Hülya: Oo, iyi günlerde kullan, yeni galiba.
Derya: Bu mu? Evet, eşim Amerika'dan getirdi.
Hülya: O zaman orijinaldir.
Derya: Tabii ki. Ben hiç sahte çanta kullanır mıyım?

Hülya: *Ui, ui, ui; viel Spaß damit! Die ist doch sicher neu.*
Derya: *Die? Ja, mein Mann hat sie mir aus Amerika mitgebracht.*
Hülya: *Dann ist es sicher Originalware.*
Derya: *Natürlich. Trage ich denn jemals gefälschte Taschen?*

Übung 12 - Track 30

Bir Bayan:
Ben modayı çok yakından takip ederim. Televizyonda programlar yaptığım için ve insanlar beni her gün ekranda gördükleri için kıyafetime dikkat etmek zorundayım. Eski, modası geçmiş kıyafetlerle ekrana çıkmak istemem. İnsanların benim hakkımda bu yüzden olumsuz düşünmelerini de istemiyorum. Gazetelerin magazin sayfasında "Bu kadın ne kadar da rüküş!" diye bir haber okumaktan da çok korkuyorum.
Modayı artık takip edebilmek eskisi kadar çok zor değil. İnternet bu bakımdan büyük bir kaynak. Ayrıca ünlü kişilerin nasıl giyindiğini de takip ediyorum. Moda dergilerinde neyin moda olduğu neyin olmadığı da yazıyor. Tabii televizyonda beraber çalıştığım moda uzmanları da var. Onlar da gerekli tavsiyeleri veriyorlar. Bana neyin yakıştığını neyin yakışmadığını söylüyorlar. Çok şükür, şimdiye kadar gazetelerde hakkımda bu konuda kötü bir haber çıkmadı.
Son bir şey daha söylemek istiyorum: Aslında modayı takip etmek gerekmiyor. Bence herkes beğendiği kıyafetleri giymeli, giyebilmeli.

Eine Dame:
Ich verfolge die Mode sehr genau. Da ich im Fernsehen in Sendungen auftrete und die Menschen mich jeden Tag auf dem Bildschirm sehen, muss ich auf meine Kleidung achten. Ich möchte nicht in alten, aus der Mode gekommenen Kleidern auf dem Bildschirm erscheinen. Ich möchte auch nicht, dass die Leute deshalb negativ über mich denken. Ich habe große Angst davor, dass ich im Unterhaltungsteil der Zeitungen eine Nachricht lesen könnte, in der es heißt: „Diese Frau ist ja so schlecht gekleidet!"
Die Mode zu verfolgen ist jetzt nicht mehr so schwierig wie früher. Das Internet ist in dieser Hinsicht eine ausgiebige Quelle. Zudem beobachte ich auch, wie sich die Prominenten kleiden. Und in den Modezeitschriften steht auch, was gerade in Mode ist und was nicht.
Natürlich sind da auch noch die Modeexperten, mit denen ich beim Fernsehen zusammenarbeite. Die geben mir auch unentbehrliche Ratschläge. Sie sagen mir, was zu mir passt und was nicht. Gott sei Dank kamen in den Zeitungen in dieser Hinsicht bis jetzt noch keine schlechten Nachrichten über mich heraus.
Ein letztes Wort möchte ich noch dazu sagen: Eigentlich ist es nicht nötig, die Mode zu verfolgen. Von mir aus soll jeder die Kleider tragen und tragen können, die ihm gefallen.

Übung 13 - Track 31

siehe Lektion 4 Übung 13

Iss, mein Pelz, iss!
Eines Tages geht Nasrettin Hodscha auf eine Hochzeit. Als er am Hochzeitshaus ankommt, empfängt ihn an der Tür nur ein Diener des Hauses. Der Diener bedeutet ihm, an einem Tisch, der in einer Ecke des Gartens steht, Platz zu nehmen, und geht wieder weg. Danach kümmert sich niemand mehr um Nasrettin Hodscha.
In der Mitte des Gartens aber sitzen an einem großen Tisch elegant gekleidete, reiche Leute. An diesem Tisch warten pausenlos Diener auf.
Der Hodscha regt sich über diese Zustände sehr auf. Er erhebt sich und geht nach Hause. Dort zieht er sich einen Pelz an und kommt wieder zur Hochzeit. Dieses Mal empfängt der Hausherr den Hodscha an Tür. Er bittet ihn, am großen Tisch Platz zu nehmen, und die Diener tragen sofort Essen und Trinken auf. Nasrettin Hodscha aber isst das Essen, das ihm die Diener bringen, nicht. Er steckt nur den Saum seines Pelzes ins Essen und sagt: „Iss, mein Pelz, iss! Diese Speisen sind nicht für mich, sie sind für dich!"
Der Hochzeitsherr wundert sich und fragt den Hodscha, was er da tue. Der Hodscha aber sagt: „Als ich ohne Pelz kam, brachte mir niemand Respekt entgegen und niemand bat mich an die Tafel. Also hat nur mein Pelz den Respekt erhalten. Dann soll er auch die Speisen essen."

LEKTION 5

Übung 1 - Track 32

Erhan: Paula, hafta sonunda ne yapmak istiyorsun?
Paula: Pazar günü biraz ders çalışmam lazım, ama cumartesi boşum. Sen ne yapmayı düşünüyorsun?
Erhan: Ben, Nermin ve Hakan şehirde biraz gezmeyi düşünüyoruz. Arzu edersen sen de gelebilirsin.
Paula: Bilmem ki! Nerelere gideceksiniz?
Erhan: Vapurla karşı geçeriz. Bakarsın sinemaya gideriz veya bir yerde oturup bir şeyler yeriz. Ne zamandan beri Sultan Ahmet meydanına gitmemiştik, belki oraya gideriz. Nermin daha önce hiç Topkapı Sarayı'nı gezmemiş. O yüzden orayı gezmemizi önerdi. Sen daha yeni olduğun için belki bilmiyorsun. İstanbul'da gezecek çok yer var.
Paula: Yani bütün gün dışarıdasınız? Ben bir düşüneyim, sonra sana haber veririm.
Erhan: Aman Paula, bunda düşünecek ne var? Hem yurtta canın sıkılmaz hem de sana biraz İstanbul'u tanıtırız! Senin de görmek istediğin bir yer varsa veya yapmak istediğin bir şey varsa söyle lütfen.
Paula: Almanya'daki öğretmenim "Sultan Ahmet'e gittiğiniz zaman orada mutlaka köfte yiyin!" demişti.
Erhan: Doğru, Sultan Ahmet'in köftesi meşhurdur. Merak etme! Acıktığımız zaman orada yemek yeriz. Tamam mı?
Paula: Tamam, anlaştık. Ama Kapalıçarşı'yı da mutlaka görmek istiyorum.
Erhan: Harika! Nermin'le Hakan bunu duyunca çok sevinecekler.

Erhan: *Paula, was hast du am Wochenende vor?*
Paula: *Am Sonntag muss ich ein wenig lernen, aber am Samstag bin ich frei. Und was hast du vor?*

Erhan: *Nermin, Hakan und ich haben vor, ein wenig in der Stadt spazieren zu gehen. Wenn du Lust hast, kannst du auch mitkommen.*
Paula: *Ich weiß nicht. Wo wollt ihr denn hin?*
Erhan: *Wir fahren mit der Fähre auf die andere Seite hinüber. Mal sehen, vielleicht gehen wir ins Kino oder wir setzen uns irgendwo hin und essen etwas. Wir sind ja schon ewig nicht mehr zum Sultan-Ahmet-Platz gegangen! Vielleicht gehen wir ja da hin. Nermin hat noch nie den Topkapı-Palast besichtigt. Deshalb hat sie vorgeschlagen, dass wir diesen Ort besichtigen. Da du noch neu hier bist, weißt du es vielleicht nicht: In Istanbul gibt es viele Orte, die man besichtigen kann.*
Paula: *Das heißt, ihr seid den ganzen Tag draußen? Ich überleg's mir mal und sage euch dann Bescheid.*
Erhan: *Mensch Paula, was gibt's denn da zu überlegen? Du wirst dich nicht im Wohnheim herumlangweilen, und wir bringen dir Istanbul ein wenig nahe. Wenn es einen Ort gibt, den du vielleicht sehen möchtest, oder wenn es etwas gibt, was du gerne unternehmen würdest, dann sag es bitte.*
Paula: *Mein Lehrer in Deutschland hatte gesagt: „Wenn ihr zum Sultan-Ahmet-Platz geht, dann müsst ihr dort unbedingt Frikadellen essen."*
Erhan: *Richtig, die Frikadellen von Sultan Ahmet sind berühmt. Keine Sorge! Wenn wir Hunger kriegen, werden wir dort etwas essen. In Ordnung?*
Paula: *Okay, einverstanden. Aber ich möchte auch unbedingt den Großen Basar sehen.*
Erhan: *Prima! Wenn Nermin und Hakan das hören, werden sie sich sehr freuen.*

Übung 3 - Track 33

Paula: Biliyor musunuz? Siz İstanbullular gerçekten çok şanslısınız.
Hakan: Neden, Paula?
Paula: Manzaraya bakar mısın? Böyle bir manzara nerede var? Deniz havası da ne güzel. Gel, keyfim, gel!.. Şu karşıdaki kale mi?
Erhan: Hayır ,orası eskiden padişahların oturduğu Topkapı Sarayı. Bugün gideceğimiz yerler arasında orası da var.
Nermin: Ben şimdiden çok heyecanlıyım. Umarım her yerini gezebiliriz.
Erhan: Bilmiyorum, ama bazı bölümleri restore ettiklerini duydum.
Nermin: Zaten her yerini doya doya gezmek istersek 4-5 saat sürer.
Hakan: Haklısın. Eğer her yerini gezemezsek bir daha geliriz.
Paula: Müzeye giriş fiyatları çok pahalı mı?
Hakan: Tek bir bilet alırsan pahalı. Ama sana da ‚Müzekart' alırız. Bir yıl boyunca müzelere ve ören yerlerine ücretsiz girebilirsin.

Paula: *Wisst ihr was? Ihr Istanbuler habt wirklich großes Glück.*
Hakan: *Warum das, Paula?*
Paula: *Siehst du diese Aussicht? Wo gibt es sonst solch eine Aussicht? Und das Meeresklima ist auch so toll! Da lässt man sich's gut gehen! – Ist das da drüben eine Burg?*
Erhan: *Nein, das ist der Topkapı-Palast, wo früher die osmanischen Sultane wohnten. Das ist auch einer der Orte, die wir heute besuchen werden.*
Nermin: *Ich bin jetzt schon sehr aufgeregt. Ich hoffe, wir können alle Räume [des Palastes] besichtigen.*
Erhan: *Ich weiß nicht, aber ich habe gehört, dass sie gerade einige Bereiche restaurieren.*
Nermin: *Wenn wir alle Räume ausgiebig besichtigen wollten, würde es sowieso vier, fünf Stunden dauern.*
Hakan: *Da hast du recht. Wenn wir nicht alles besichtigen können, kommen wir [später] noch einmal.*
Paula: *Sind die Eintrittspreise für das Museum sehr teuer?*
Hakan: *Wenn du eine Einzelkarte kaufst, ist es teuer. Wir kaufen dir aber eine ‚Museumskarte'. Damit kannst du dann ein ganzes Jahr lang umsonst Museen und Ruinenstätten besuchen.*

Übung 4 - Track 34

Paula: Arkadaşlar, şuradaki kafeye oturmaya ne dersiniz? Ben yürümekten yoruldum!
Hakan: Ben de bir şeyler içmeyi düşünüyorum. Yanıma su almayı unutmuşum.
Nermin: Ben şahsen baklava yemeyi tercih ederim.
Erhan: Hani sen kilo vermeye çalışıyordun! Yine çok yemeye başladın!
Nermin: Haklısın! Aslında daha çok spor yapmam lazım.
Hakan: Benim de son günlerde yürüyüş yapmaya zamanım olmadı.
Paula: Ben köfte yemekten vazgeçtim. Balık ekmek alacağım.
Erhan: Arkadaşlar, bence şimdi kafeye oturmanın zamanı değil. Yürümeye devam edelim!

Paula: *Freunde, was haltet ihr davon, in das Café da einzukehren? Ich bin vom vielen Laufen ganz erschöpft!*
Hakan: *Ich denke auch daran, etwas zu trinken. Ich habe vergessen, Wasser mitzunehmen.*
Nermin: *Ich für meinen Teil esse lieber Baklava. (Wörtl.: Ich persönlich ziehe es vor, Baklava zu essen.)*
Erhan: *Du wolltest doch versuchen, abzunehmen! Und jetzt hast du schon wieder damit angefangen, zu viel zu essen!*
Nermin: *Du hast recht! Eigentlich sollte ich mehr Sport machen.*
Hakan: *Ich hatte auch die letzten Tage keine Zeit mehr zum Spazierengehen.*
Paula: *Ich hab's mir anders überlegt, Ich esse keine Frikadellen. Ich werde ein Fischbrötchen nehmen.*
Erhan: *Freunde, ich finde, es ist jetzt nicht die Zeit, sich ins Café zu hocken. Lasst uns weitergehen!*

Übung 5 - Track 35

s. Lektion 5 Topkapı Sarayı

Der Topkapı-Palast
Der Palast, mit dessen Bau nach der im Jahr 1453 erfolgten Eroberung Istanbuls durch Sultan Mehmet den Eroberer in den 1460er-Jahren begonnen wurde, und der im Jahr 1478 vollendet wurde, wurde auf der historischen Halbinsel von Istanbul zwischen dem Marmarameer, dem Bosporus und dem Goldenen Horn errichtet. Nach Sultan Mehmet dem Eroberer wurde der Palast ungefähr 400 Jahre lang bis zu

3 HÖRTEXTE

Sultan Abdülmecit, dem 31. osmanischen Herrscher, als Verwaltungs-, Bildungs- und Kunstzentrum des Imperiums genutzt. Der Palast, der in der Mitte des 19. Jahrhunderts mit dem Umzug des Herrscherhauses in den Dolmabahçe-Palast verlassen wurde, hat seine Bedeutung zu jeder Zeit bewahrt. Nach der Gründung der Republik Türkei wurde er am 3. April 1924 zu einem Museum. Das Topkapı-Palastmuseum, welches das erste Museum der Republik ist, erstreckt sich heute über ein Areal von ungefähr 400.000 Quadratmetern. Der Topkapı-Palast ist mit seinen architektonischen Werken, seinen Sammlungen und seinen etwa 300.000 archivierten Urkunden eines der größten Palastmuseen der Welt.

Übung 8 - Track 36

1. Siz ne yapmaya çalışırsınız? **2.** Siz ne yapmaktan memnunsunuz? **3.** Siz ne yapmayı başardınız? **4.** Siz ne yapmaktan hoşlanırsınız? **5.** Siz ne yapmayı unuttunuz? **6.** Sizce ne yapmakta fayda var? **7.** Siz ne yapmaktan vazgeçtiniz? **8.** Siz ne yapmaya alıştınız? **9.** Siz ne yapmayı seversiniz? **10.** Siz ne yapmaktan utanırsınız? 11. Şimdi ne yapmanın zamanı değil. **12.** Siz ne yapmaya karar verdiniz? **13.** Siz ne yapmakta ısrar ediyorsunuz?

***1.** Was zu tun bemüht ihr euch? **2.** Bei welchem Tun seid ihr zufrieden? **3.** Was zu tun habt ihr geschafft? **4.** Was zu tun gefällt euch? **5.** Was habt ihr vergessen zu tun? **6.** Was zu tun ist eurer Meinung nach von Nutzen? **7.** Was habt ihr aufgegeben zu tun? **8.** An welches Tun habt ihr euch gewöhnt? **9.** Was tut ihr gerne? (Wörtl.: Was zu tun liebt ihr?) **10.** Wegen welchem Tun schämt ihr euch? **11.** Was zu tun ist jetzt keine Zeit? **12.** Was zu tun habt ihr euch entschlossen? **13.** Auf welchem Tun besteht ihr?*

LEKTION 6

Übung 1 - Track 37

Emel: Dede, sen eskiden nerede çalıştın?
Dede: Emel kızım, eskiden ben Türkiye'de makinisttim. Trenlerde makinist olarak çalışırdım. Ama Türkiye'deki ekonomik kriz yüzünden işten çıkarıldım ve çalışmak için Almanya'ya gittim. Orada bir fabrikada iş buldum. Almanca bilmediğim için vasıfsız işçi olarak çalışmak zorunda kaldım. Bu yüzden işim çok yorucuydu.
Emel: Almanya'da nerede kaldınız?
Dede: Oturduğumuz ev Münih kentine yakın bir kasabadaydı. Para biriktirip memleketime dönmeyi düşündüm, ama olmadı. Fazla mesai yaptığım hâlde çok para kazanamıyordum. Türkiye'ye dönemediğim için iki yıl sonra anneanneni ve babanı da Almanya'ya aldım.
Emel: Babam Almanya'da ne iş yaptı?
Dede: Baban da senin gibi çok zeki ve çalışkan olduğu için okulda çok iyi bir öğrenciydi. Liseden mezun olduktan sonra bir firmada meslek eğitimine başladı. Bir yandan okudu bir yandan da çalışmaya başladı. Meslek eğitimini bitirdikten sonra aynı firmada iki üç yıl çalışıp daha iyi bir firmaya başvurdu ve hemen işe alındı. Çalıştığı yeni firmada sekiz yıl sonra personel şefi oldu. Söyle bakalım, büyüdüğün zaman sen ne olmak istiyorsun?
Emel: Dede, ben de senin gibi makinist olacağım...

***Emel:** Großvater, wo hast du früher gearbeitet?*
***Großv.:** Emel, mein Mädchen, früher war ich Maschinist in der Türkei. Ich arbeitete als Maschinist auf Lokomotiven. Wegen der Wirtschaftskrise in der Türkei wurde ich jedoch entlassen und ging zum Arbeiten nach Deutschland. Dort fand ich Arbeit in einer Fabrik. Da ich kein Deutsch konnte, war ich gezwungen, als unqualifizierter Arbeiter zu arbeiten. Deshalb war meine Arbeit sehr anstrengend.*
***Emel:** Wo habt ihr in Deutschland gewohnt?*
***Großv.:** Das Haus, in dem wir wohnten, war in einer Kleinstadt in der Nähe von München. Ich hatte vor, Geld zu sparen und in meine Heimat zurückzukehren, aber daraus wurde nichts (wörtl.: aber das geschah nicht). Obwohl ich Überstunden machte, konnte ich nicht so viel Geld verdienen. Da ich nicht in die Türkei zurückkehren konnte, holte ich nach zwei Jahren deine Großmutter und deinen Vater nach Deutschland.*
***Emel:** Welche Arbeit hat mein Vater in Deutschland gemacht?*
***Großv.:** Weil auch dein Vater genauso wie du sehr klug und fleißig war, war er in der Schule ein guter Schüler. Nachdem er das Gymnasium abgeschlossen hatte, begann er in einer Firma mit einer Berufsausbildung. Auf der einen Seite lernte er, auf der anderen Seite begann er zu arbeiten. Nach Abschluss seiner Berufsausbildung, arbeitete er zuerst für zwei, drei Jahre in derselben Firma und bewarb sich dann bei einem besseren Unternehmen und wurde sofort eingestellt. In der neuen Firma, wo er arbeitete, wurde er nach acht Jahren Personalchef. Sag mal, was willst du einmal werden, wenn du groß bist?*
***Emel:** Großvater, ich werde wie du Maschinist werden ...*

Übung 3 - Track 38

Ben 2014 yılında liseden mezun oldum. Mezun olduktan sonra uzun süre iş aradım, fakat bulamadım. Ayrıca ne yapmak istediğimi de tam olarak bilmiyordum. Bir yandan iş ararken bir yandan da İŞKUR'un açtığı mesleki eğitim kurslarına katıldım ve kuaförlük sertifikası aldım. Sertifikamı aldıktan sonra iş bulmam zor olmadı. Ama çalıştığım yer, evime maalesef çok uzak. O yüzden işe giderken ve işten eve dönerken otobüste kitap okumayı tercih ediyorum. İşimden yine de memnunum. Sabahları saat 10'da dükkanı açıyorum. Müşteriler gelmeden önce biraz temizlik yapıyorum. Sonra gelen müşterileri karşılıyorum. Kolay saç kesimlerini ben yapıyorum. Yani çalışırken zamanın nasıl geçtiğini hiç anlamıyorum. Ayrıca ustam hoşgörülü bir işveren. Hata yaptığım zaman bunu hoşgörüyle karşılıyor ve bana işin püf noktalarını gösteriyor. Çalışma saatlerimi de genellikle benim istediğim gibi düzenliyor. Amacım onun gibi iyi bir usta olup ileride kendi dükkanımı açmak. Akşamları eve dönmeden önce bazen pazardan alışveriş yapıyorum. Eve geldikten sonra biraz dinlenip yemek pişiriyorum.
Evde ailemle birlikte yemek yerken nasıl da yorgun olduğumu anlıyorum. Tabii bütün gün ayakta çalışmak hiç de kolay olmuyor. Akşamları kitap okurken veya televizyon izlerken gözlerim kapanmaya başlıyor. Ben de kalkıp yatıyorum.

Ich schloss im Jahr 2014 das Gymnasium ab. Nach Abschluss des Gymnasiums suchte ich lange Zeit Arbeit, konnte aber keine finden. Außerdem wusste ich auch gar nicht genau, was ich tun wollte. Während ich auf der einen Seite Arbeit suchte, nahm ich auf der anderen Seite an Berufsbildungskursen teil, die das Arbeitsamt anbot, und erwarb ein Zertifikat für das Friseurhandwerk. Nach dem Erhalt des Zertifikats war es nicht schwer für mich, Arbeit zu finden. Meine Arbeitsstelle ist aber leider sehr weit von meiner Wohnung entfernt. Daher lese ich im Bus, wenn ich zur Arbeit fahre und von der Arbeit wieder nach Hause zurückkehre, am liebsten ein Buch. Ich bin aber trotzdem mit meiner Arbeit zufrieden. Ich mache um zehn Uhr morgens das Geschäft auf. Bevor die Kunden kommen, mache ich noch ein wenig den Laden sauber. Dann empfange ich die eintreffenden Kunden. Die einfachen Haarschnitte mache ich. Also wenn ich arbeite, kriege ich gar nicht mit, wie die Zeit vergeht. Außerdem ist mein Meister ein toleranter Arbeitgeber. Wenn ich einen Fehler mache, reagiert er darauf mit Nachsicht und zeigt mir die Tricks und Kniffe der Arbeit. Auch teilt er meine Arbeitszeit im Allgemeinen so ein, wie ich es wünsche. Mein Ziel ist es, ein so guter Meister zu werden wie er und später mein eigenes Geschäft zu eröffnen. Abends erledige ich manchmal, bevor ich heimfahre, Einkäufe auf dem Markt. Zuhause angekommen, ruhe ich mich ein wenig aus und koche dann das Essen.
Wenn ich zu Hause zusammen mit meiner Familie esse, merke ich, wie erschöpft ich bin. Natürlich ist es nicht leicht, den ganzen Tag über im Stehen zu arbeiten. Wenn ich am Abend dann ein Buch lese oder fernsehe, fallen mir langsam die Augen zu. Dann stehe ich auf und gehe schlafen.

Übung 4 - Track 39

1. İşe başlamadan önce hayatım çok monotondu.
2. Fakat iki sene önce bir firmada iş bulup çalışmaya başladım.
3. Her akşam işten sonra eve giderken yolda bir bayanla karşılaşıyordum.
4. Bir gün utanarak kendisine nerede çalıştığını sordum.
5. Bana gülerek aynı firmada çalıştığımızı söyledi.
6. Şimdi öğle paydoslarında parkta sohbet ede ede dolaşıyoruz.
7. Parkta yarım saat dolaştıktan sonra yine işimize dönüyoruz.

1. *Bevor ich angefangen habe zu arbeiten, war mein Leben sehr eintönig.*
2. *Aber vor zwei Jahren habe ich in einer Firma einen Job gefunden und zu arbeiten begonnen.*
3. *Ich begegnete jeden Abend, wenn ich nach der Arbeit nach Hause unterwegs war, einer Dame.*
4. *Eines Tages fragte ich sie verschämt, wo sie arbeite.*
5. *Sie sagte mir lachend, dass wir beide in derselben Firma arbeiteten.*
6. *Jetzt gehen wir in den Mittagspausen im Park spazieren und unterhalten uns dabei.*
7. *Nach halbstündigem Spaziergang im Park gehen wir wieder an unsere Arbeit zurück.*

Übung 6 - Track 40

1. Almanya'ya gelmeden önce Türkiye'de makinisttim.
2. Fabrikada çalışırken hiç Almanca bilmiyordum.
3. Oğlum doğduktan 5 ay sonra temelli dönüş yaptık.
4. Lise bittikten sonra ne yapacağımı bilmiyordum.
5. Bu firmaya alınmadan önce birçok yere başvurdum.
6. İşimden istifa edip başka bir işe girmek istiyorum.
7. Patronum işsizlik sigortamı ödemeyerek benim hakkımı yiyor.

1. *Vor meiner Ankunft in Deutschland war ich in der Türkei Maschinist.*
2. *Als ich in der Fabrik arbeitete, konnte ich überhaupt kein Deutsch.*
3. *Fünf Monate, nachdem mein Sohn auf die Welt kam, kehrten wir für immer zurück.*
4. *Nachdem ich das Gymnasium abgeschlossen hatte, wusste ich nicht, was ich tun sollte.*
5. *Bevor ich in dieser Firma eingestellt wurde, hatte ich mich auf mehrere Stellen beworben.*
6. *Ich möchte meinen Job kündigen und eine andere Arbeit antreten.*
7. *Mein Arbeitgeber beschneidet dadurch, dass er meine Arbeitslosenversicherung nicht bezahlt, meine Rechte.*

Übung 10 - Track 41

Emekli hanım: Siz emekli olmadan önce nerede çalışıyordunuz?
Emekli bey: Ben Almanya'da 40 sene bir araba fabrikasında çalıştım.
Emekli hanım: Emekli olduktan sonra ne yaptınız?
Emek bey: Emekli olur olmaz burada bir yazlık aldım.
Emekli hanım: Hâlâ Almanya'ya gidip geliyor musunuz?
Emekli bey: Tabii ki! Çocukları ve torunları görmek için kışın orada kalıyoruz.
Emekli hanım: Çocuklarınız buraya geliyor mu?
Emekli bey: Onlar da yazın gelip burada tatil yapıyorlar. Ama eskisi kadar sık gelmiyorlar.
Emekli hanım: Torunlarınız Türkçe biliyor mu ?
Emek bey: Evet, ama çok az. Bazen „Dede seni anlamıyoruz!" diyorlar.
Emekli hanım: Siz onlarla Türkçe konuşmuyor musunuz ?
Emekli bey: Artık sadece kış aylarında görüştüğümüz için onlarla o kadar sık Türkçe konuşmuyorum.
Emekli hanım: Peki, emekli maaşınızı nereden alıyorsunuz ?
Emekli bey: Onu Almanya'dan alıyorum. Ama orada ömrümüz çalışarak geçti.
Emekli hanım: Şimdi neler yapıyorsunuz?
Emekli bey: Burada yazın tadını çıkarıyorum. Ama Almanya'yı da özlemiyor değilim. Orası da bizim memleketimiz.

Rentnerin: *Wo hatten Sie gearbeitet, bevor Sie in Rente gingen?*
Rentner: *Ich arbeitete 40 Jahre lang in Deutschland in einer Autofabrik.*
Rentnerin: *Was haben Sie gemacht, nachdem Sie in Rente gingen?*
Rentner: *Gleich nachdem ich in Rente ging, habe ich hier ein Sommerhaus gekauft.*
Rentnerin: *Fahren Sie noch öfter nach Deutschland?*
Rentner: *Ja, natürlich! Wir bleiben dort den Winter über, um die Kinder und Enkelkinder zu sehen.*

Rentnerin: *Kommen Ihre Kinder hierher?*
Rentner: *Im Sommer kommen sie auch und machen hier Urlaub. Aber sie kommen nicht mehr so oft wie früher.*
Rentnerin: *Können Ihre Enkelkinder Türkisch?*
Rentner: *Ja, aber nur sehr wenig. Manchmal sagen sie: „Großvater, wir verstehen dich nicht."*
Rentnerin: *Sprechen Sie mit ihnen Türkisch?*
Rentner: *Da wir uns jetzt nur noch in den Wintermonaten sehen, spreche ich nicht mehr so oft Türkisch mit ihnen.*
Rentnerin: *Gut, von wo bekommen Sie Ihre Rente?*
Rentner: *Ich bekomme sie aus Deutschland. Aber dort ist unser Leben beim Arbeiten vorbeigegangen.*
Rentnerin: *Was tun Sie jetzt?*
Rentner: *Ich genieße hier den Sommer. Aber ich sehne mich durchaus auch nach Deutschland. (Wörtl. etwa: Es ist aber nicht so, dass ich mich nicht auch nach Deutschland sehne.) Das ist auch meine Heimat.*

LEKTION 7

Übung 1 - Track 42

Erhan: Paula, yarın Şeker Bayramı. Yarın sabah bize kahvatıya gelmek ister misiniz?
Paula: Bilmem ki! Ayıp olmaz mı?
Erhan: Neden ayıp olsun ki? Ben sabahleyin babamla camiye gideceğim. Namazdan sonra kahvaltı edeceğiz. Abimle ablamlar da gelecekler. Böyle bir günde zaten yurtta kimseyi bulamazsın. Çoğu memleketine gider.
Paula: Şeker Bayramı sadece aile arasında kutlanmıyor mu?
Erhan: Hayır, hayır! Bizde bayramlar herkesle kutlanır. Ailemizle, akrabalarımızla, komşularımızla... Hatta kırgın olduğumuz insanlarla da o gün barışmamız gerekir.
Paula: Senin o kadar dinci olduğunu bilmiyordum.
Erhan: Dinci değil, dindar. Dinî görüşleri her alana yaymak isteyen kişilere ‚dinci' diyoruz. Ben öyle değilim. Ayrıca çok dindar olup olmadığımı bilmiyorum. Oruç tutuyorum, ama günde beş vakit namaz kılmıyorum. Fakat bayram namazına ve cuma namazına gidiyorum.
Paula: Gelip gelmeyeceğimi kesin söylemeden önce biraz daha düşünebilir miyim?
Erhan: Tabii ki! Biliyorsun, Dinde zorlama yok. Ama gelirsen hem ailemi hem de beni çok mutlu edersin!

Erhan: *Paula, morgen ist Zuckerfest. Willst du morgen früh zu uns zum Frühstück kommen?*
Paula: *Ich weiß nicht. Wäre das nicht unverschämt?*
Erhan: *Warum soll das denn unverschämt sein? Ich werde am Morgen mit meinem Vater in die Moschee gehen. Nach dem Gebet werden wir frühstücken. Mein älterer Bruder und meine älteren Schwestern werden auch kommen. An einem solchen Tag wirst du im Wohnheim sowieso niemanden finden können. Die meisten gehen dann in ihre Heimatorte.*
Paula: *Wird das Zuckerfest nicht lediglich im Familienkreis gefeiert?*
Erhan: *Nein, nein! Bei uns werden die Feste mit allen gefeiert: mit unserer Familie, unseren Verwandten, unseren Nachbarn ... Wir müssen an diesem Tag sogar mit Menschen, auf die wir böse sind, Frieden schließen.*
Paula: *Ich wusste nicht, dass du so strenggläubig bist.*
Erhan: *Strenggläubig nicht, aber religiös. Personen, die die religiösen Sichtweisen auf alle Lebensbereiche ausdehnen wollen, nennen wir ‚strenggläubig'. So bin ich nicht. Außerdem weiß ich gar nicht, ob ich sehr religiös bin. Das Fasten praktiziere ich, aber ich bete nicht fünfmal am Tag. Ich gehe aber zum Feiertags- und zum Freitagsgebet.*
Paula: *Kann ich noch ein wenig drüber nachdenken, bevor ich definitiv sage, ob ich komme?*
Erhan: *Aber klar! Du weißt ja, in der Religion gibt es keinen Zwang. Aber wenn du kommst, wirst du sowohl meiner Familie als auch dir selbst eine Freude machen.*

Übung 3 - Track 43

1. Bayramdan önce ev temizlenir. Buna ‚bayram temizliği' denir. **2.** Bayramdan önce çocuklara yeni kıyafetler alınır. **3.** Camiye gidilir ve namaz kılınır. **4.** Namazdan sonra herkesle bayramlaşılır. **5.** Büyüklerin eli öpülür. **6.** Gidilen yere tatlı götürülür. **7.** Çocuklara şeker veya para verilir. **8.** Gelenlere kolonya ve şeker tutulur, tatlı ve kahve ikram edilir. **9.** Mezarlıklara gidilir. **10.** Fakirlere ve kimsesizlere yardım edilir.

__1.__ Vor dem Fest wird die Wohnung saubergemacht. Das nennt man ‚Feiertagsputz'. __2.__ Vor dem Fest werden für die Kinder neue Kleider gekauft. __3.__ Man geht in die Moschee und verrichtet das Gebet. __4.__ Nach dem Gebet wünscht man jedem ein gesegnetes Fest. __5.__ Älteren Leuten küsst man die Hand. __6.__ Da, wo man hingeht, bringt man Süßigkeiten mit. __7.__ Den Kindern gibt man Bonbons oder Geld. __8.__ Den eintreffenden Gästen (wört.: den Kommenden) werden Kölnischwasser und Bonbons gereicht sowie Süßspeisen und Kaffee angeboten. __9.__ Man geht auf die Friedhöfe. __10.__ Man unterstützt die Armen und Vereinsamten.

Übung 4 - Track 44

Paula: Erhan, bana edilgen konusunda yardım ettiğin için çok teşekkür ederim.
Erhan: Rica ederim. Yarın için bir karar verdin mi?
Paula: Bayramlar hakkında bu kadar şey öğrendikten sonra doğrusu gelip bir görmek isterim.
Erhan: Harika, bunu duyduğuma çok sevindim. Sana e-postayla adresimi ve bize nasıl gelebileceğini yazarım, tamam mı?
Paula: Saat kaçta sizde olayım?
Erhan: Bizim namazdan dönmemiz saat 7 - 7:30'u bulur. Kahvaltıya da herhâlde saat 9'dan önce başlamayız. Sen istersen bizim durağa gelmeden önce bana telefon aç, ben seni orada beklerim.
Paula: Annene ne getirebilirim?
Erhan: Bir şey getirmene gerek yok!
Paula: Fakat sen bana, bayramlarda tatlı götürülür, demedin mi?
Erhan: Haklısın, kızma! İstersen tatlı alabilirsin.
Paula: Çiçek getirsem olur mu?
Erhan: Bence bu çok iyi fikir. Annem çiçeklere bayılır.

Paula: *Vielen Dank, Erhan, dass du mir beim Passiv geholfen hast.*
Erhan: *Nichts zu danken. Hast du dich für morgen schon entschieden?*
Paula: *Nachdem ich so viel über die Feiertage erfahren habe, würde ich ehrlich gesagt gerne kommen und es einmal miterleben.*
Erhan: *Wunderbar, es freut mich sehr, das zu hören. Ich schicke dir per E-Mail meine Adresse und schreibe dir, wie du zu uns kommen kannst, in Ordnung?*
Paula: *Um wie viel Uhr soll ich bei euch sein?*
Erhan: *Wir werden um sieben, halb acht vom Gebet zurückkommen. (Wörtl.: Unser Zurückkommen vom Gebet wird sieben, halb acht Uhr erreichen.) Mit dem Frühstück werden wir sicher nicht vor neun Uhr beginnen. Ruf mich, wenn du möchtest, einfach an, bevor du an unsere Haltestelle kommst; ich warte dann dort auf dich.*
Paula: *Was kann ich deiner Mutter mitbringen?*
Erhan: *Du brauchst nichts mitzubringen.*
Paula: *Aber hast du mir denn nicht gesagt, dass man an Feiertagen Süßigkeiten mitbringt?*
Erhan: *Du hast du recht, sei mir nicht böse! Wenn du möchtest, kannst du Süßigkeiten mitnehmen.*
Paula: *Wäre es in Ordnung, wenn ich Blumen mitbringe?*
Erhan: *Das ist eine gute Idee, finde ich. Meine Mutter ist verrückt nach Blumen.*

Übung 7 - Track 45

Selma: Hadi buyurun, soframız hazır.
Paula: Selma Hanım, beni de davet ettiğiniz için çok teşekkür ederim.
Selma: Rica ederim, kızım! Geldiğine çok sevindik. Böyle bir günde tek başına ne yapacaktın? Paula, Almanya'da hangi bayramlar kutlanır?
Paula: Almanya'da en çok Noel ve Paskalya Bayramları kutlanır. Ayrıca birkaç tane de kutsal gün var.
Selma: Peki, bu bayramlarda ne yapılır?
Paula: Almanya'da dinî bayramlarda kiliseye gidilir, mezarlıklar ziyaret edilir, hediyeler alınır, beraber yemek yenir, şarkılar söylenir.
Selma: Âdetler birbirine benziyor, yani.
Paula: Evet, öyle denebilir.

Selma: *Kommt bitte, der Tisch ist gedeckt.*
Paula: *Frau Selma, vielen Dank, dass Sie mich auch eingeladen haben.*
Selma: *Ich bitte dich, meine Tochter! Wir freuen uns sehr, dass du gekommen bist. Was hättest du denn an einem solchen Tag ganz alleine tun sollen? Paula, welche Feste werden in Deutschland gefeiert?*
Paula: *Am meisten feiert man in Deutschland Weihnachten und Ostern. Es gibt aber noch ein paar weitere religiöse Feiertage.*
Selma: *Gut, was macht man an diesen Festen?*
Paula: *In Deutschland geht man an religiösen Feiertagen in die Kirche, man besucht den Friedhof, man bekommt Geschenke und es wird zusammen gegessen und gesungen.*
Selma: *Das heißt, die Bräuche ähneln sich.*
Paula: *Ja, das kann man so sagen.*

Übung 12 - Track 46

Sprecher: Doğum günün kutlu olsun.
Sprecherin: Teşekkür ederim.
Sprecher: Bayramınız mübarek/ kutlu olsun.
Sprecherin: Sizin de mübarek/ kutlu olsun.
Sprecher: Yeni yılda her şey gönlünüzce olsun.
Sprecherin: Teşekkürler. Sizin de yeni yılınız kutlu olsun.
Sprecher: Allah bir yastıkta kocatsın.
Sprecherin: Çok teşekkür ederiz.
Sprecher: Allah analı babalı büyütsün.
Sprecherin: Çok sağ olun.
Sprecher: Başınız sağ olsun.
Sprecherin: Dostlar sağ olsun.

Sprecher: *Herzlichen Glückwunsch zum Geburtstag!*
Sprecherin: *Danke schön.*
Sprecher: *Gesegnete Feiertage! / Frohes Fest! (Wörtl.: Euer Fest möge gesegnet/froh sein.)*
Sprecherin: *Gesegnete Feiertage! / Frohes Fest! (Wörtl.: Auch eures möge gesegnet/froh sein!)*
Sprecher: *Möge im neuen Jahr alles so sein, wie Sie es sich wünschen!*
Sprecherin: *Danke. Möge auch Ihnen das neue Jahr Glück bringen!*
Sprecher: *Möge Gott euch auf einem (gemeinsamen) Kissen alt werden lassen!*
Sprecherin: *Vielen Dank!*
Sprecher: *Möge Gott ihn/sie bei Vater und Mutter groß werden lassen!*
Sprecherin: *Hab vielen Dank!*
Sprecher: *Mein herzliches Beileid!*
Sprecherin: *Danke, liebe Freunde!*

LEKTION 8

Übung 1 - Track 47

Birinci Diyalog
Adam: Hanımefendi, sıraya girer misiniz, lütfen! Biz de sıra bekliyoruz.
Kadın: Ben sadece bir şey soracağım. Ne kızıyorsunuz?
Adam: Bizim burada ne yaptığımızı sanıyorsunuz? Sıraya girin, dedim!
Kadın: Beyefendi, ne bağırıyorsunuz? Ne kadar kabasınız!

Erster Dialog
Mann: *Meine Dame, würden Sie sich bitte hinten anstellen? Wir warten ja auch in der Schlange.*
Frau: *Ich will nur etwas fragen. Was regen Sie sich da auf?*
Mann: *Was meinen Sie, was wir hier tun? Stellen Sie sich hinten an, hab' ich gesagt!*
Frau: *Mein Herr, was schreien sie so? Wie unhöflich Sie sind!*

İkinci Diyalog
Adam: N'oldu? Neden ağlıyorsun?
Küçük çocuk: Annemi kaybettim.
Adam: Tamam, üzülme! Anneni hemen buluruz.
Anne: Oğlum, sen neredeydin?
Adam: Hanımefendi, bu sizin oğlunuz mu?
Anne: Evet, benim oğlum. Çok teşekkür ederim.
Adam: Rica ederim. Ama bir dahaki sefer biraz daha dikkatli olun, lütfen!

Zweiter Dialog
Mann: *Was ist los? Warum weinst du?*
Kleines Kind: *Ich habe meine Mutter verloren.*
Mann: *Gut, sei nicht traurig! Wir werden deine Mutter gleich finden.*
Mutter: *Mein Junge, wo warst du denn?*
Mann: *Meine Dame, ist das Ihr Junge?*
Mutter: *Ja, das ist mein Junge. Vielen Dank.*
Mann: *Nichts zu danken! Aber passen Sie das nächste Mal etwas besser auf!*

Üçüncü Diyalog
Genç kız: Geldiler, geldiler!
Adam: Merhaba, Ayşegül!
Genç kız: Hoş geldin, dayı! Geldiğine çok sevindim.
Adam: Hoş bulduk, güzelim! Ben de seni gördüğüme çok sevindim.

Dritter Dialog
Junges Mädchen: *Sie sind da! Sie sind da!*
Mann: *Hallo, Ayşegül!*
Junges Mädchen: *Willkommen, Onkel! Ich freue mich so sehr, dass du gekommen bist.*
Mann: *Schön, bei euch zu sein, meine Schöne! Ich freue mich auch sehr, dass ich dich wiedersehe.*

Dördüncü Diyalog
Kadın: Hayatım, bu bayramda teyzemlere de gitmemiz lazım.
Adam: Bence bayramda kimseye gitmeyelim, onun yerine güzel bir tatil yapalım.
Kadın: Hayatım, nasıl böyle düşünebilirsin? Bayramlar tatil yapmak için mi?
Adam: Neden ki? Çalışmaktan yoruldum. Bayramda da kimseyi görmek istemiyorum.
Kadın: Böyle düşündüğüne gerçekten çok şaşırdım. Bence bencillik ediyorsun!

Vierter Dialog
Frau: *Schatz, an diesen Feiertag müssen wir auch deine Tanten besuchen.*
Mann: *Ich finde, wir sollten am Feiertag niemanden besuchen. Lass uns stattdessen einen schönen Urlaub machen.*
Frau: *Schatz, wie kannst du nur so denken? Sind Feiertage dazu da, um Urlaub zu machen?*
Mann: *Warum denn? Ich bin erschöpft vom Arbeiten. Ich möchte am Feiertag niemanden sehen.*
Frau: *Es wundert mich wirklich sehr, dass du so denkst. Ich finde, du verhältst dich egoistisch!*

Übung 4 - Track 48

Birinci kadın: Yolculuk nereye, bacım?
İkinci kadın: İzmir'e kızımı ziyarete gidiyorum.
Birinci kadın: Kızınız İzmir'de mi oturuyor?
İkinci kadın: Evet, yedi yıl önce okumak için oraya gitti. Mezun olduktan sonra üniversitede âşık olduğu gençle evlendi. Babası evlenmesini istemedi, ama ne yapalım? İzin vermediği için kızım çok üzüldü. En sonunda babası evlenmesine razı oldu.
Birinci kadın: Artık gençler anne babalarını dinlemiyor. Allah bir yastıkta kocatsın!
İkinci kadın: Kızımın üniversiteyi bitirdiğine çok sevinmiştik. Ama genç yaşta evlenmesine tabii ki kızdık. Ama kocasının akıllı ve hoş biri olması bizi sevindirdi. İki hafta önce de kızım hamile olduğunu söyleyince yanına gidip biraz yardım etmeye karar verdim.
Birinci kadın: Anne kalbi tabii.
İkinci kadın: Bacım, sen bir de babasını göreceksin. Önce o, İzmir'e gidip kıza yardım et, dedi. Öyle dediğini duyunca ne kadar şaşırdığımı anlatamam.
Birinci kadın: Hayatım, erkekler hep öyle değil mi? Önce aslan gibi kükrerler, sonra kuzuya dönerler.
İkinci kadın: Söylediğinde çok haklısın.

1. Frau: *Wohin des Weges, meine Schwester?*
2. Frau: *Ich gehe nach Izmir meine Tochter besuchen.*
1. Frau: *Wohnt Ihre Tochter in Izmir?*
2. Frau: *Ja, vor sieben Jahren ist sie zum Studieren dorthin gegangen. Nach Abschluss des Studiums heiratete sie einen jungen Mann, in den sie sich auf der Universität verliebt hatte. Ihr Vater wollte nicht, dass sie heiratet, aber was sollen wir tun? Da er ihr nicht die Erlaubnis dazu gab, war meine Tochter sehr traurig. Letzten Endes war ihr Vater dann doch damit einverstanden, dass sie heiratet.*
1. Frau: *Die jungen Leute hören nicht mehr auf ihre Eltern. Möge Gott sie gemeinsam alt werden lassen!*
2. Frau: *Wir hatten uns sehr darüber gefreut, dass unsere Tochter ein Universitätsstudium abgeschlossen hatte. Aber wir regten uns natürlich darüber auf, dass sie in einem so jungen Alter heiratet. Es hat uns dann aber doch gefreut, dass ihr Mann ein kluger und angenehmer Mensch ist. Als meine Tochter mir dann vor zwei Wochen sagte, dass sie schwanger ist, habe ich mich entschlossen, zu ihr zu fahren und ihr ein wenig zu helfen.*
1. Frau: *Das Mutterherz natürlich!*
2. Frau: *Meine Schwester, du solltest auch ihren Vater sehen. Er hat als erster gesagt: „Geh nach Izmir und hilf der Tochter!" Ich kann gar nicht beschreiben, wie verblüfft ich war, als ich ihn so reden hörte.*
1. Frau: *Meine Liebe, die Männer sind immer so, oder? Zuerst brüllen sie wie ein Löwe, dann werden sie zu einem Lämmchen.*
2. Frau: *Du hast völlig recht mit dem, was du da sagst.*

Übung 5 - Track 49

1. Kız, babasının izin vermemesine çok üzüldü. Kız, babasının izin vermediğine çok üzüldü.
2. Anne ve baba kızlarının üniversiteyi bitirmesine sevindi. Anne ve baba kızlarının üniversiteyi bitirdiğine sevindi.
3. Babası kızının evlenmesine sonunda razı oldu.
4. Anne kızına yardım etmeye karar verdi.
5. Anne söylediğinde haklı.

1. *Die Tochter war sehr traurig über das Verbot ihres Vaters (wörtl.: über das keine-Erlaubnis-Geben ihres Vaters). Die Tochter war sehr traurig darüber, dass ihr Vater ihr keine Erlaubnis gab.*
2. *Die Eltern freuten sich über den Universitätsabschluss ihrer Tochter. Die Eltern freuten sich, dass ihre Tochter ein Universitätsstudium abschlossen hatte.*

3. *Der Vater war schließlich damit einverstanden, dass seine Tochter heiratet.*
4. *Die Mutter entschloss sich, ihrer Tochter zu helfen.*
5. *Die Mutter hat recht mit dem, was sie sagt.*

Übung 8 - Track 50

Paula: Alo!
Erhan: Merhaba, Paula. Ben Erhan.
Paula: Merhaba, Erhan. Nasılsın?
Erhan: Ben iyiyim, seni sormalı. Hayrola, birkaç gündür derslere gelmiyorsun. İyi olup olmadığını merak ettim.
Paula: Bilmem! Birkaç gündür kendimi iyi hissetmiyorum.
Erhan: Neyin var? Umarım, ciddi bir şey değildir.
Paula: Ben de bilmiyorum, Erhan. Birkaç gündür kendimi çok hâlsiz hissediyorum. Canım da bir şey yemek istemiyor.
Erhan: Bir yerin ağrıyor mu?
Paula: Ayıptır söylemesi, biraz midem bulanıyor. Dünden beri de mideme kramp girmeye başladı.
Erhan: Paula, bence senin hemen doktora görünmen lazım. Nermin'in kuzeni özel klinikte çalışıyor. Nermin'den oradan randevu almasını rica edeyim.
Paula: Bence hiç zahmet etmeyin, Erhan! Bir iki güne kadar geçer herhâlde.
Erhan: Saçmalama, Paula! Zahmet de ne demek? Ben hemen Nermin'i arayıp randevu almasını isteyeceğim. Sen de yavaş yavaş hazırlan, tamam mı? Hiç zaman kaybetmeyelim.
Paula: Tamam, görüşürüz.

Paula: *Hallo?*
Erhan: *Grüß dich, Paula. Hier ist Erhan.*
Paula: *Grüß dich, Erhan. Wie geht es dir?*
Erhan: *Mir geht's gut, aber nach dir muss man ja fragen. Was ist denn los? Seit ein paar Tagen kommst du nicht mehr zum Unterricht. Ich mache mir Sorgen, ob es dir gut geht.*
Paula: *Ich weiß nicht. Seit ein paar Tagen fühle ich mich nicht gut.*
Erhan: *Was hast du? Ich hoffe, es ist nichts Ernstes.*
Paula: *Ich weiß es auch nicht, Erhan. Ich fühle mich seit ein paar Tagen sehr kraftlos. Ich habe auch überhaupt keine Lust, etwas zu essen.*
Erhan: *Tut dir irgendwas weh?*
Paula: *Verzeih das Wort (wörtl.: ‚Es ist unhöflich, es zu sagen.' (Entschuldigungsformel für einen folgenden harten Ausdruck)), aber ich habe mir ein wenig den Magen verdorben. Und seit gestern habe ich auch noch Magenkrämpfe.*
Erhan: *Paula, ich finde, du musst dich sofort bei einem Arzt blicken lassen. Nermins Cousin arbeitet in einer Privatklinik. Ich werd' mal Nermin darum bitten, dass sie dort einen Termin bekommt.*
Paula: *Ich finde, ihr solltet euch keine Umstände machen, Erhan. Bis in ein, zwei Tagen ist es bestimmt wieder vorbei.*
Erhan: *Red' keinen Unsinn, Paula! Und was heißt hier Umstände? Ich werde jetzt gleich Nermin anrufen und sie darum bitten, einen Termin zu bekommen. Und du mach' dich schon mal langsam bereit, in Ordnung? Wir wollen keine Zeit verlieren.*
Paula: *In Ordnung, bis dann.*

Übung 10 - Track 51

Hemşire: İstanbul Klinik, iyi günler! Nasıl yardımcı olabilirim?
Nermin: İyi günler, ben bugün bir arkadaşım için doktordan randevu almak istiyorum.
Hemşire: Arkadaşınızın nesi var? Kendisi neden aramıyor?
Nermin: Arkadaşımın iki günden beri midesi bulanıyormuş. Dünden beri de midesine kramp giriyormuş.
Hemşire: Kusma ve aşırı terleme var mıymış?
Nermin: Onu maalesef bilmiyorum.
Hemşire: Peki, ben size saat dört için randevu veriyorum. Arkadaşınız en geç o saatte kliniğe gelsin. Eğer kusma varsa hemen gelsin veya en yakındaki hastanenin acil bölümüne gitsin. Gıda zehirlenmesi olabilir. Arkadaşınızın adını alayım.
Nermin: Arkadaşın adı Paula. Soyadını ne yazık ki bilmiyorum.
Hemşire: Tamam, ben not ettim. Geçmiş olsun!

Schwester: *Istanbul-Klinik, guten Tag! Wie kann ich Ihnen behilflich sein?*
Nermin: *Guten Tag, ich hätte gern für eine Freundin von mir für heute einen Arzttermin.*
Schwester: *Welche Beschwerden hat Ihre Freundin? Warum ruft sie nicht selbst an?*
Nermin: *Meine Freundin hat seit zwei Tagen Magenbeschwerden. Seit gestern hat sie auch Magenkrämpfe.*
Schwester: *Kam es zu Erbrechen und schweren Schweißausbrüchen?*
Nermin: *Das weiß ich leider nicht.*
Schwester: *Gut, ich gebe Ihnen für vier Uhr einen Termin. Ihre Freundin soll spätestens um diese Uhrzeit in die Klink kommen. Wenn sie sich übergibt, soll sie sofort kommen oder zur Notfallaufnahme des nächstgelegenen Krankenhauses gehen. Es könnte eine Lebensmittelvergiftung sein. Ich hätte gern den Namen Ihrer Freundin.*
Nermin: *Meine Freundin heißt Paula. Ihren Nachnamen weiß ich leider nicht.*
Schwester: *In Ordnung, ich habe es notiert. Gute Besserung!*

LEKTION 9

Übung 1 - Track 52

1. Ayder Yaylası: Ormanlarla kaplı yayla, Rize'nin Çamlıhemşin ilçesine 16 kilometre mesafede. Ayder, zengin florasının yanı sıra kaplıcası ile de bölgenin en çok tercih edilen tatil yerlerinden biri.
2. Nemrut: Adıyaman'ın Kahta ilçesinde bulunan ve içinde Kommagene Krallığı'nın antik kentini barındıran millî park içerisinde, aslan ve kartal heykellerinin arasında 7 metreye varan dev heykeller bulunuyor. Bölge, tarih meraklıları için ideal bir mekân.
3. Safranbolu: Karabük'e bağlı bir Karadeniz kasabası olan Safranbolu, klasik Osmanlı kent mimarisini yansıtan

evleriyle tanınıyor. Türkiye'de 'Dünya Mirası Listesi'nde yer alan 15 kültürel ve doğal varlıktan biri.
4. Aspendos: Aspendos, amfitiyatrosuyla meşhur bir antik kent. MS 2. yy.da Romalılar tarafından inşa edilen tiyatro, 15 bin kişi kapasitesi ile en iyi korunmuş eski yapılardan.

1. Die Ayder-Hochebene: *Die mit Wäldern bedeckte Hochebene ist 16 Kilometer vom Landkreis Çamlıhemşin in (der Provinz) Rize entfernt. Der Ayder ist wegen seiner reichen Flora und daneben auch wegen seiner Thermalbäder eine der bevorzugten Urlaubsgegenden der Region.*
2. Nemrut: *In dem im Landkreis Kahta in (der Provinz) Adıyaman gelegenen und die antike Hauptstadt des Königreichs Kommagene umfassenden Nationalpark befinden sich inmitten von Löwen- und Adlerskulpturen gigantische, bis zu sieben Meter hohe Statuen. Das Gebiet ist ein idealer Platz für historisch Interessierte.*
3. Safranbolu: *Safranbolu, eine zu (der Provinz) Karabük gehörige Kleinstadt am Schwarzen Meer, ist wegen ihrer Häuser bekannt, die die klassische osmanische Stadtarchitektur widerspiegeln. Sie ist eines der 15 Kultur- und Naturdenkmäler in der Türkei, die in der Welterbeliste (der UNESCO) aufgenommen sind.*
4. Aspendos: *Aspendos ist eine wegen ihres Amphitheaters berühmte antike Stadt. Das im zweiten Jahrhundert n. Chr. von den Römern erbaute Theater ist mit einem Fassungsvermögen von 15.000 Personen eines der am besten erhaltenen antiken Bauwerke.*

Übung 3 - Track 53

Paula: Erhan, yaz tatilinde çalışmayı düşünüyor musunuz?
Erhan: Evet, bir turizm firmasında rehber olarak çalışmayı düşünüyorum. Eğer o iş olmazsa bir arkadaşın lokantasında garson olarak çalışacağım. Senin planların nasıl?
Paula: Ben iki haftalık Türkiye turu planladım.
Erhan: Gerçekten mi? Tura tek başına mı çıkacaksın?
Paula: Hayır, tura Almanya'dan da iki arkadaşım katılacak.
Erhan: Nerelere gideceksiniz?
Paula: Önce uçakla İstanbul'dan Adıyaman'a uçacağız. Orada Nemrut Dağı'nı gezmek isteriyoruz. Daha sonra araba kiralayıp geze geze İstanbula'a döneceğiz. Yolumuz, eğer her şey planladığımız gibi giderse, Kapadokya, Hattuşaş, Amasya, Safranbolu, Ankara, Eskişehir ve Çanakkale'den geçecek.
Erhan: Eskişehir'den Çanakkale'ye gidecekseniz Bursa'ya da uğrayın. Orada Uludağ Millî Parkı'nı gezebilirsiniz.
Paula: Merak etme, oraya da gideceğiz.
Erhan: Desene Türkiye'nin yarısını gezeceksiniz. Peki böyle bir yolculuk yapmak nereden aklınıza geldi?
Paula: Almanya'da Türkçe kursunda Julia adında bir arkeolog ile tanıştım. Gezi planını o arkadaşım yaptı. Aslında daha doğudan, taa Van'dan başlamayı düşünmüştük. Ama iki haftada turu bitirememekten korktuk.
Erhan: İki haftada kaç kilometre yol gideceksiniz?
Paula: Sadece arabayla yaklaşık 2500 kilometre.
Erhan: Kalacak yerlerinizi ayarladınız mı?
Paula: Birkaç yeri ayarladık, ama hepsini değil.
Erhan: Anlattığına bakılırsa oldukça yorucu bir yolculuk olacak.
Paula: Evet ama, ben deniz tatili yapacağıma böyle kültür tatili yaparım, daha iyi.
Erhan: O da doğru. Keşke zamanım olsa da ben de gelsem.
Paula: İstersen bir düşün, çünkü arabada yer var.

Paula: *Erhan, hast du vor, in den Sommerferien zu arbeiten?*
Erhan: *Ja, ich habe vor, in einem Tourismusunternehmen als Fremdenführer zu arbeiten. Wenn dieser Job nicht zustande kommen sollte, werde ich in einem Restaurant eines Freundes als Kellner arbeiten. Und wie sind deine Pläne?*
Paula: *Ich habe eine zweiwöchige Türkeirundreise geplant.*
Erhan: *Wirklich? Wirst du alleine auf die Reise gehen?*
Paula: *Nein, an der Tour werden sich zwei Freunde von mir aus Deutschland beteiligen.*
Erhan: *Wo werdet ihr überall hinfahren?*
Paula: *Zuerst werden wir mit dem Flugzeug von Istanbul nach Adıyaman fliegen. Dort wollen wir den Nemrut Dağı besichtigen. Danach werden wir ein Auto mieten und eine Besichtigungsfahrt zurück nach Istanbul machen. Wenn alles so läuft, wie wir es geplant haben, wird unsere Route über Kappadokien, Hattuscha, Amasya, Safranbolu, Ankara, Eskişehir und Çanakkale führen.*
Erhan: *Macht, wenn ihr von Eskişehir nach Çanakkale fahrt, auch einen Abstecher in Bursa! Dort könnt ihr den Uludağı-Nationalpark besichtigen.*
Paula: *Keine Sorge, da werden wir auch hinfahren.*
Erhan: *Das heißt, ihr werdet die halbe Türkei bereisen. Wie seid ihr denn darauf gekommen, so eine Reise zu unternehmen?*
Paula: *In Deutschland habe ich im Türkischkurs eine Archäologin, Julia mit Namen, kennengelernt. Den Reiseplan hat diese Freundin gemacht. Eigentlich hatten wir daran gedacht, weiter im Osten, ganz hinten von Van aus, loszufahren. Wir befürchteten aber, die Tour dann nicht in zwei Wochen abwickeln zu können.*
Erhan: *Wie viel Kilometer werdet ihr in den zwei Wochen fahren?*
Paula: *Allein mit dem Auto ungefähr 2500 Kilometer.*
Erhan: *Habt ihr eure Unterkünfte (wörtl. etwa: die Orte, an denen ihr unterkommen werdet) arrangiert?*
Paula: *Einige haben wir arrangiert, aber nicht alle.*
Erhan: *Nach dem, was du erzählst, wird es eine ziemlich anstrengende Reise werden.*
Paula: *Ja, aber statt einen Strandurlaub zu machen, mache ich lieber so eine Bildungsreise, das ist besser.*
Erhan: *Stimmt auch wieder. Ich würde zu gerne auch mitkommen, wenn ich Zeit hätte.*
Paula: *Wenn du willst, überleg's dir noch mal! Es ist nämlich noch Platz im Auto.*

Übung 5 - Track 54

Değerli Türkiye dostları. Benim adım Ayhan. Ben yaklaşık 25 yıl Türkiye'de rehber olarak çalıştım. Türkiye'nin dört bir köşesini gezme fırsatım oldu. Sizleri de ülkeme davet ediyorum. Doğu'yla Batı arasında kültürel bir köprü olan Türkiye'de yapabileceğiniz o kadar çok şey, görebileceğiniz o kadar çok yer var ki! Şimdi size Türkiye'nin batısından, belki daha önce duymadığınız birkaç örnek vermek istiyorum. Ege'de tatil yapıyorsanız ve dağlar arasında şirin bir Rum kasabası görmek isterseniz Şirince'ye gidin. Sörf yapmayı seviyorsanız Alaçatı'ya uğrayın. Doğaya ve tarihe özlem duyuyorsanız 4 bin yıllık Köyceğiz'i görün. Noel Baba'nın kilisesini merak ediyorsanız Demre'ye gelin. Buraya gelirseniz aynı zamanda Myra antik kentini de mutlaka gezin. Çanakkale'de Truva'ya gelip de Zafer Anıtı'nı görmezseniz tabii ki olmaz.

Liebe Türkeifreunde. Mein Name ist Ayhan. Ich habe ungefähr 25 Jahre als Fremdenführer in der Türkei gearbeitet. Ich habe so die Gelegenheit bekommen, die Türkei überall zu bereisen. Auch Sie lade ich in mein Land ein. Denn in der Türkei, der kulturellen Brücke zwischen Ost und West, gibt es so vieles, was Sie unternehmen können, und so viele Orte, die Sie besichtigen können. Jetzt möchte ich Ihnen einige Beispiele aus dem Westen der Türkei vorstellen, von denen Sie wahrscheinlich bisher noch nichts gehört haben. Wenn Sie in der Ägäis Urlaub machen und ein liebliches griechisches Städtchen in den Bergen sehen wollen, dann gehen Sie nach Şirince. Wenn Sie gerne surfen, besuchen Sie Alaçatı. Wenn Sie eine Leidenschaft für die Natur oder die Geschichte haben, dann besichtigen Sie das 4000 Jahre alte Köyceğiz. Wenn Sie sich für die Kirche des Sankt Nikolaus interessieren, gehen Sie nach Demre. Wenn Sie dorthin gehen, sollten Sie unbedingt auch die antike Stadt Myra besichtigen. Und in (der Provinz) Çanakkale Troja zu besuchen, ohne auch das Siegesdenkmal zu besichtigen, das ist natürlich ein Ding der Unmöglichkeit.

LEKTION 10

Übung 1 und 2 - Track 55

Erhan: Tura katılan arkadaşların Türkiye'yi beğendiler mi?
Paula: Hem de nasıl! Türkiye'de arkeolog olarak çalışan Julia, zaten Türkiye'nin birçok yerini daha önceden gezmiş. Gelen diğer arkadaşım da Türkiye'ye hayran kaldı. Bir dahaki sene de İstanbul'a gelmeyi düşünüyor. Hatta bana burada okumaktan memnun olup olmadığımı sordu.
Erhan: Yani burada okumayı mı düşünüyor?
Paula: Evet, sanırım öyle. Örneğin; bana burada okuyan yabancı öğrencilerin nerelerde kaldıklarını, günlük hayata alışıp alışmadıklarını sordu.
Erhan: Sen neler anlattın?
Paula: Burada üniversiteye giden öğrencilerin genellikle ev kiraladıklarını, İstanbul kozmopolitik bir şehir olduğu için günlük hayata çabuk alıştıklarını ve hayatlarından memnun olduklarını anlattım.
Erhan: Peki, sen buradaki hayatından memnun muydun?
Paula: Tabii ki! Ama doğrusunu istersen önce buraya gelmekten çekinmiştim. Gelmeden önce Türkiye'den gelen bazı haberler beni çok endişelendirmişti. Ama gelip burada okumasaydım ileride herhâlde çok pişman olurdum.
Erhan: Burada seni ne kadar iyi misafir ettiğimizi de unutma.
Paula: Unutmam, merak etme.
Erhan: Şaka maka İstanbul'da sadece üç günün kaldı, değil mi?
Paula: Evet, öyle. İlk geldiğim günü hatırlıyorum da! Oldukça yabancılık çekmiştim. Ama senin ve diğer arkadaşların sayesinde buraya çok çabuk alıştım. Bunun için hepinize teşekkür etmek istiyorum.
Erhan: Rica ederim, Paula. Biz de seninle tanıştığımıza ve sana yardımcı olabildiğimize sevindik.

Erhan: *Hat deinen Freunden, die die Rundreise mitmachten, die Türkei gefallen?*
Paula: *Ja, und wie! Julia, die als Archäologin in der Türkei arbeitet, hat sowieso schon zuvor einige Orte der Türkei bereist. Auch mein anderer Freund, der mitgekommen ist, ist ganz begeistert von der Türkei. Er plant, auch das nächste Jahr nach Istanbul zu kommen. Er fragte mich sogar, ob ich zufrieden damit bin, hier zu studieren.*
Erhan: *Er denkt also darüber nach, hier zu studieren?*
Paula: *Ja, ich glaube schon. Er hat mich zum Beispiel gefragt, wo die ausländischen Studenten, die hier studieren, untergebracht sind und ob sie sich an das Alltagsleben gewöhnt haben.*
Erhan: *Und was hast du ihm erzählt?*
Paula: *Ich sagte, dass die Studenten, die hier in die Uni gehen, meistens eine Wohnung mieten, dass sie sich, da Istanbul eine kosmopolitische Stadt ist, rasch an das Alltagsleben gewöhnen und dass sie mit ihrem Leben zufrieden sind.*
Erhan: *Gut, und bist du mit deinem Leben hier zufrieden?*
Paula: *Na klar! Aber wenn du die Wahrheit wissen willst: Anfangs hatte ich mich davor gescheut, hierherzukommen. Bevor ich hierherkam, hatten mich einige Nachrichten aus der Türkei sehr beunruhigt. Wenn ich aber nicht zum Studium hierhergekommen wäre, hätte ich es später sicherlich sehr bereut.*
Erhan: *Vergiss auch nicht, wie gut wir dich hier als Gast aufgenommen haben.*
Paula: *Das vergesse ich nicht, keine Sorge.*
Erhan: *Spaß beiseite, es bleiben dir nur noch drei Tage in Istanbul, nicht wahr?*
Paula: *Ja, so ist es. Ich erinnere mich noch an den ersten Tag, als ich ankam! Ich hatte mich ziemlich fremd gefühlt. Aber dank dir und deinen anderen Freunden habe ich mich hier sehr schnell eingewöhnt. Dafür möchte ich euch allen danken.*
Erhan: *Ich bitte dich, Paula! Es war auch für uns eine Freude, dich kennenzulernen und dir behilflich zu sein.*

Übung 3 - Track 56

1. Ankara'da okuyan arkadaşın hangi üniversiteye gitti? **2.** İzmir'de üniversiteye giden yabancı öğrenciler günlük hayata çabuk alışıyor mu? İzmir'de üniversiteye giden yabancılar günlük hayata çabuk alışıyor mu? **3.** Bursa'ya uğrayan arkadaşım Uludağ Millî Parkı'na hayran kaldı. **4.** Sörf yapmayı seven insanlar Türkiye'de Alaçatı'ya gelsin. Sörf yapmayı sevenler Türkiye'de Alaçatı'ya gelsin.

__1.__ Auf welche Universität ging dein Freund, der in Ankara studierte? __2.__ Gewöhnen sich die ausländischen Studenten, die in Izmir auf die Uni gehen, schnell an das Alltagsleben? Gewöhnen sich die Ausländer, die in Izmir auf die Uni gehen, schnell an das Alltagsleben? __3.__ Mein Freund, der Bursa besucht hat, war vom Uludağı-Nationalpark ganz begeistert.

4. Menschen, die gerne surfen, sollten in der Türkei nach Alaçatı gehen. Wer gerne surft, sollte in der Türkei nach Alaçatı gehen.

Übung 9 - Track 57

Merhaba, Leyla!
Nasılsın, iyi misin? Ben çok iyiyim.
Daha önce zamanım olsaydı sana yazardım. Ama ne yazık ki son günlerde hiç zamanım olmadı. Sakın seni unuttuğumu sanma. Böyle düşünürsen sana çok darılırım. Şaka maka sınavlardan önce ne kadar ders çalıştığımı görseydin çok şaşardın. Burada tanıştığım arkadaşlarla beraber çalışmasaydım bazı notlarım kötü olabilirdi. Ama şimdi bütün sınavları başarıyla geçtim ve sertifikamı aldım.
Sınavlar bittikten sonra hemen Türkiye turu için hazırlıklara başladık. Tura katılan arkeolog bayan olmasaydı sanırım böyle güzel bir tur yapamazdık. O bize gidebileceğimiz yerleri söylemeseydi herhâlde doğru dürüst hiçbir yeri gezemezdik. Bir gün Türkiye turu yaparsan bence önce oralara git.
Sana e-postayla birlikte birkaç fotoğraf yolladım. Sen istersen birkaç tane daha gönderebilirim.

Hallo, Leyla!
Wie geht es dir? Geht es dir gut? Mir geht es sehr gut.
Wenn ich vorher Zeit gehabt hätte, hätte ich dir geschrieben. Aber leider hatte ich die letzten Tage gar keine Zeit. Denk ja nicht, ich hätte dich vergessen. Wenn du so denken würdest, wäre ich sehr sauer auf dich. Scherz beiseite, wenn du sehen würdest, wie lange ich vor den Prüfungen lerne, würdest du ganz schön staunen. Wenn ich nicht zusammen mit den Freunden, die ich hier kennengelernt habe, gelernt hätte, wären wohl so manche meiner Noten schlechter ausgefallen. Aber jetzt habe ich alle Prüfungen bestanden und mein Zertifikat erhalten.
Nachdem die Prüfungen zu Ende waren, begannen wir sofort mit den Vorbereitungen für die Türkeitour. Wäre die Archäologin, die an der Rundreise teilnahm, nicht dabei gewesen, hätten wir, glaube ich, keine so schöne Tour machen können. Hätte sie uns nicht die Orte genannt, die wir besuchen könnten, hätten wir sicherlich überhaupt keinen Ort so richtig besichtigen können. Wenn du eines Tages eine Türkeitour machst, solltest du meiner Meinung nach zuerst diese Orte besuchen.
Ich schicke dir mit der E-Mail ein paar Fotos. Wenn du möchtest, kann ich dir noch ein paar mehr schicken.

Übung 12 - Track 58

1. Mesaj: Arkadaşlar, uçağım yirmi dakika önce havalimanına indi. Şimdi bavulların gelmesini beklerken size hemen haber göndereyim, dedim. Yarın daha uzun konuşurum. Selamlar.

2. Mesaj: Sonunda gece yarısına doğru eve gelebildim. Havalimanında beni Leyla, Sara ve Engin karşıladı. Arkadaşlar ne kadar yorgun olduğumu görmeselerdi herhâlde içeri girerlerdi. Ama iyi ki girmediler. Ne kadar yorgun olduğumu anlatamam. Eve girince bavulları bir yere, kendimi de hemen yatağa attım. Hâlimi görseniz çok gülersiniz. Artık konuşmak da zor geliyor. O yüzden hepinize iyi geceler.

1. Nachricht: *Freunde, mein Flugzeug ist vor 20 Minuten auf dem Flughafen gelandet. Während ich gerade darauf warte, dass meine Koffer kommen, hab' ich mir gesagt, ich schick' euch eben mal eine Nachricht. Morgen werde ich länger reden. Tschüss.*

2. Nachricht: *Gegen Mitternacht habe ich es endlich geschafft, zu Hause anzukommen. Leyla, Sara und Engin haben mich am Flughafen abgeholt. Wenn die Freunde nicht gesehen hätten, wie müde ich bin, wären sie bestimmt noch mit reingekommen. Aber es ist gut, dass sie nicht reingekommen sind. Ich kann gar nicht beschreiben, wie müde ich bin. Als ich in die Wohnung ging, hab' ich meine Koffer irgendwohin und mich selbst gleich ins Bett geworfen. Wenn du meinen Zustand sehen würdest, würdest du ganz schön lachen. Jetzt fällt mir auch das Sprechen schwer. Deshalb euch allen eine gute Nacht!*

Türkische Aufgabenstellungen und ihre deutschen Entsprechungen

Anlatın.	Erzählen Sie.
aşağıdaki	unten stehende(r)
Aşağıdaki kelimeleri de kullanarak soruları yanıtlayın.	Benutzen Sie die unten stehenden Wörter und beantworten Sie die Fragen.
Ayrı bir kağıda yazın.	Schreiben Sie auf ein Extrablatt.
Aşağıdaki basit cümlelerden şartlı birleşik cümleler yapın.	Bilden Sie aus den einfachen Sätzen Satzgefüge mit einem Bedingungssatz.
Birden fazla doğru seçenek olabilir.	Es kann mehr als eine richtige Lösung geben.
Birleştirin.	Verbinden Sie.
Boşlukları doldurun.	Füllen Sie die Lücken aus.
Boşlukları uygun zarf-fiil ekleriyle tamamlayın.	Füllen Sie die Lücken mit den passenden Verbaladverbien aus.
Boşlukları ya verilen kelimelerle ya da uygun edilgen ve zaman ekleriyle doldurun.	Füllen Sie die Lücken entweder mit den gegebenen Wörtern, oder mit den passenden Passiv- und Zeitendungen aus.
Bu cümleleri kim söylüyor?	Wer spricht hier?
CD'den dinleyerek kontrol edin.	Hören Sie die CD und überprüfen Sie.
CD'den bu yerlerle ilgili tanıtımları dinledikten sonra resimleri uygun yer adlarıyla birleştirin.	Hören Sie sich die Informationen über die an Orte und verbinden Sie sie mit den passenden Bildern.
Cümlelerdeki boşlukları doldurun.	Füllen Sie die Lücken in den Sätzen aus.
Cümleleri ayrı bir kağıda yazın.	Schreiben Sie die Sätze auf ein Extrablatt.
Cümleleri dinleyip birkaç kere tekrar edin.	Hören Sie die Sätze und wiederholen Sie sie mehrmals.
Cümleleri doğru bir şekilde tekrar yazınız.	Schreiben Sie die Sätze richtig auf.
Cümleleri edilgen cümlelere çevirin.	Bilden Sie aus den Sätzen Passivsätze.
Cümleleri Türkçeye / Almancaya çevirin.	Übersetzen Sie die Sätze ins Türkische / Deutsche.
Cümlelerin düzgün sırasını belirleyin.	Setzen Sie die Sätze in die richtige Reihenfolge.
Cümlelerin sırası karışmış.	Die Reihenfolge der Sätze ist durcheinander geraten.
Doğru mu, yanlış mı?	Richtig oder falsch?
Eşleştirin.	Verbinden Sie.
Hangi seçeneğin doğru olduğuna karar verin.	Welche Option ist richtig? Entscheiden Sie.
Hangi soru hangi cevaba uyuyor?	Welche Frage passt zu welcher Antwort?
Konuşmayı tekrar dinleyin ve soruları yanıtlayın.	Hören Sie sich das Gespräch noch einmal an und beantworten Sie die Fragen.
İşaretleyin.	Kreuzen Sie an.
Konuşmaları dinleyin.	Hören Sie die Dialoge.
Metindeki boşlukları uygun fiil ve eklerle doldurun.	Füllen Sie die Lücken im Text mit den passenden Verben und Endungen.
Metindeki edilgen (pasif) fiilleri bulun.	Finden Sie im Text die Verben in der Passivform.

Ne hakkında konuşuyorlar?	Worüber sprechen sie?
Neler konuştuklarını dinleyin.	Hören Sie, was sie sprechen.
Okuyun.	Lesen Sie.
Önemli kelimeleri öğrenin!	Lernen Sie die wichtigen Wörter.
Soruları uygun yanıtlarla eşleştirin.	Verbinden Sie die Fragen mit den passenden Antworten.
Soruları yanıtlayın.	Beantworten Sie die Fragen.
Şimdi sıra sizde.	Jetzt sind Sie dran.
Teknik bir hatadan dolayı bazı kelime ve eklerin sırası karışmış.	Aufgrund eines technischen Fehlers ist die Reihenfolge mancher Wörter und Endungen durcheinander geraten.
Tekrar edin.	Wiederholen Sie.
Uygun Almanca cümlelerle birleştirin.	Verbinden Sie sie mit den passenden deutschen Sätzen.
Uygun isimlerle birleştirin.	Verbinden Sie mit den passenden Nomen.
Uygun resimlerle birleştirin.	Verbinden Sie mit den passenden Bildern.
yukarıdaki	oben stehende(r)

1 PERSONALENDUNGEN

Es gibt drei verschiedene Personalendungen, die regelmäßig vorkommen.

Personalendungen Typ I: Diese Personalendungen kommen in den folgenden Zeitformen vor: bei der erfahrenen Vergangenheitsform -mİş, dem Präsens -yor, dem Futur -EcEK, dem Aorist -r (außer bei der Verneinung die 1. Person Singular), der Notwendigkeitsform -mEli und der Wunschform -E (außer bei der 1. Person Plural). Die Fragepartikel -mİ kommt vor diesen Personalendungen. Ausnahme ist die Endung für 3. Person Plural -lEr. Auch bei der Wunschform (-E) kommt die Fragepartikel, die ohnehin i. d. R. nur bei der 1. Person vorkommt, nach den Personalendungen.

ben	sen	o	biz	siz	onlar
-(y)**İm** (GV[1])	-**sİn** (GV[1])	*(ohne Endung)*	-(y)**İz** (GV[1])	-**sİnİz** (GV[1])	-**lEr** (KV[2])

[1]GV - große Vokalharmonie; [2]KV - kleine Vokalharmonie

Ausnahmen bilden
- beim Aorist die verneinte Aussage für die 1. Person Singular:

Ben çok kahve içme**m**. — **Ich** trinke nicht viel Kaffee.

- bei der Wunschform die 1. Person Plural:

Biz çay ala**lım**. — **Wir** möchten Tee nehmen.

Personalendungen Typ II: Diese Personalendungen kommen in zwei Zeitformen vor: bei der gesehenen Vergangenheitsform -Dİ und bei der Wunschform (Konjunktiv) -sE. Hier kommt die Fragepartikel mİ nach der Personalendung.

ben	sen	o	biz	siz	onlar
-m	**-n**	*(ohne Endung)*	**-k**	**-nİz** (GV[1])	**-lEr** (KV[2])

[1]GV - große Vokalharmonie; [2]KV - kleine Vokalharmonie

Personalendungen Typ III: Sie kommen nur bei den Befehlsformen der 2. und 3. Person vor, da es für die 1. Person Singular und Plural keine Befehlsformen gibt.

ben	sen	o	biz	siz	onlar
keine Form	*nur der Stamm*	**-sİn**[1]	*keine Form*	**-(y)İn(İz)**[3] (GV[1])	**-sİn**[1]**lEr**[2]

[1]GV - große Vokalharmonie; [2]KV - kleine Vokalharmonie; [3]die Form -İnİz ist besonders höflich

§ 2 ZWEI VERSCHIEDENE SATZTYPEN

Im Türkischen gibt es zwei verschiedene Satztypen: Verbalsätze und Nominalsätze.

2.1 Verbalsätze

Die Verbalsätze haben, wie der Name schon sagt, ein konjugiertes Verb als Prädikat.

Kızım, meyveleri **yıkar mısın**, lütfen?	Meine Tochter, **würdest du** bitte das Obst **waschen**?

Verbalsätze haben insgesamt neun Formen, die sich in zwei Gruppen teilen lassen:

Aussageformen (mit einer Zeitangabe) (**Haber** (veya bildirme) **kipleri**)		**Absichtsformen** (ohne eine Zeitangabe) (**Tasarlama** (veya dilek) **kipleri**)	
-mİş	die erfahrene Vergangenheitsform öğrenilen geçmiş zaman	-mEli	die Notwendigkeitsform gereklilik kipi
-Dİ	die gesehene Vergangenheitsform görülen geçmiş zaman	-(y)E	die Wunschform istek kipi
-(İ)yor	das Präsens şimdiki zaman	*s. u.*	die Befehlsform emir kipi
-(y)EcEK	die Zukunftsform, das Futur gelecek zaman	-sE	die Wunschform (Konjunktiv) dilek(-şart) kipi
-r, -Er, -İr	der Aorist geniş zaman		

2.1.1 Beispielsätze für die fünf Aussageformen

die erfahrene Vergangenheit	Erdal Bey evini kiraya **vermiş**.	Herr Erdal **soll** seine Wohnung **vermietet haben**.
die gesehene Vergangenheit	Evimize 10 yıl önce **taşındık**.	Wir **sind** vor zehn Jahren in unser Haus **umgezogen**.
das Präsens	Türkiye'deki daireyi kiralamak **istiyorum**.	**Ich möchte** die Wohnung in der Türkei vermieten.
das Futur	Şimdi sizinle oynayamam, çünkü **yemek pişireceğim**.	Ich kann jetzt mit euch nicht spielen, weil **ich kochen werde**.
der Aorist	Ceketimi **asar mısın**, lütfen?	**Würdest du** bitte meine Jacke **aufhängen**?

4

GRAMMATIK

Die fünf Aussageformen mit allen Personen sehen folgendermaßen aus:

Die erfahrene Vergangenheitsform -mİş
(iyi yapmak – gut machen)

Aussage		**Frage**	
Ben iyi yapmış**ım**.	Biz iyi yapmış**ız**.	Ben iyi yapmış mıy**ım**?	Biz iyi yapmış mıy**ız**?
Sen iyi yapmış**sın**.	Siz iyi yapmış**sınız**.	Sen iyi yapmış mı**sın**?	Siz iyi yapmış mı**sınız**?
O iyi yapmış.	Onlar iyi yapmış**lar**.	O iyi yapmış mı?	Onlar iyi yapmış**lar** mı?
Verneinte Aussage		**Verneinte Frage**	
Ben iyi yapmamışım.		Ben iyi yapmamış mıy**ım**?	
Ich habe erfahren, dass ich es nicht gut gemacht habe.			

Die gesehene (erlebte) Vergangenheitsform -Dİ
(iyi öğrenmek – gut lernen)

Aussage		**Frage**	
Ben iyi öğrendi**m**.	Biz iyi öğrendi**k**.	Ben iyi öğrendi**m** mi?	Biz iyi öğrendi**k** mi?
Sen iyi öğrendi**n**.	Siz iyi öğrendi**niz**.	Sen iyi öğrendi**n** mi?	Siz iyi öğrendi**niz** mi?
O iyi öğrendi.	Onlar iyi öğrendi**ler**.	O iyi öğrendi mi?	Onlar iyi öğrendi**ler** mi?
Verneinte Aussage		**Verneinte Frage**	
Siz iyi öğrenmediniz.		Siz iyi öğrenmedi**niz** mi?	
Ihr habt/Sie haben nicht gut gelernt.			

Das Präsens -(İ)yor
(çalışmak – arbeiten)

Aussage		**Frage**	
Ben çalışıyor**um**.	Biz çalışıyor**uz**.	Ben çalışıyor muy**um**?	Biz çalışıyor muy**uz**?
Sen çalışıyor**sun**.	Siz çalışıyor**sunuz**.	Sen çalışıyor mu**sun**?	Siz çalışıyor mu**sunuz**?
O çalışıyor.	Onlar çalışıyor**lar**.	O çalışıyor mu?	Onlar çalışıyor**lar** mı?
Verneinte Aussage		**Verneinte Frage**	
Sen çalışmıyorsun.		Sen çalışmıyor mu**sun**?	
Du arbeitest nicht.			

Das Futur -(y)EcEk
(ara vermek – Pause machen)

Aussage		**Frage**	
Ben ara vereceğ**im**.	Biz ara vereceğ**iz**.	Ben ara verecek miy**im**?	Biz ara verecek miy**iz**?
Sen ara verecek**sin**.	Siz ara verecek**siniz**.	Sen ara verecek mi**sin**?	Siz ara verecek mi**siniz**?
O ara verecek.	Onlar ara verecek**ler**.	O ara verecek mi?	Onlar ara verecek**ler** mi?
Verneinte Aussage		**Verneinte Frage**	
O, ara vermeyecek.		O ara vermeyecek mi?	
Er/Sie wird keine Pause machen.			

Der Aorist -r
(üşümek - frieren)

Aussage		**Frage**	
Ben üşürüm. *Ich würde frieren.*	Biz üşür**üz**.	Ben üşür müy**üm**?	Biz üşür müy**üz**?
Sen üşür**sün**.	Siz üşür**sünüz**.	Sen üşür mü**sün**?	Siz üşür mü**sünüz**?
O üşür.	Onlar üşür**ler**.	O üşür mü?	Onlar üşür**ler** mi?
Verneinte Aussage		**Verneinte Frage**	
Ben üşüme**m**.	Biz üşümey**iz**.	Ben üşümez miy**im**?	Biz üşümez miy**iz**?
Sen üşümez**sin**.	Siz üşümez**siniz**.	Sen üşümez mi**sin**?	Siz üşümez mi**siniz**?
O üşümez.	Onlar üşümez**ler**.	O üşümez mi?	Onlar üşümez**ler** mi?

Unregelmäßigkeiten beim verneinten Aorist:

1. Die 1. Pers. Sing. hat in der verneinten Aussage nur ein -m als Personalendung.
2. Die Verneinungsendung -mE wird zu -mEz in folgenden Fällen: a) verneinte Aussage 1. und 2. Pers. Sing. und Pl., b) verneinte Frage alle Personen.

Die Bildung des Aorist:

nach einem Vokal ein -r	**nach einsilbigem Stamm -Er** (KV)	**nach mehrsilbigem Stamm -İr** (GV)
Ben beklerim.	Ben yaparım.	Ben konuşurum.
Ben ararım.	Ben içerim.	Ben görüşürüm.
Ben yerim.	Ben bakarım.	Ben sevinirim.
Ben derim.		

Es gibt einige einstämmige Verben, die die vierförmige Endung -İr bekommen:

al**ır** *(er nimmt)*, bil**ir** *(sie weiß)*, bul**ur** *(er findet)*, dur**ur** *(sie hält an)*, gel**ir** *(er kommt)*, gör**ür** *(sie sieht es)*, kal**ır** *(er bleibt)*, ol**ur** *(das geht)*, öl**ür** *(er stirbt)*, san**ır** *(er vermutet)*, ver**ir** *(er gibt)*, var**ır** *(sie kommt an)*, vur**ur** *(sie schlägt)*. Auch mit Passivendung: den**ir** *(wird gesagt)*, kon**ur** *(wird hingestellt)*, yen**ir** *(wird gegessen)*. Einige Beispielsätze:

Şoför bey, sağda **durur musunuz** lütfen?	Herr Fahrer, **würden** Sie bitte rechts **anhalten**?
Ufuk biraz sonra **gelir**.	Ufuk **kommt sicherlich** gleich.
Türkiye'de genellikle 5 hafta **kalırız**.	Wir **bleiben gewöhnlich** fünf Wochen in der Türkei.
Olur, öyle yapalım.	**Okay**, lass uns das so machen.
Sanırım, saat 6'da oraya **varırız**.	**Ich vermute**, dass **wir** um 6 Uhr dort **ankommen**.
Tuzu **verir misiniz**?	**Würdest** du mir das Salz **geben**?
Bizim buralarda çok kebap **yenir**.	Hier bei uns **wird** viel Kebap **gegessen**.

4

GRAMMATIK

2.1.2 Beispielsätze für die vier Absichtsformen

Notwendigkeitsform	Annenle böyle **konuşmamalısın**.	**Du solltest** mit deiner Mutter **nicht** so **sprechen**.
Wunschform	Bu akşam sinemaya **gidelim**!	**Lasst uns** heute ins Kino **gehen**!
Befehlsform	Çocuklar, hemen banyoya **gidin** ve **duş yapın**!	Kinder, **geht** sofort ins Bad und **duscht euch**!
Wunschform (Konjunktiv)	Keşke ben de senin kadar iyi **oynayabilsem**.	**Wenn ich** doch auch so gut **spielen könnte** wie du.

Die vier Absichtsformen mit allen Personen sehen folgendermaßen aus:

Die Notwendigkeitsform -mElİ
(sevinmek - sich freuen)

Aussage		**Frage**	
Ben sevinmeli**yim**.	Biz sevinmeli**yiz**.	Ben sevinmeli mi**yim**?	Biz sevinmeli mi**yiz**?
Sen sevinmeli**sin**.	Siz sevinmeli**siniz**.	Sen sevinmeli mi**sin**?	Siz sevinmeli mi**siniz**?
O sevinmeli.	Onlar sevinmeli**ler**.	O sevinmeli mi?	Onlar sevinmeli**ler** mi?
Verneinte Aussage		**Verneinte Frage**	
Biz sevinmemeliyiz.		Biz sevinmemeli mi**yiz**?	
Wir sollten uns nicht freuen.			

4

GRAMMATIK

Die Wunschform -(y)E
(gitmek - gehen)

Aussage		**Frage**	
Ben gideyim.	Biz gide**lim**[1].	Ben gide**yim** mi?	Biz gide**lim**[1] mi?
Ich (möchte) gehe(n).			
Sen gide**sin**.	Siz gide**siniz**.	*sen - o - siz - onlar*	
O gide.	Onlar gide**ler**.	*i.d.R. nicht als Frage*	
Verneinte Aussage		**Verneinte Frage**	
Ben gitmeye**yim**.	Biz gitmeye**lim**.	Ben gitmeye**yim** mi?	Biz gitmeye**lim**[1] mi?
Sen gitmeye**sin**.	Siz gitmeye**siniz**.	*sen - o - siz - onlar*	
O gitmeye.	Onlar gitmeye**ler**.	*i.d.R. nicht als Frage*	

[1]Achten Sie bei der ersten Person Plural auf das -l-, das zwischen der Zeitendung und der Personalendung kommt. Ala**l**ım, yapa**l**ım, gide**l**im, vere**l**im usw.

Die Befehlsform
(pencereyi açmak - das Fenster öffnen)

Aussage		**Frage**	
Ben - *keine Form*	Biz - *keine Form*	Ben - *keine Form*	Biz - *keine Form*
Sen pencereyi aç.	Siz pencereyi aç**ın(ız)**[2].	Sen - *keine Form*	Siz - *keine Form*
Öffne das Fenster!			
O, pencereyi açsın.	Onlar pencereyi aç**sınlar**.	O, pencereyi aç**sın** mı?	Onlar pencereyi aç**sınlar** mı?
Er/Sie soll das Fenster öffnen!			

Verneinte Aussage		**Verneinte Frage**	
Ben - *keine Form*	Biz - *keine Form*	Ben - *keine Form*	Biz - *keine Form*
Sen pencereyi açma.	Siz pencereyi açmayı**n(ız)**[2].	Sen - *keine Form*	Siz - *keine Form*
O, pencereyi açma**sın**.	Onlar pencereyi açma**sınlar**.	O, pencereyi açma**sın** mı?	Onlar pencereyi açma**sınlar** mı?

[2]Die längere Form ist besonders höflich. Sie wird mehr in der schriftlichen Sprache gebraucht.

Die Endung -sİn kommt auch in der 2. Person Singular als Personalendung vor. Aber mit dem Unterschied, dass in diesem Fall noch eine **Zeitendung** vor -sİn stehen muss. **Ohne** eine **Zeitendung** ist es eine **Befehlsform** für die 3. Person Singular:

Stamm + **Zeit** + -sİn (2. Person Singular - **verschiedene Zeiten** - s. Typ I)	Stamm + -sİn (3. Person Singular - Befehlsform)
Lütfen bana yardım ed**er** misin? *Würdest du mir bitte helfen?*	Lütfen bana yardım etsin! *Er/Sie soll mir bitte helfen!*

Wunschform (Konjunktiv) -sE (häufig mit **keşke** zur Verstärkung des Wunsches)

(para kazanmak - Geld verdienen)		(iş aramak - Arbeit suchen)	
Aussage		**Frage**	
Ben keşke daha çok para kazansam! *Wenn ich doch mehr Geld verdienen würde.*	Biz keşke daha çok para kazansa**k**!	Başka bir iş arasa**m** mı acaba? *Ob ich etwa eine andere Arbeit suchen soll?*	Biz arasa**k** mı?
Sen para kazansa**n**.	Siz para kazansa**nız**.	Sen arasa**n** mı?	Siz arasa**nız** mı?
O para kazansa.	Onlar para kazansa**lar**.	O arasa mı?	Onlar arasa**lar** mı?
Verneinte Aussage		**Verneinte Frage**	
Keşke bu kadar (çok) para kazanmasalar. *Wenn sie doch nicht so viel Geld verdienen würden.*		Onlar aramasa**lar** mı?	

2.2 Nominalsätze

Nominalsätze haben kein konjugiertes Verb als Prädikat, sondern u. a. Substantive, Adjektive oder Fragepronomen.

Prädikat ist ein ...	Türkçede isim cümleleri	Nominalsätze im Türkischen
Substantiv	Siz **öğretmen misiniz?**	**Sind Sie Lehrer(in)?**
Adjektiv	Sen bugün çok **dalgınsın**!	**Du bist** heute sehr **nachdenklich**!
	Bugün benim işim **var**.	Heute habe ich zu tun. (Heute **gibt es** meine Arbeit.)
	Senin kardeşin **yok mu**?	Hast du keine Geschwister? (**Gibt es** deine Geschwister **nicht**?)
Fragepronomen	Siz **kimsiniz**?	**Wer sind Sie**?

Aber auch Pronomen, Adverbien, Verbalnomen oder (einige) Postpositionen können die Aufgabe eines Prädikats übernehmen.

Prädikat ist ein(e) ...	Türkçede isim cümleleri	Nominalsätze im Türkischen
Pronomen	Benim kitabım **sende mi**?	Hast du mein Buch? (**Ist** mein Buch **bei dir**?)
	Bu kitap **senin mi**?	Gehört dieses Buch dir? (**Ist** dieses Buch **deins**?)
(Orts-)adverb	Biz havalimanına **yakınız**.	**Wir sind in der Nähe** des Flughafens.
Verbalnomen	Uçak şu an havalimanına **inmekte**.	Das Flugzeug **landet gerade** auf dem Flughafen. (**... ist am Landen**)
Postposition	Sen hasta **gibisin**.	Du siehst krank aus. (**Du bist wie** krank.)

Bei den Beispielen oben könnten das Adverb und die Postposition als Teil des Substantivs gesehen werden, was nicht falsch wäre. **Wichtig ist** aber, **dass die verbalen Endungen** (ek fiil – Endungsverb) **an das letzte Wort** des Satzes **angehängt werden**. Auch Sätze, die mit den Adjektiven **var** und **yok** gebildet werden, sind Nominalsätze. Solche Sätze können fünf verschiedene Zeiten haben.

2.2.1 Zeitformen bei Nominalsätzen

Aussageformen (mit einer Zeitangabe)
(**Haber** (veya bildirme) **kipleri**)

-(y)mİş – imiş	die erfahrene Vergangenheitsform (öğrenilen geçmiş zaman) bzw. das erfahrene Präsens (öğrenilen şimdiki zaman)
-(y)Dİ – idi	die gesehene Vergangenheitsform (görülen geçmiş zaman)
– *Keine Zeitform*	das Präsens (şimdiki zaman)
-Dİr	Vermutung bzw. Verstärkung (ihtimal veya kuvvetlendirme)

Absichtsformen (ohne Zeitangabe)
(**Tasarlama** (veya dilek) **kipleri**)

-(y)sE – ise	die Bedingungsform (şart kipi)

Wie Sie in der Tabelle sehen können, gibt es **für die Nominalsätze** nur **fünf verschiedene Formen**, wobei das Präsens nur aus Personalendungen besteht. Anstelle der drei Endungen -(y)mİş, -(y)Dİ und -(y)sE können auch die eigenständigen Wörter **imiş**, **idi** und **ise** stehen, wobei in der gesprochenen Sprache und in den verneinten bzw. Frageformen die Endungen bevorzugt werden. Weil die Wörter **imiş**, **idi** und **ise** keine Endungen sind, unterliegen sie auch keiner Vokalharmonie. Hier sehen Sie diese Wörter in allen Personen.

	(yorgun) imiş + Personalendungen Typ I	(evde) idi + Personalendungen Typ II	(akıllı) ise + Personalendungen Typ II
ben	... imiş**im**	... idi**m**	... ise**m**
sen	... imiş**sin**	... idi**n**	... ise**n**
o	... imiş	... idi	... ise
biz	... imiş**iz**	... idi**k**	... ise**k**
siz	... imiş**siniz**	... idi**niz**	... ise**niz**
onlar	... imiş**ler**	... idi**ler**	... ise**ler**

2.2.2 Beispielsätze für die Nominalformen

Die Zeiten	**Haber (veya bildirme) Kipleri**	**Aussageformen**
erfahrene Vergangenheit bzw. erfahrenes Präsens	Erdal Bey dün **evde değilmiş** (değil imiş). Erdal Bey yeni evinden **memnunmuş** (memnun imiş).	Herr Erdal **soll** gestern **nicht zu Hause gewesen sein**. *(Vergangenheit)* Herr Erdal **soll** mit seiner neuen Wohnung zufrieden sein. *(Präsens)*
gesehene Vergangenheit	Biraz önce Ayşe'nin **bürosundaydım** (bürosunda idim). Kendisi **yoktu** (yok idi).	**Ich war** gerade **in** Ayşes **Büro**. **Sie** selbst **war nicht da.**
Präsens	**Yoldayım**. Biraz sonra **oradayım**. Sen **neredesin**?	**Ich bin auf dem Weg.** Gleich **bin ich dort. Wo bist du**?
Vermutung bzw. Verstärkung	Onlar şimdi **İzmir'dedir**. Türkiye'nin başkenti **Ankara'dır**.	Sie **sind** jetzt **sicherlich in İzmir**. Die Hauptstadt der Türkei **ist Ankara**.
Bedingung	Uçak biletleri **ucuzsa** (ucuz ise) uçakla gidelim.	**Falls** die Flugtickets **billig** sind, lass uns mit dem Flugzeug fliegen.

Die Formen mit allen Personen sehen folgendermaßen aus:

die erfahrene Vergangenheit bzw. das erfahrene Präsens
(yaramaz - frech, ungezogen)

Aussage		**Frage**	
Ben yaramazmış**ım**.	Biz yaramazmış**ız**.	Ben yaramaz mıymış**ım**?	Biz yaramaz mıymış**ız**?
Sen yaramazmış**sın**.	Siz yaramazmış**sınız**.	Sen yaramaz mıymış**sın**?	Siz yaramaz mıymış**sınız**?
O yaramazmış.	Onlar yaramaz**lar**mış.	O yaramaz mıymış?	Onlar yaramaz**lar** mıymış?
Verneinte Aussage		**Verneinte Frage**	
Ben yaramaz değilmişim. *Ich habe erfahren, dass ich nicht ungezogen bin/war.*		O yaramaz değil miymiş**im**?	

die gesehene Vergangenheit
(heyecanlı - aufgeregt)

Aussage		**Frage**	
Ben heyecanlıyd**ım**.	Biz heyecanlıyd**ık**.	Ben heyecanlı mıyd**ım**?	Biz heyecanlı mıyd**ık**?
Sen heyecanlıyd**ın**.	Siz heyecanlıyd**ınız**.	Sen heyecanlı mıyd**ın**?	Siz heyecanlı mıyd**ınız**?
O heyecanlıydı.	Onlar heyecanlıyd**ılar**.	O heyecanlı mıydı?	Onlar heyecanlı mıyd**ılar**?
Verneinte Aussage		**Verneinte Frage**	
Sen heyecanlı değildin. *Du warst nicht aufgeregt.*		Sen heyecanlı değil miyd**in**?	

4 GRAMMATIK

das Präsens (nur die Personalendungen, ohne Zeitendung)
(komik - lustig)

Aussage		**Frage**	
Ben komiğ**im**.	Biz komiğ**iz**.	Ben komik miy**im**?	Biz komik miy**iz**?
Sen komik**sin**.	Siz komik**siniz**.	Sen komik mi**sin**?	Siz komik mi**siniz**?
O komik.	Onlar komik**ler**.	O komik mi?	Onlar komik**ler** mi?
Verneinte Aussage		**Verneinte Frage**	
O komik değil.		O komik değil mi?	
Er/Sie ist nicht lustig.			

Vermutung bzw. Verstärkung
(iyi - gut)

Aussage		**Frage**	
Ben iyiy**im**dir.	Biz iyiy**iz**dir.	Ben iyi miy**im**dir?	Biz iyi miy**iz**dir?
Sen iyi**sin**dir.	Siz iyi**siniz**dir.	Sen iyi mi**sin**dir?	Siz iyi mi**siniz**dir?
O iyidir.	Onlar iyi**ler**dir / iyidir**ler**.	O iyi midir?	Onlar iyi**ler** midir / iyi midir**ler**?
Verneinte Aussage		**Verneinte Frage**	
Onlar hasta değillerdir / değildirler.		Evde değil**ler** midir / değil midir**ler**?	
Hoffentlich sind sie nicht krank.			

4

GRAMMATIK

reale Bedingungsform
(aç - hungrig)

Aussage		**Frage**	
Ben açsa**m** ...	Biz açsa**k** ...	Ben - *keine Form*	Biz - *keine Form*
Sen açsa**n** ...	Siz açsa**nız** ...	Sen - *keine Form*	Siz - *keine Form*
O açsa ...	Onlar açsa**lar** ...	O - *keine Form*	Onlar - *keine Form*
Verneinte Aussage		**Verneinte Frage**	
Sen aç değilsen yeme!		*keine Formen*	
Iss nicht, wenn du keinen Hunger hast!			

2.3 Zusammengesetzte Zeitformen

Durch die Zusammensetzung von Verbal- und Nominalformen entstehen im Türkischen die zusammengesetzten Zeitformen. Bei den zusammengesetzten Zeitformen steht die Fragepartikel mİ i. d. R. zwischen den Verbal und Nominalformen, so wie die Zeitendungen bei ganz normalen Nominalsätzen nach der Fragepartikel stehen:

Nomen		**Fragepartikel**	**Nominalform**	Person
Büroda		mı-	-ydı-	-n?
Büroda mıydın?		Warst du im Büro?		

Verbstamm (+Verneinung)	**Verbalform**	**Fragepartikel**	**Nominalform**	Person
Çalış-	-ıyor	mu-	-ydu-	-n?
Çalışıyor muydun?		**Hattest du gearbeitet**? (Warst du am Arbeiten?)		
Gitme-	-yecek	mi-	-ymiş-	-iz?
Bu yıl Türkiye'ye **gitmeyecek miymişiz**?		**Hast du erfahren, dass wir** dieses Jahr **nicht** in die Türkei **fahren werden?**		

Weil die Endung -dir auf eine Annahme deutet, wird sie in erster Linie für die 3. Personen gebraucht:

Beğen-	-miş	mi-		dir?
Verdiğimiz hediyeyi **beğenmiş midir**, acaba?		**Ob ihm** das Geschenk, das wir (ihm) gegeben haben, **gefallen hat**?		

Aber auch andere Personen kommen in Frage. Die Endung -dir kommt stets als letzte Endung.

Verbstamm (+Verneinung)	**Verbalform**	**Fragepartikel**	**Person**	**Nominalform**
al-	-mış	mı-	-yım-	dır?
Sence Türkçeden iyi not **almış mıyımdır**?		Meinst du, dass ich in Türkisch **eine gute Note bekommen habe**? (Der Sprecher weiß es auch noch nicht.)		

4

GRAMMATIK

2.4 Zusammengesetzte Zeitformen mit -(y)mİş

Mit dieser Endung drückt der Erzähler aus, dass er beim Geschehen nicht dabei war bzw. dass er es nicht bewusst miterlebt hat. Bei der -di-Vergangenheit hat der Sprecher in der Regel das Geschehen miterlebt, bzw. er weiß, dass es passiert ist. Deswegen kann -di nicht mit der Endung -miş kombiniert werden.

Mögliche Verbformen + -(y)mİş		Bedeutung
Çalışmış-	**-mış**. *(selten)*	Ich habe erfahren, dass er gearbeitet haben soll.
Çalıştı-	*keine Form*	-
Çalışıyor-	**-muş**.	Ich habe erfahren, dass er arbeitet.
Çalışır-	**-mış**.	Ich habe erfahren, dass er (früher viel) arbeitete.
Çalışacak-	**-mış**.	Ich habe erfahren, dass er arbeiten wird.
Çalışmalı-	-y**mış**.	Ich habe erfahren, dass er arbeiten muss.
Çalışa-	-y**mış**.	Er / Sie hätte arbeiten können.
Çalışsa-	-y**mış**.	Hätte er / sie doch gearbeitet.
Çalış!	*keine zusammengesetzte Formen mit der Befehlsform*	

Die zusammengesetzten Zeitformen mit -miş und dem Personalpronomen ben:

Ben çalışmışmış**ım**. *(selten)*	Ich soll (angeblich) gearbeitet haben.	**Ben** çalışmış mıymış**ım**? *(selten)*	Soll ich (angeblich) gearbeitet haben?
Ben çalışıyor-muş**um**.	Ich soll angeblich arbeiten.	**Ben** çalışıyor muymuş**um**?	Ich soll angeblich arbeiten?
Ben çalışırmış**ım**.	Ich würde angeblich arbeiten.	**Ben** çalışır mıymış**ım**?	Ich würde angeblich arbeiten?
Ben çalışacakmış**ım**.	Ich soll demnächst arbeiten.	**Ben** çalışacak mıymış**ım**?	Soll/Muss ich demnächst arbeiten?
Ben çalışmalıy-mış**ım**.	Ich soll arbeiten.	**Ben** çalışmalı mıymış**ım**?	Ich soll arbeiten?
Ben çalışaymış**ım**.	Ich solle arbeien.	-	-
Ben çalışsaymış**ım**.	Ich hätte arbeiten sollen.	**Ben** çalışsa mıymış**ım**?	Hätte ich arbeiten sollen?

2.5 Zusammengesetzte Zeitformen mit -(y)Dİ

Hier drückt der Erzähler aus, dass **der Zeitpunkt des Geschehens in der Vergangenheit** liegt. Bei der Zukunftsform mag das etwas komisch klingen.

Ahmet çalışacak.	Ahmet wird arbeiten.

Wenn der Zeitpunkt vorbei ist, und er noch nicht gearbeitet hat, heißt es:

Ahmet çalışacaktı.	Ahmet wollte arbeiten.

Oder...

Ahmet çalışmak istiyordu.	Ahmet wollte arbeiten.

Wenn er gearbeitet hat bzw. arbeitet, heißt es:

Ahmet çalıştı. Ahmet çalışıyor.	Ahmet hat gearbeitet. Ahmet arbeitet.

Mögliche Verbformen + -(y)Dİ			Bedeutung
Çalışmış-	-tı.	Plusquamperfekt	Er/Sie hatte gearbeitet.
Çalıştı-	-ydı.	Plusquamperfekt *(seltener als -mişti)*	Er/Sie hatte gearbeitet.
Çalışıyor-	-du.	Präsens + di-Vergangenheit	Er/Sie arbeitete. *(als ich vorbeischaute)*
Çalışır-	-dı.		Er/Sie arbeitete. *(gewohnheitsmäßig)*
Çalışacak-	-tı.		Er/Sie wollte arbeiten.
Çalışmalı-	-ydı.		Er/Sie hätte arbeiten müssen.
Çalışa-	-ydı.		Er/Sie hätte arbeiten können.
Çalışsa-	-ydı.		Hätte er/sie doch gearbeitet.
Çalış!	*keine zusammengesetzten Formen mit der Befehlsform*		-

Die zusammengesetzten Zeitformen mit -di und dem Personalpronomen ben:

Ben çalışmıştı**m**.	Ich hatte gearbeitet.	**Ben** çalışmış mıydı**m**?	Hatte ich gearbeitet?
Ben çalıştıydı**m**.	Ich hatte gearbeitet.	**Ben** çalışmış mıydı**m**?	Hatte ich gearbeitet?
Ben çalışıyordu**m**.	Ich arbeitete (zu der Zeit).	**Ben** çalışıyor muydu**m**?	Arbeitete ich (zu der Zeit)?
Ben çok çalışırdı**m**.	Ich hätte viel gearbeitet. Ich hatte gewöhnlich viel gearbeitet.	**Ben** çok çalışır mıydı**m**?	Hätte ich viel gearbeitet? Hatte ich viel gearbeitet?
Ben çalışacaktı**m**.	Ich wollte arbeiten.	**Ben** çalışacak mıydı**m**?	Wollte ich arbeiten?
Ben çalışmalıydı**m**.	Ich hätte arbeiten sollen / müssen.	**Ben** çalışmalı mıydı**m**?	Hätte ich arbeiten sollen / müssen?
Ben çalışaydı**m**.	Hätte ich doch gearbeitet.	-	-
Ben çalışsaydı**m**.	Hätte ich doch gearbeitet.	**Ben** çalışsa mıydı**m**?	Hätte ich arbeiten sollen?

2.6 Zusammengesetzte Zeitformen mit -Dİr

Die Endung -dir drückt eine **Vermutung** *(wahrscheinlich)* bzw. **Verstärkung** *(sicherlich)* aus. Weil der Aorist die gleiche Aufgabe hat wie die Endung -dir und weil bei der -di-Vergangenheit der Erzähler weiß, ob das Erzählte geschehen ist oder nicht, werden diese Formen nicht mit -dir kombiniert. Des Weiteren sind auch die Wunschformen -(y)e bzw. -se und die Befehlsform nicht mit -dir kombinierbar.

Mögliche Verbformen + -(y)Dİr		Bedeutung
Çalışmış-	**-tır**.	Er/Sie hat sicherlich gearbeitet.
Çalıştı-	*keine Form*	-
Çalışıyor-	**-dur**.	Er/Sie arbeitet sicherlich.
Çalışır-	*keine Form*	-
Çalışacak-	**-tır**.	Er/Sie wird sicherlich arbeiten.
Çalışmalı-	**-dır**.	Er/Sie muss sicherlich arbeiten.
Çalışa-	*keine Form*	-
Çalışsa-	*keine Form*	-
Çalış!	*keine Form*	-

4 GRAMMATIK

Die zusammengesetzten Zeitformen mit -dir und dem Personalpronomen ben:

Ben çalışmış**ım**dır.	Ich habe sicherlich gearbeitet.	**Ben** çalışmış mıy**ım**dır?	Ob ich gearbeitet habe? (Was meinst du?)
Ben çalışıyor**um**dur.	Ich arbeite sicherlich.	**Ben** çalışıyor muy**um**dur?	Ob ich arbeite? (Was meinst du?)
Ben çalışacağ**ım**dır.	Ich werde sicherlich arbeiten.	**Ben** çalışacak mıy**ım**dır?	Ob ich arbeiten werde? (Was meinst du?)
Ben çalışmalıy**ım**dır.	Ich soll/muss sicherlich arbeiten.	**Ben** çalışmalı mıy**ım**dır?	Ob ich arbeiten soll/muss? (Was meinst du?)

2.7 Zusammengesetzte Zeitformen mit -(y)sE

Diese Endung bildet reale Bedingungssätze; ihnen folgt ein Satz, der die Folge der angesprochenen Bedingung darstellt.

Mögliche Verbformen + -(y)sE		Bedeutung
Çalışmış-	**-sa** başarır.	Wenn sie gelernt hat, wird sie es schaffen.
Çalıştı-	**-ysa** başarır.	Wenn sie gelernt hat, wird sie es schaffen.
Çalışıyor-	**-sa** rahatsız etmeyelim.	Wenn sie lernt (jetzt), dann sollten wir sie nicht stören.
Çalışır-	**-sa** başarır.	Wenn sie lernt (in der Zukunft), dann wird sie es schaffen.
Çalışacak-	**-sa** rahatsız etmeyelim.	Falls sie lernen wird, sollten wir sie nicht stören.
Çalışmalı-	**-ysa** rahatsız etmeyelim	Falls sie lernen muss, sollten wir sie nicht stören.
Çalışa-	*keine Form*	-
Çalışsa-	*keine Form*	-
Çalış!	*keine Form*	-

Die zusammengesetzten Zeitformen mit -se und dem Personalpronomen ben:

Ben çalışmış**sam**...	Wenn ich gearbeitet habe ... (ohne dass mir das bewusst war)	*keine Frageform*
Ben çalıştıy**sam**...	Wenn ich gearbeitet habe ...	*keine Frageform*
Ben çalışıyor**sam**...	Wenn ich arbeite ...	*keine Frageform*
Ben çalışır**sam**...	Wenn ich arbeitete ...	*keine Frageform*
Ben çalışacak**sam**...	Wenn ich arbeiten werde ...	*keine Frageform*
Ben çalışmalıy**sam**...	Wenn ich arbeiten soll ...	*keine Frageform*

3 BEDINGUNGSSÄTZE

3.1 Reale Bedingungsätze mit -(y)sE

1. Mit der zweiförmigen Endung -(y)sE werden reale Bedingungsätze gebildet. Achtung! Nur bei realen Bedingungssätzen kommt nach einem Vokal ein -y: uyudu**ysa**, evde**yse**.
2. Bei realen Bedingungssätzen kann anstelle der Endung auch das alleinstehende Wort **ise** benutzt werden: Yorgunsan → yorgun isen. (siehe § 2.2.1 – Zeitformen bei Nominalsätzen)
3. Die Endung -(y)sE kann sowohl an Verben als auch an andere Wortarten wie Nomen, Adjektive, Adverbien angehängt werden:

Wortart	Reale Bedingungssätze	
Verb	**İstiyorsan** alabilirsin.	**Wenn du möchtest**, kannst du es nehmen.
Nomen	Adam **doktorsa** bize yardım eder!	**Wenn** der Mann **Arzt ist**, hilft er uns bestimmt.
Adjektiv	İşin çok **yorucuysa** neden kendine başka bir iş aramıyorsun?	**Wenn** deine Arbeit sehr **anstrengend ist**, warum suchst du dir keine andere Arbeit?
Adverb	Ahmet babası **gibiyse** yandık!	Wir sind erledigt, **wenn** Ahmet **so ist wie** sein Vater.
var / yok	Zamanın **varsa** bana yardım et.	Hilf mir, wenn du Zeit hast. (**wenn** es deine Zeit **gibt**)
	Zamanın **yoksa** neden oyun oynuyorsun?	Warum spielst du, wenn du keine Zeit hast? (**wenn** es deine Zeit **nicht gibt**)

Andere Gebrauchsmöglichkeiten von realen Bedingungssätzen:

Ne **yaparsan** yap! Ne **istersen** yap!	Mach, was du möchtest.
Ne zaman **gelirsen** gel!	Komm, wann du möchtest.
Ne zaman **gidersek** gidelim evleri tertemiz.	Egal wann wir hingehen, ihr Haus ist blitzblank sauber.
Ne **olursa** olsun bugün kendisiyle mutlaka konuşmam lazım.	Egal was passiert, ich muss heute unbedingt mit ihr sprechen.
Yaparsan yap! Bana ne?	Tu's, wenn du willst! Mir ist es egal.
Ne istersen alırım.	Ich kaufe, (egal) **was du möchtest**.
Ne kadar çalışırsam çalışayım, yine de Fransızcadan iyi not alamıyorum.	Egal **wie viel ich lerne** (arbeite), in Französisch bekomme ich keine guten Noten.

Außerdem gibt es verschiedene Konjunktionen, die mit dieser Endung gebildet sind:

öyleyse	- Canım sinemaya gitmek istiyor. - Giyin **öyleyse**!	- Ich habe Lust ins Kino zu gehen. - **Dann** (wenn es so ist) zieh' dich an.
neyse	- **Neyse**, kapatalım bu konuyu.	- **Was passiert ist, ist passiert**, lass uns das Thema beenden.
yoksa	- **Yoksa** Erhanlar bugün gelmeyecek mi?	- **Heißt das**, dass Erhan und seine Familie heute nicht kommen werden?
nasılsa	- **Nasılsa** ben sana haber verecektim.	- Ich wollte dich **sowieso** benachrichtigen.

Unter § 2.7 ‚Zusammengesetzte Zeitformen mit -(y)sE' finden Sie reale Bedingungsätze mit Verbalsätzen. Die realen Bedingungssätze mit Nominalsätzen finden Sie in der 9. Lektion.

Achtung! Nach der Endung -(y)sa bzw. -(y)se kommt kein Komma.

3.2 Irreale Bedingungsätze mit -sE

Im Unterschied zur realen Bedingungsform tritt diese Endung nur an Verbstämme bzw. an die Verneinungsendung -ma / -me. Deshalb wird bei Nominalsätzen das Hilfsverb olmak *(sein)* gebraucht, weil es sonst in dem Satz kein Verb gäbe, an das die Endung treten kann. Vergleichen Sie diese Sätze mit den realen Bedingungsätzen aus § 3.1:

Wortart	Irreale Bedingungssätze	
Verb	**İstesen** alabilirsin.	**Wenn du es wolltest**, könntest du es nehmen (kaufen).
Nomen	Adam doktor **olsa** bize yardım eder.	**Wenn** der Mann **Arzt wäre**, würde er uns helfen.
Adjektiv	İşin yorucu **olsa** kendine başka bir iş ararsın.	**Wenn** deine Arbeit **anstrengend wäre**, würdest du dir eine andere Arbeit suchen.
Adverb	Ahmet babası **gibi olsa** çok kötü olur.	**Wenn** Ahmet **so wäre wie** sein Vater, wäre das sehr schlecht.
var / yok	Zamanım **olsa** sana yarım ederim?	Wenn ich Zeit hätte, würde ich dir helfen. (**Wenn** es meine **Zeit gäbe** ...)
	Zamanım **olmasa** yardım etmem.	Wenn ich keine Zeit hätte, würde ich nicht helfen. (**Wenn** es meine **Zeit nicht gäbe** ...)

Wichtig! Bei irrealen Bedingungssätzen wird das Wort ise **nicht** gebraucht.
In irrealen Bedingungssätzen kann an die Endung -sE auch noch die Vergangenheitsendung -(y)dİ oder auch -(y)mİş antreten, manchmal mit einem Hauch eines Vorwurfs. Achtung! Nach der -miş-Endung kommen die Personalendungen des ersten Typs: Keşke onunla konuşsaymışım. → Hätte ich doch mit ihm/ihr gesprochen.

Keşke **ben** daha önce onunla konuşsaymış**ım**.	Keşke **biz** daha önce onunla konuşsaymış**ız**.
Keşke **sen** daha önce onunla konuşsaymış**sın**.	Keşke **siz** daha önce onunla konuşsaymış**sınız**.
Keşke **o** daha önce onunla konuşsaymış.	Keşke **onlar** daha önce onunla konuşsa**lar**mış.

Andere Gebrauchsmöglichkeiten von irrealen Bedingungssätzen:

İstesen de istemesen de bunu ona anlatmak zorundasın.	Du musst ihm das erzählen, **egal ob du es möchtest oder nicht**.
Ne yapsam nafile / boşuna.	**Egal was ich tue**, es ist umsonst.
Şimdi dondurma **olsa da yesek**.	**Wenn es** doch jetzt Eis **gäbe, und wir** es **essen könnten**.
Yaz **gelse de** denize **girsek**.	**Wenn** doch der Sommer **käme, und wir** ins Meer **gehen könnten**.
Param olsa bile bu arabayı almam.	**Selbst wenn ich Geld hätte**, würde ich mir das Auto nicht kaufen.

Achtung! Nach der Endung -sa bzw. -se kommt kein Komma.

BEDİNGUNGSSÄTZE

reale Bedingungsätze	**irreale** Bedingungsätze		
verschiedene Zeiten	**Präsens**	**Vergangenheit**	
Verbstamm + Zeit + (y)sE	**Verbstamm + sE**	**Verbstamm + sE + Zeit**	
	-(mE)**sE**	-(mE)**sEydİ**	-(mE)**sEymİş**

4

GRAMMATIK

4 VERBALNOMEN - VERBEN ALS NOMEN (FİİLİMSİ, İSİM-FİİL)

Im Türkischen können aus Verben Nomen gebildet werden. In dieser Form übernehmen diese Wörter die Aufgaben eines Nomens und bekommen auch entsprechende Endungen, die auch normale Nomen bekommen würden.

4.1 Verbalnomen mit der Endung -mEk (Vollinfinitiv)

Diese Endung bildet den Vollinfinitiv und stellt eine Handlung dar: oturmak (sitzen), vermek (geben). Sie kann im Satz als jedes Satzglied benutzt werden:

Subjekt	**Adverbialergänzung**	**indirekte Satzergänzung**	**direkte Satzergänzung (Akkusativobjekt)**	**Prädikat**
1. Bu sıcakta spor **yapmak**	-	-	-	iyi fikir değil.
*Bei dieser Hitze Sport **zu treiben** ist keine gute Idee.*				
Kızım	İyi not **almak için**	-	-	çok çalıştı.
*Meine Tochter hat viel gelernt, **um** eine gute Note **zu bekommen**.*				
-	Her gün	erken **kalkmaktan**	-	yoruldu.
*Er wurde **vom** frühen **Aufstehen** jeden Tag müde.*				
-	Sık sık	**spor yapmakta**	fayda	var.
*Es ist nützlich oft **Sport zu treiben**. (**Im Sporttreiben** ist Nutzen.)*				
Çocuklar	yaş gününde	sinemaya	**gitmek**	istiyor.
*Die Kinder wollen am Geburtstag ins Kino **gehen**.*				
Uçak	şu anda	havalimanına		**inmekte**.
***Gerade landet** das Flugzeug auf den Flughafen. (**ist am Landen**)*				

Der Vollinfinitiv kann keine Possessivendungen, keine Pluralendung und keine Dativ-, Akkusativ- und Genitivendungen haben.
Der Vollinfinitiv kann mit Postpositionen gebraucht werden:

Postpositionen	Beispielsätze mit dem Vollinfinitiv	
için	Kilo **vermek için** pasta yemedi.	Er aß keinen Kuchen **um abzunehmen**.
ile	Kitabı Almancaya **çevirmekle meşgul**.	Er ist damit **beschäftigt**, das Buch ins Deutsche **zu übersetzen**.
	Bunu ona **söylememekle yanlış** yaptın.	Du hast einen Fehler gemacht, indem du ihm das nicht gesagt hast. (**mit dem Nichtsagen** hast du einen Fehler gemacht)
... ile ... arasında	Türkiye'ye **dönmekle dönmemek arasında** kararsızım.	Ich bin unentschlossen, ob ich in die Türkei zurückgehen soll oder nicht. (**Zwischen dem Zurückkehren und dem Nichtzurückkehren** bin ich unentschlossen)
kadar	Bu makineyi **kullanmak kadar** zor bir şey yok.	Es gibt nichts Schwierigeres, als diese Maschine zu bedienen.
gibi	Bana **yardım etmek gibi** bir niyeti yoktu.	Er hatte nicht die Absicht mir zu helfen.

4 GRAMMATIK

üzere	Sayın yolcular, uçağımız havalimanına **inmek üzere**. Lütfen kemerlerinizi bağlayınız!	Sehr geehrte Fluggäste, unser Flugzeug **landet in Kürze** (gleich). Schnallen Sie sich bitte an.
-DEn başka	Bu arabayı **satmaktan başka** çaremiz yok.	Wir haben keine andere Wahl, **außer** dieses Auto **zu verkaufen**.
-DEn yana	Ben toplantıda bu konuyu **açmaktan yanayım**.	Ich bin **dafür**, in der Sitzung dieses Thema **anzusprechen** (zu öffnen).

Selten werden substantivische lexikalische Begriffe mit -mek gebildet: ekmek (Brot), yemek (das Essen).

4.2 Verbalnomen mit der Endung -mE (Kurzinfinitiv)

Im Satz werden Kurzinfinitive mehr als Akkusativobjekt oder als Dativobjekt gebraucht:

Subjekt	**Adverbialergänzung**	**indirekte Satzergänzung (-den / -de / -e)**	**direkte Satzergänzung (Akkusativobjekt)**	**Prädikat**
Ben	iki yıl önce	**gitar çalmaya**	-	başladım.
*Ich habe vor zwei Jahren angefangen **Gitarre zu spielen**.*				
Ben	şimdi her gün	-	**gitar çalmayı**	deniyorum.
*Jetzt versuche ich jeden Tag **Gitarre zu spielen**.*				

4

Der Kurzinfinitv -me kann mit der Ablativendung -den und der Postposition -den önce adverbiale Ergänzungen bilden (s. auch § 6 – Verbaladverbien):

GRAMMATIK

Subjekt	**Adverbialergänzung**	**indirekte Satzergänzung (-den / -de / -e)**	**direkte Satzergänzung (Akkusativobjekt)**	**Prädikat**
Ben	gitara **başlamadan önce**	-	**saz çalmayı**	öğrenmiştim.
***Bevor** ich mit **der Gitarre angefangen habe**, hatte ich gelernt, türkische **Laute zu spielen**.*				
Ben	her akşam biraz **gitar çalmadan**	yatağa	-	gitmiyorum.
*Ich gehe jeden Abend nicht ins Bett, **ohne** ein bisschen **Gitarre zu spielen**.*				

In der fünften Lektion wurde der Gebrauch des Kurzinfinitivs bereits vorgestellt. Hier finden Sie einen kurzen Überblick mit weiteren Möglichkeiten:

1. Wenn das Verbalnomen mit Dativ-, Akkusativ- und Genitivendungen gebraucht wird, wird der Kurzinfinitiv gebraucht. Bei Nominativ, Ablativ und Lokativ wird eher der Vollinfinitiv benutzt. (s. Lektion 5)

2. Wenn das Verbalnomen eine Possessiv- oder Pluralendung hat, wird der Kurzinfinitiv gebraucht.

Yemeğin biraz daha **ısınması** lazım.	**Das Essen** muss noch ein bisschen **warm werden**.
İyi **çalışmalar**!	Frohes **Schaffen**!
Benim **gitmem** lazım.	Ich muss gehen. (**Mein Gehen** ist notwendig)

3. Der Kurzinfinitiv kommt auch (meist als erstes Wort) in zusammengesetzten Wörtern vor.

konuşma dersi *(als erstes Wort)*	**Sprech**kurs
yeme zamanı *(als erstes Wort)*	**Essen**szeit
güneş **tutulması** *(als zweites Wort)*	Sonnen**finsternis**
Şimdi **uyumanın zamanı** değil. *(als erstes Wort mit Genitivendung)*	Es ist jetzt nicht die **Zeit zum Schlafen**.
Şimdi **uyuma zamanı** değil.	Es ist jetzt nicht **Schlafenszeit**.

4. Selten werden lexikalische Begriffe mit -me gebildet: dondurma (Speiseeis)

4.3 Verbalnomen mit der Endung -(y)İş

Verbalnomen, die mit der Endung -iş gebildet sind, zeigen, wie (Art und Weise) jemand eine Handlung vollbringt oder wie etwas geschieht.

Güneşin doğuşuna bak! Ne kadar güzel!	Schau, **wie die Sonne aufgeht**! Wie schön!
Adamın yürüyüşü ne kadar komik!	Wie komisch der Mann läuft! (Wie komisch doch **das Gehen des Mannes** ist!)

Mit der Endung -iş können feststehende lexikalische Nomen gebildet werden.

giriş	Eingang	**alışveriş**	Einkauf
çıkış	Ausgang	**satış**	Verkauf
bakış (açısı)	Blick(winkel)	**çekiliş**	Ziehung (Lotterie)
yürüyüş	Spaziergang	**bitiş düdüğü**	Schlusspfiff
bekleyiş	Erwartung	**görüş**	Meinung

Aus den meisten Verben, deren Stämme auf -iş enden, werden keine Nomen mit -iş gebildet.

4.4 Die Endung -(İ)m als Wortbildungsendung

Anders als die Verbalnomen bildet die Endung -(İ)m aus Verben nur feststehende, lexikalische Begriffe. Es sind (Ober-)Begriffe, die mit dem jeweiligen Verb zu tun haben. Während aus allen Verben Verbalnomen (außer -iş nach einem -ş) gebildet werden können, ist nicht aus allen Verben ein Nomen mit der Endung -(i)m entstanden. Hier sehen Sie einen Vergleich zwischen den Verbalnomen und den Wörtern mit der Endung -(i)m:

Verbalnomen mit -mek	**Verbalnomen mit -mE**	**Verbalnomen mit -(y)iş**	**Nomen mit -(İ)m**
anlamak *(verstehen)*	anlama *(das Verstehen)*	anlayış *(Verständnis)*	anlam *(Bedeutung)*
bakmak *(schauen)*	bakma *(das Schauen)*	bakış *(Blick)*	bakım *(Pflege)*
bölmek *(teilen)*	bölme *(das Teilen)*	ekmeği bölüşü *(wie er das Brot teilte)*	bölüm *(Abteilung)*
dönmek *(zurückkehren)*	dönme *(das Zurückkehren)*	dönüş *(Rückfahrt)*	dönüm (noktası) *Wende(punkt)*
gülmek *(lachen)*	gülme *(das Lachen)*	gülüş *(Lächeln)*	-
oturmak *(sitzen)*	oturma *(das Sitzen)*	masada oturuşu *(wie er am Tisch saß)*	oturum *(Sitzung)*

4

GRAMMATIK

 5 PARTIZIPIEN – VERBEN ALS ADJEKTIVE (SIFAT-FİİL)

Mit Hilfe von Endungen lassen sich aus Verben Adjektive, sogenannte Partizipien (sıfat-fiil), bilden. Die gebräuchlichsten Endungen dafür sind -DİK (bzw. -(y)EcEK) und -(y)En. Wann -DİK (bzw. -(y)EcEK) und wann -(y)En gebraucht werden, hängt vom Subjekt im Nebensatz ab.

5.1 -(y)en-Partizip

Das zweiförmige -en-Partizip wird gebraucht, wenn die Handlung, die das Partizip ausdrückt, durch das dahinterstehende Nomen gerade vollzogen wird oder vollzogen wurde:

Kitap **okuyan kadın**...	die Buch **lesende Frau**; **die Frau**, **die** ein Buch **liest**
Kim kitap okuyor?	Wer liest?
Kadın kitap okuyor!	Die Frau liest!

Auch aus passiven Verben können -en-Partizipien gebildet werden. Dann wird die Handlung von dem nachfolgenden Nomen nicht ausgeführt, sondern ‚erlitten'.

oku-yan kitap	das **lesende** Buch; **das Buch**, **das liest** (geht wahrscheinlich nicht)
oku-n-an kitap	das **gelesene** Buch; das Buch, **das gelesen wird / wurde**
Bu kitap son yıllarda Türkiye'de en çok okunan kitaplardan biri.	Dieses Buch ist eines der in den letzten Jahren in der Türkei am meisten gelesenen Bücher.

Aber auch ‚komische' Konstruktionen sind nicht ausgeschlossen:

konuşan şapka	(hier spricht der Hut) der **sprechende Hut** (s. Harry Potter)
konuşulan şapka	(hier wird über den Hut gesprochen) der **Hut**, über **den gesprochen wird/wurde**
Partide en çok **konuşulan şey** Ayten'in şapkasıydı.	**Das, worüber** auf der Party am meisten **gesprochen wurde**, war der Hut von Ayten.

Wie oben erwähnt wurde, zeigt das -en-Partizip eine Handlung, die gerade geschieht oder geschehen ist. Um das zu unterscheiden und auch um zukünftige Handlungen darzustellen, werden folgende Partizipien gebraucht.

5.2 Partizipien mit -mİş (olan), -mEktE olan und -(y)EcEk (olan)

Beim vierförmigen **-miş-Partizip** ist die Handlung vollzogen. Mit dem Wort **olan** (seiend) kann das Nomen, das die Handlung ausführt, betont werden:

Zeit	Beispielsatz	
Vergangenheit -(mE)mİş (olan)	**Kızarmamış** patatesleri tavada bırak.	Lass die nicht gebratenen Kartoffeln in der Pfanne.
	Kurumuş olan çamaşırları dolaba koy!	Leg die Wäsche, **die getrocknet ist**, in den Schrank.

Zusammen mit nachfolgendem **olan** *(seiend)* bildet die zweiförmige Endung **-mEktE** ein Partizip, das eine Handlung anzeigt, die gerade passiert:

Zeit	Beispielsatz	
Gleichzeitigkeit -mEktE olan	Çocuklarla **konuşmakta olan** adamı tanıyor musun?	Kennst du den Mann, **der gerade** mit den Kindern **spricht**?

Und zu guter Letzt zeigt das zweiförmige **-ecek-Partizip**, dass eine Handlung in der Zukunft geschehen wird. Auch hier kann das Wort **olan** benutzt werden, um das dahinter stehenden Nomen zu betonen:

Zeit	Beispielsatz	
Zukunft -(y)EcEk (olan)	Mültecilere **gidecek olan** paketler hazır mı?	Sind die Pakete, **die** an die Flüchtlinge **gehen werden**, fertig?
	Aber: **gelecek** yıl	das Jahr (und nicht: das Jahr, das kommen wird)

Wenn Partizipien mit -miş und -ecek ohne Nomen gebraucht werden, dann werden sie mit **olan** (bei Einzahl immer, bei Mehrzahl in der Regel) benutzt.

Benimle **konuşacak olan** kim?	Wer ist **derjenige, der** mit mir **sprechen wird**?
Kızarmış olanları tavadan çıkar. *(wird bevorzugt)*	Nimm **die, die gebraten sind**, aus der Pfanne.
Kızarmışları tavadan çıkar.	Nimm die gebratenen aus der Pfanne.

5.3 -DİK und -(y)EcEK-Partizipien

Bei den **-DİK-** und **-(y)EcEK-Partizipien** wird die Handlung nicht von dem Nomen vollzogen, das nach dem Partizip kommt, sondern von einem anderen. An beide Partizipien tritt immer eine Possessivendung, die auf die Person/die Sache verweist, die die Handlung vollzieht.

Polisin takip ettiği kadın...	Die Frau, die von der Polizei verfolgt wird ...
Kadın mı takip ediyor?	Verfolgt die Frau jemanden?
Hayır, polis takip ediyor.	Nein, die Polizei verfolgt (sie).

Der Unterschied zwischen -dik- und -ecek-Partizipien ist zeitlich: -dik deutet auf eine Handlung hin, die vollzogen wurde oder gerade vollzogen wird. -ecek zeigt auf eine zukünftige Handlung.

İzlediğiniz film nasıl?	Wie ist der Film, den ihr euch anschaut?
İzlediğiniz film nasıldı?	Wie war der Film, den ihr euch angeschaut habt?
İzleyeceğiniz filmde kimler oynuyor?	Wer spielt in dem Film, den ihr euch anschauen werdet?

5.4 Adverbialsätze mit -dik- und -ecek-Partizipien

Zusammen mit bestimmten Wörtern werden aus diesen beiden Partizipien Adverbialsätze gebildet. In Lektion 3 finden Sie eine Tabelle des -dik-Partizips mit allen Possessivendungen. Hier folgt eine entsprechende Tabelle mit dem -ecek-Partizips:

Stamm	Verneinung	-(y)EcEK	Possessivendung	(için, hâlde usw.)
çalış-	-ma-	-yacağ-	-ım	için
çalışmayacağım için		weil ich nicht mehr arbeiten werde		

Mit allen Personen:

ben	yapacağım için	biz	yapacağımız için
sen	yapacağın için	siz	yapacağınız için
o / Ayşe	yapacağı için	onlar	yapacakları için

Einige dieser Adverbialsätze wurden bereits in Lektion 3 vorgestellt:

In den folgenden adverbialen Nebensätzen steht **das Subjekt im Nominativ**. Wird das Subjekt nicht genannt, verweist allein die Possessivendung des Partizips darauf:

-DİK+İ için	**Komşum** telefonu yere düşürdüğü için kırıldı.	Weil mein Nachbar das Telefon hat fallen lassen, ist es kaputt gegangen.
-ECEK+İ için *= weil*	**Paula** Türkiye'de okuyacağı için Türkçe öğreniyor.	Weil Paula in der Türkei studieren wird, lernt sie Türkisch.
-DİK+İ hâlde	**Telefon** yere düştüğü hâlde kırılmadı.	Obwohl das Telefon runtergefallen ist, ist es nicht kaputt gegangen.
-ECEK+İ hâlde *= obwohl*	Türkiye turu yapacakları hâlde hiç hazırlık yapmadılar.	Obwohl sie eine Türkeitour machen werden, haben sie gar keine Vorbereitungen getroffen.
-DİK+İ zaman (auch -ecek)	**Sen** tatilden döndüğün zaman bu konuyu tekrar konuşuruz.	Wenn du aus dem Urlaub zurückkommst, besprechen wir dieses Thema nochmal.
-DİK+İ gün (auch -ecek)	**Ben** emekli olduğum gün oradan bir yazlık ev alacağız.	An dem Tag, an dem ich in Rente gehe, werden wir dort ein Sommerhaus kaufen.
-DİK+İ an (auch -ecek)	**Arkadaşım** beni gördüğü an çok şaşırdı.	In dem Moment, in dem mein Freund mich sah, war er sehr erstaunt.
-DİK+İ+(n)dE (nicht -ecek) *= wenn/als (zeitlich)*	**Ali** geldiğinde konuşuruz.	Wir besprechen das, wenn Ali kommt.
	Paula, Türkiye'ye ilk geldiğinde yabancılık çektiğini söyledi. (Lektion 10, Übung 2)	Paula sagte, dass sie sich, als sie das erste Mal in die Türkei kam, (hier) fremd gefühlt habe.
-DİK+İ sürece (nicht -ecek) *= solange*	**Siz** kelimeleri kullanmadığınız sürece unutursunuz.	Ihr werdet die Wörter vergessen, solange ihr sie nicht benutzt.
-DİK+İ sırada (auch -ecek) *= in dem Moment, als*	Balkonda **kitap okuduğum sırada** yan tarafta birinin bağırdığını duydum.	**Als ich** auf dem Balkon **ein Buch las**, hörte ich, wie nebenan jemand schrie.
	Tam **eve gideceğim sırada** büroma gelip bana yeni bir dosya getirdi.	**In dem Augenblick, als ich nach Hause gehen wollte**, kam er in mein Büro und gab mir eine neue Akte.

4

GRAMMATIK

-DİK+İ+(n)den beri (a. -ecek) *= seitdem*	**Biz** kursa gittiğimizden beri daha iyi Türkçe konuşabiliyoruz.	Seitdem wir zum Kurs gehen, können wir besser Türkisch sprechen.

In den folgenden adverbialen Nebensätzen steht **das Subjekt**, wenn es genannt wird, **im Genitiv** (als Nomen) oder **als Possessivpronomen**:

-DİK+İ gibi wie	Şefim çalışma saatlerimi **benim istediğim gibi** düzenliyor. (aus Lektion 6)	Meine Chefin organisiert meine Arbeitszeiten so, wie ich es möchte.
	Sizin de **bildiğiniz gibi**... (aus Lek.10/Ü.10)	wie Sie wissen/wie ihr wisst
	Bilindiği gibi...	wie man weiß (wie gewusst wird)
-DİK+İ kadar *= so viel/sehr wie*	Beşik kertmesi, Karadeniz'de doğuda **olduğu kadar** zorlayıcı değil. (aus Lektion 9, Örf ve Âdetler)	Die Verlobung im Babyalter ist am Schwarzen Meer nicht so zwingend wie im Osten.
	Meyveden **senin istediğin kadar** aldım.	Von dem Obst habe ich so viel gekauft, wie du es wolltest.
-DİK+İ kadarıyla *= soweit*	**Benim bildiğim kadarıyla** burada çok sayıda müze var.	**Soweit ich weiß**, gibt es hier viele Museen.
	Benim görebildiğim kadarıyla onun sonu iyi olmayacak.	**Soweit ich es sehen kann**, wird sein Ende nicht gut sein.

§ 6 VERBALADVERBIEN – VERBEN ALS ADVERBIEN (ZARF-FİİL)

In der sechsten Lektion wurde bereits erklärt, was Verbaladverbien sind und wie sie gebraucht werden. Bis auf drei Endungen können bei Verbaladverbien Haupt- und Nebensatz unterschiedliche Subjekte haben. In solchen Fällen müssen die jeweiligen Subjekte genannt werden.

Gleiches Subjekt	unterschiedliche Subjekte
(Ben) durakta **beklerken** eski komşumuzla **karşılaştım**.	**Sen** durakta **beklerken ben** bankadan para **çekeyim**.
Während (Als) ***ich*** *an der Haltestelle* ***wartete****, bin* ***ich*** *unserem alten Nachbarn* ***begegnet****.*	*Während* ***du*** *an der Haltestelle* ***wartest****,* ***hole ich*** *Geld von der Bank.*

Bedeutung	Endung	mit Verneinung[1]	VH[2]	untersch. Subjekte[3]
während / wenn schon	-mİşken	-mEmİşken	-ken ist einförmig und wird an eine der vier Zeitformen -miş, -r, -yor und -ecek angehängt	ja
während	-rken[4]	-mEzken		
während	-İyorken *(seltener)*	-mİyorken		
während / anstelle	-(y)EcEkken	-mEyEcEkken		

Kapodokya'ya **gelmişken** bir de balon turu yapalım.
Während/Wo wir schon in Kappadokien sind, lasst uns eine Ballonfahrt machen.

Sen bana yardım **etmezken** küçük kızın yardım ediyor.
Während du mir nicht hilfst, hilft deine kleine Tochter.

Eskiden marketten alışveriş **yapıyorken** şimdi pazara gidiyoruz.
Während wir früher im Supermarkt eingekauft haben, gehen wir jetzt auf den Markt.

Dün sana telefon **edecekken** yanlışlıkla Ayşe'ye telefon ettim.
Als ich dich gestern anrufen wollte, hatte ich aus Versehen Ayşe angerufen.

-ken ist hier die einzige Endung, die auch **an Nomen und Adjektive angehängt werden kann**:

Zamanın **varken** neden alışverişe gitmiyorsun?
Warum gehst du nicht einkaufen, wo du schon Zeit hast?

Sen **burdayken** Ali seni aradı.
Als du im Büro warst, hat dich Ali angerufen.

bevor | **-mEdEn önce** | **-** | **KV** | **ja**

Pencereyi **kapamadan önce** derin bir soluk aldı.
Bevor er das Fenster schloss, atmete er tief ein.

nachdem | **-DİktEn sonra** | **-** | **GV (-dik-) und KV (-ten)** | **ja**

Pencereyi **kapattıktan sonra** yatağına uzandı.
Nachdem er das Fenster geschlossen hatte, legte er sich in sein Bett.

und | **-(y)İp** | **-mEyİp** | **KV (-mE-) und GV (-(y)İp)** | **nein**

Yatağına **yatıp** uyudu.
Er legte sich ins Bett und schlief ein.

gleich nachdem | **-r -mez** | **-** | **KV bzw. GV (-r) KV (-mEz)** | **ja**

Bei diesem Verbaladverb wird das Verb im Aorist der 3. Pers. Sing. doppelt gesetzt, und zwar zuerst bejaht und danach verneint.

Otele **gelir gelmez** sahile koştular.
Kaum im Hotel angekommen, rannten sie an den Strand.

indem, durch, -end | **-(y)E -(y)E** | **-mEyE -mEyE** | **KV** | **nein**

In der Regel wird diese Doppelform mit dem gleichen Verb, manchmal aber auch mit verschiedenen (zwei ähnlichen oder gegensätzlichen) Verben gebildet. Anders als -erek signalisiert -e -e eine Handlung, die sich mehrmals wiederholt oder die länger andauert.

Kamyonetin üzerindeki köylüler **güle oynaya** düğüne gidiyorlardı.
Die Dorfbewohner fuhren auf dem kleinen Laster lachend und tanzend zur Hochzeitsfeier.

Güle güle git.
Gehe mit Freude. (Gehe **lachend**.)

Küçük kız, **emekleye emekleye** annesinin yanında geldi.
Das kleine Mädchen kam krabbelnd zu seiner Mutter.

Deneye deneye öğrendim.
Ich habe es gelernt, indem ich es immer und immer wieder probiert habe.

Çantaları **taşıya taşıya** yoruldu.
Sie war müde von dem ständigen Tragen der Taschen.

indem, durch, -end | **-(y)ErEk** | **-mEyErEk** | **KV** | **nein**

Çantaları içeri **taşıyarak** annesine yardım etti.
Sie half ihrer Mutter, indem sie die Taschen rein trug.

wenn / als (temporal oder kausal)	**-(y)İncE**	**-mEyİncE**	**KV (-mE-)** **GV (-(y)İn-)** **KV (-cE)**	**ja**
Beni **görünce** korktu. *(kausal)* Neden korktu? Beni gördüğü için.			Als er mich sah, hat er sich erschrocken. Warum hat er sich erschrocken? Weil er mich gesehen hat.	
Anneniz alışverişten **dönünce** sofraya otururuz. *(temporal)* Sofraya ne zaman otururuz? Anneniz **gelince** !			Wenn eure Mutter vom Einkaufen zurückkommt, setzen wir uns an den Tisch. Wann setzen wir uns an den Tisch? Wenn eure Mutter zurückkommt.	
bis	**-(y)EnE kadar** **(-(y)EnE dek)**	-	**KV**	**ja**
Sen bankadan para **çekene kadar** (*seltener:* **dek**) ben kredi kartıyla öderim.			Bis du bei der Bank Geld abgehoben hast, bezahle ich mit der Kreditkarte.	
bis	**-(y)İncEyE kadar** **(-(y)İncEyE dek)**	-	**GV (-İn-)** **KV (-cEyE)**	**ja**
Sen bankadan para **çekinceye kadar** (*seltener:* **dek**) ben kredi kartıyla ödedim.			Bis du bei der Bank Geld abgehoben hast, habe ich (schon) mit der Kreditkarte bezahlt.	
solange / je mehr	**-DİkçE**	**-mEdİkçE**	**KV (-mE-)** **GV (-Dİk)** **KV (-çE)**	**ja**
Komşu **anlattıkça** bis gülmekten ölüyorduk.			Je mehr der Nachbar erzählte, umso mehr haben wir uns kaputt gelacht.	
ohne zu	**-mEdEn**	-	**KV**	**ja**
Parayı hesaba **yatırmadan** geri döndü.			Ohne das Geld auf das Konto einzubezahlen, ist sie zurückgekehrt.	
ohne zu	**-mEksİzİn** *(selten)*	-	**KV (-mEk-)** **GV (-sİzİn)**	**nein**
Hiç **düşünmeksizin** yerde yatan adama yardım etti.			Ohne überhaupt nachzudenken, hat sie dem auf dem Boden liegenden Mann geholfen.	
seit	**(y)Elİ**	**-mEyElİ**	**KV (-mEyE-)** **GV (-lİ)**	**ja**
Görüşmeyeli *(verneint!)* çok oldu.			Es ist lange her, dass wir uns gesehen *(bejaht!)* haben.	
Buraya **taşınalı** 3 yıl oldu.			Es ist drei Jahre her, seit wir hier eingezogen sind.	

[1]Die Endung kann auch in verneinter Form gebraucht werden; [2]VH - Vokalharmonie (KV = kleine VH; GV = große VH); [3]Nebensatz und Hauptsatz können unterschiedliche Subjekte haben; [4]Als einziges Verbaladverb wird -ken nicht an den Verbstamm, sondern an eine Zeitendung gehängt, in den meisten Fällen an die Aorist-Endung.

Achtung! Nach Verbaladverbien kommt kein Komma. Wenn ein Satz mehrere Verbaladverbien hat, dann werden sie voneinander mir Kommata getrennt. Das letzte bekommt kein Komma.

7 DAS WORT DİYE

Das Wort **diye** verbindet verschiedene Aussagen, Fragen, Gedanken, Wünsche und Ereignisse mit einem Hauptverb. Dabei entstehen verschiedene Anwendungsmöglichkeiten. Sie können sich **diye** grob als **sagend**, **meinend**, **denkend** merken.

Diye wird als Verbindung zwischen direkter Rede bzw. Frage und einem Hauptverb gebraucht. Als Hauptverb kommen hier Verben des Sagens wie **sormak**, **cevap vermek**, **yanıtlamak** (antworten), **belirtmek** (zum Ausdruck bringen) in Frage.

Duraktaki kadına „Hangi otobüs Taksim'e gidiyor?" diye sordum.	Ich fragte die Frau an der Haltestelle: „Welcher Bus fährt nach Taksim?" (wörtl.: „Welcher Bus fährt nach Taksim?" sagend habe ich die Frau gefragt.)
O da bana gülerek „Taksim'e 16 numaralı otobüs gidiyor." diye cevap verdi.	Sie antwortete mir mit einem Lächeln (lachend): „Nach Taksim fährt der 16er Bus."
Sonra, siz İstanbullu musunuz, diye sordu.	Dann fragte sie, ob ich aus Istanbul stamme.
„Hayır, Ankaralıyım!" diye yanıt verdim.	„Nein, ich stamme aus Ankara!" antwortete ich.

Weitere Verben, die nach einer direkten Rede mit diye gebraucht werden können, sind u. a. folgende:

"..." diye anlatmak	erzählen	"..." diye homurdanmak	brummen
"..." diye bağırmak	schreien	"..." diye mırıldanmak	murmeln
"..." diye belirtmek	zum Ausdruck bringen	"..." diye söylenmek	vor sich hin murren
"..." diye eklemek	hinzufügen	"..." diye seslenmek	rufen
"..." diye feryat etmek	jammern	"..." diye yakınmak	sich beklagen
"..." diye fısıldamak	flüstern	"..." diye yanıt vermek	antworten
"..." diye haykırmak	(los-)schreien	"..." diye yanıtlamak	antworten

Diye wird nie mit dem Verb **demek** gebraucht, weil **diye** ein Verbaladverb von **demek** ist. Das würde sich so anhören: „sagend sagte ich". Stattdessen kann nach einer direkten Rede **demek** alleine gebraucht werden.

Ayşe'ye ne dedin?	Was hast du Ayşe gesagt?
Ahmet seninle konuşmak istiyor, dedim.	Ich sagte: „Ahmet möchte mit dir sprechen."

Diye kann auch als Verbindung zwischen einer Frage und **merak etmek** (sich Sorgen machen, neugierig sein) und einer Aussage bzw. Frage und **düşünmek** (denken) gebraucht werden.

Bu sahneyi nasıl çektiler, diye merak ediyorum.	Ich frage mich, wie sie diese Szene gedreht haben. (wörtl.: „Wie haben sie diese Szene gedreht?" denkend bin ich neugierig.)
Bu sahneyi bilgisayarda yapmışlardır, diye düşünüyorum.	Ich denke, dass sie diese Szene am Computer gemacht haben.

Nach Befehls- und Wunschformen (die Wunschform -(y)E meist in der ersten Person) hat **diye** die Bedeutung von ‚damit'.

Üzülme diye sana bir şey anlatmadık. *(nach Befehlsform)* Üzülmeyesin diye sana bir şey anlatmadık. *(nach Wunschform -(y)e)*	Damit du nicht traurig bist, haben wir dir nichts erzählt.

Diye wird nach einer Tatsachenbehauptung oder Annahme gebraucht, um eine Handlung zu begründen.

Kızarsın diye sana bir şey anlatmadık. *(Aorist)*	Wir haben dir nichts erzählt, weil (wir dachten, dass) du schimpfen würdest.
Üzülürsün diye sana bir şey anlatmadık. *(Aorist)*	Wir haben dir nichts erzählt, weil (wir dachten, dass) du traurig sein würdest.
Parası var diye hava atıyor. *(Präsens)*	Er gibt an, weil er Geld hat.
Fazla zamanım yok diye lokantada fazla oturmadık.	Weil ich nicht viel Zeit hatte, sind wir im Restaurant nicht lang sitzen geblieben.

Diye wird auch gebraucht, um ein Versehen auszudrücken. Häufig wird hier auch die Zeitform -miş gebraucht, um ein späteres Bemerken darzustellen.

Yanlışlıkla sen diye Ayşe'ye telefon ettim.	Statt dich habe ich aus Versehen Ayşe angerufen.
Sonradan anladım ki kahveye şeker diye tuz atmışım.	Später habe ich festgestellt, dass ich Salz statt Zucker in den Kaffee getan habe.

8 TRANSITIVE UND INTRANSITIVE VERBEN

Transitive Verben sind solche, die in der Regel ein Akkusativobjekt brauchen: **çay içmek**, **Türkçe öğrenmek**, **kitap okumak** usw.

Subjekt	Akkusativobjekt	Prädikat (transitives Verb)
Ayşe	çay	içiyor.
Paula	Türkçe	öğrendi.

Intransitive Verben dagegen können kein Akkusativobjekt haben: **doğmak**, **büyümek**, **yaşamak**, **yaşlanmak**, **ölmek** ... usw.

Subjekt	~~Akkusativobjekt~~	Prädikat (intransitives Verb)
Annem		**çok yaşlandı.**
Nehir *(weiblicher Name)*		**çok büyümüş.**

9 HANDLUNGSSTRUKTUREN DES VERBES

In der siebten Lektion wurde das Passiv vorgestellt. Hier finden Sie weitere Verbformen wie das Kausativ oder das Reflexiv, die alle (meistens) mit Endungen gebildet werden. Im Türkischen gibt es insgesamt fünf Handlungsstrukturen des Verbes: Aktiv (selbst tätig seiend), Passiv (von einer Einwirkung von außen betroffen seiend), Reflexiv (sich auf sich selbst zurückbeziehend), Kausativ (etwas veranlassend) und Reziprok (wechselseitig aufeinander einwirkend).

Wichtig ist, dass die Endungen, die die neuen Verben bilden, direkt nach dem Verbstamm kommen.

Stamm	Wortbildungs-endung(en)	Verneinung	Zeit	Frage + Person bzw. Person + Frage
tamir et-	**-il-** (Passiv)	**-me-**	**-di**	**mi?**
Televizyon hâlâ tamir edilmedi mi?				*Wurde der Fernseher immer noch nicht repariert?*

9.1 Handlungsstrukturen des Verbes – das Aktiv

Aktive Verben sind Verben in ihrer einfachen, grundlegenden Form (in der Regel ohne weitere Endungen nach dem Stamm): **binmek**, **inmek**, **aramak**, **sormak**, **koşmak** usw.

9.2 Handlungsstrukturen des Verbes – das Passiv

Das Passiv wird in Lektion 7 ausführlich dargestellt. Achten Sie hier auf ein besonderes Verb: **konmak**. Es ist die Passivform von **koymak** (hinzufügen, hinstellen)!

Halının üstüne kahve konmaz ki!	Man kann doch den Kaffee nicht auf den Teppich stellen!
Tatlının içine çok az tuz konur!	Man gibt in die Süßspeise ein wenig Salz.

Übrigens: Aus allen Verben kann man die Passivform bilden.

4

GRAMMATIK

9.3 Handlungsstrukturen des Verbes – das Reflexiv

Reflexive Verben beziehen sich auf das Subjekt zurück. Die Handlung geht vom Subjekt aus und richtet sich auf es selbst. Die Endungen sind nach einem Vokal ein **-n** und nach einem Konsonanten **-İn** (GV). Verben, die im Stamm mit -n enden, haben keine Reflexivform.

nach Vokal ein -n	Nach Konsonanten -İn (GV)
hazırla**n**mak *(sich vorbereiten)*	giy**in**mek *(sich anziehen)*
söyle**n**mek *(vor sich hin murren)*	döv**ün**mek *(sich schlagen)*
	bul**un**mak *(sich befinden)*
	al**ın**mak *(übel nehmen/etw. auf sich nehmen)*

aktives Verb	reflexives Verb
yıkamak	yıka**n**mak
Elimi, yüzümü yıkıyorum.	Banyoda yıkanıyor.
Ich wasche meine Hände und mein Gesicht.	*Er/Sie wäscht sich im Badezimmer.*
giymek	giy**in**mek
Ceket giymeyecek misin? Hava soğuk.	Giyinmeyecek misin? Birazdan misafirler geliyor.
Wirst du keine Jacke anziehen? Das Wetter ist kalt.	*Wirst du dich nicht anziehen? Gleich kommen die Gäste.*

Verben, deren Stämme auf -n enden, haben keine Reflexivform. Auch sonst können nicht aus allen Verben Reflexivformen gebildet werden:

Verb	**Reflexivverb**
sormak (fragen)	~~sorunmak~~ (falsch)
yapmak (machen)	~~yapınmak~~ (falsch)
uyumak (schlafen)	~~uyunmak~~ (falsch)

9.3.1 - Das Reflexivpronomen kendi

Wenn von einem Verb **keine** Reflexivform gebildet werden kann, helfen die Reflexivpronomen:

Verb	mit Reflexivpronomen	
uyumak	Ben **kendim** uyudum.	**Ich selbst** habe geschlafen.
sormak	Ben bu soruyu **kendime** kaç defa sordum!	Wie oft habe ich **mir** diese Frage gestellt!
yapmak	Yemekten sonra **kendilerine** güzel bir Türk kahvesi yaptılar.	Nach dem Essen haben sie **sich** einen schönen türkischen Kaffee gemacht.

Dabei ist es wichtig, für welchen Satzteil das Reflexivpronomen gebraucht wird.

Kartı **kendim** yazdım. (Kim? Wer? - Subjekt)	Die Karte habe **ich selbst** geschrieben.
Kartı **kendime** yazdım. (Kime? Wem? Dativobjekt)	Ich habe die Karte **mir selbst** geschrieben.

Reflexivpronomen für alle Personen und Fälle:

Nominativ	**Dativ**	**Lokativ**	**Ablativ**	**Akkusativ**	**Genitiv (selten)**
kendim *ich selbst*	kendime *mir selbst*	kendimde *bei mir selbst*	kendimden *von mir selbst*	kendimi *mich selbst*	kendimin *meine (eigene)*
kendin *du selbst*	kendine *dir selbst*	kendinde *bei dir selbst*	kendinden *von dir selbst*	kendini *dich selbst*	kendinin *deine (eigene)*
kendisi *er/sie selbst*	kendisine *sich selbst*	kendisinde *bei sich selbst*	kendisinden *von sich selbst*	kendisini *sich selbst*	kendisinin *seine/ihre (eigene)*
kendimiz *wir selbst*	kendimize *uns selbst*	kendimizde *bei uns selbst*	kendimizden *von uns selbst*	kendimizi *uns selbst*	kendimizin *unsere (eigene)*
kendiniz *ihr/Sie selbst*	kendinize *euch/sich selbst*	kendinizde *bei euch/sich selbst*	kendinizden *von euch/ Ihnen selbst*	kendinizi *euch/sich selbst*	kendinizin *eure/Ihre (eigene)*
kendileri *sie selbst*	kendilerine *sich selbst*	kendilerinde *bei sich selbst*	kendilerinden *von sich selbst*	kendilerini *sich selbst*	kendilerinin *ihre (eigene)*

Eigene Beispiele:

Bize biraz **kendinizden** bahseder misiniz?	Würden Sie bitte etwas **über sich selbst** erzählen?
Bugün **kendimi** çok iyi hissediyorum.	Ich fühle **mich** heute sehr gut.
Biraz **kendine** gel!	Benimm dich! (Komm etwas **zu dir selbst**.)

Wichtig:
1. Wenn das Verb reflexiv ist, darf kein Reflexivpronomen gebraucht werden.
2. Als Adjektiv vor einem Nomen ist das Reflexivpronomen **kendi** immer unverändert:

On yıldan beri **kendi evimizde** oturuyorum.	Seit zehn Jahren wohnen wir **in unserem eigenen Haus**.

3. Anstelle von **o** bzw. **onlar** wird oft aus Höflichkeit **kendisi** bzw. **kendileri** benutzt.

Sizi Julia Hanım'la tanıştırayım. **Kendisi** Türk müziğine hayran.	Darf ich sie mit Frau Julia bekanntmachen. **Sie** bewundert die türkische Musik.

9.4 Handlungsstrukturen des Verbes – das Kausativ

Kausative Endungen haben im Türkischen zwei Aufgaben:
1. Sie bilden aus intransitiven Verben transitive Verben:

intransitives Verb	transitives Verb (mit Akkusativobjekt)
ölmek (sterben)	öl**dür**mek (töten)
Komşuların köpeği[1] **ölmüş**.	Katil üç kişiyi **öldürmüş**.
*Der Hund des Nachbarn ist **gestorben**.*	*Der Mörder **hat** drei Menschen **getötet**.*

[1]Bei köpeğ-i ist das -i eine Possessivendung und keine Akkusativendung.

2. Aus transitiven Verben machen sie kausative Verben:

transitives Verb	kausatives Verb (immer transitiv)
öldürmek (töten)	öldür**t**mek (töten lassen)
Katil üç kişiyi **öldürmüş**.	Mafya babası adamlarına birçok kişiyi **öldürtmüş**.
	*Der Mafiaboss **ließ** seine Männer viele Menschen **töten**.*

Wie das Beispiel oben zeigt, kann mehr als eine Kausativendung an einen Verbstamm angehängt werden: ölmek → öldürmek → öldürtmek.

Das Kausativ hat verschiedene Endungen. Eine der häufigsten ist die achtförmige Endung -DIr. Sie kann aber nicht an mehrsilbige Stämme angehängt werden, die mit einem Vokal oder mit -l oder -r enden:

Anne, bebeğe yemeğini ye**dir**iyor.	Die Mutter gibt dem Baby Essen.
Antrenör sporculara iki saat koşu yap**tır**dı.	Der Trainer ließ die Sportler zwei Stunden joggen.

Bei mehrsilbigen Stämmen, die auf Vokal, -l oder -r enden, wird statt -DIr die Endung -t angehängt:

4
GRAMMATIK

Dün beni bir saat durakta bekle**tt**i.	Sie hat mich gestern an der Haltestelle eine Stunde warten lassen.
Tavada patatesleri kızar**t**ıp masaya getirdi.	Sie hat die Kartoffeln in der Pfanne gebraten und an den Tisch gebracht.
Resmi havaya yüksel**t**ti ve herkese gösterdi.	Er streckte das Bild in die Höhe und zeigt es jedem.

Die vierförmige Endung -İr (GV) kann an einsilbige Stämme kommen, die auf einen Konsonanten enden:

bitmek *(zu Ende gehen)*	bitirmek *(beenden)*	içmek *(trinken)*	içirmek *(trinken lassen)*
doğmak *(geboren werden)*	doğurmak *(gebären)*	pişmek *(kochen)*	pişirmek *(etw. kochen)*
düşmek *(fallen)*	düşürmek *(fallen lassen)*	tanımak *(kennen)*	tanıtmak *(bekannt machen)*
geçmek *(vergehen)*	geçirmek *(verbringen)*	yatmak *(sich hinlegen)*	yatırmak *(jdn zur Bett bringen)*

Çocuklar parkta uçurtma uç**ur**uyordu.	Die Kinder ließen im Park die Drachen fliegen.

Außer diesen drei Endungen sind noch weitere Endungen vorhanden, die aber sehr selten sind. Merken Sie sich u. a. folgende Verben:

akmak *(fließen)*	ak**ıt**mak *(fließen lassen)*	görmek *(sehen)*	gös**ter**mek *(zeigen)*
çıkmak *(rausgehen)*	çık**ar**mak *(rausholen)*	korkmak *(Angst haben)*	kork**ut**mak *(Angst machen)*
gitmek *(gehen)*	gid**er**mek *(beheben)*		
gitmek *(gehen)*	gön**der**mek *(schicken)*	kopmak *(reißen)*	kop**ar**mak *(abreißen)*
gitmek *(gehen)*	göt**ür**mek *(hinbringen)*	öğrenmek *(lernen)*	öğre**t**mek *(lehren)*

9.5 Handlungsstrukturen des Verbes – das Reziprok

Das Reziprok zeigt eine Handlung, die gegenseitig oder gemeinsam vollzogen wird.

Karşılıklı yapma – gegenseitiges Handeln		**Birlikte yapma – gemeinsames Handeln**	
anlamak *(verstehen)*	anlaşmak *(sich verstehen)*	beklemek *(warten)*	bekleşmek *(zusammen warten)*
...	konuşmak *(sich unterhalten)*	gülmek *(lachen)*	gülüşmek *(zusammen lachen)*
yazmak *(schreiben)*	yazışmak *(sich schreiben)*	uçmak *(fliegen)*	uçuşmak *(herumfliegen/z. B. Vögel)*

Das Reziprok kann auch das Entstehen einer Handlung oder eines Zustands anzeigen.

Oluş – Entstehung			
gelişmek	*sich entwickeln*	kötüleşmek	*sich verschlechtern*
iyileşmek	*gesund werden*	zorlaşmak	*schwieriger werden*

4 GRAMMATIK

Die Endungen für das Reziprok sind **-ş** bzw. das vierförmige **-İş**.

nach Vokal ein -ş	**nach Konsonanten -İş** (GV)
ağla**ş**mak *(zusammen weinen)*	bak**ış**mak *(sich gegenseitig anschauen)*
bekle**ş**mek *(gemeinsam warten)*	kes**iş**mek *(sich überkreuzen, z. B. die Wege)*
uyu**ş**mak *(einschlafen, z. B. das Bein, der Arm)*	bul**uş**mak *(sich treffen)*
	gül**üş**mek *(gemeinsam lachen)*

9.6 Handlungsstrukturen des Verbes - Mehrere Endungen gleichzeitig

Ein Verbstamm kann gleichzeitig bis zu drei Endungen dieser Art aufnehmen, und zwar Reziprok-, Kausativ und Passivendungen. Diese Endungen können nur in dieser Reihenfolge vorkommen.

Verbstamm → (Reziprok) → (Kausativ) → (Passiv) → NEUER VERBSTAMM

Verbstamm	**Reziprok**	**Kausativ**	**Passiv**
ol-	**-uş-**	**-tur-**	**-ul...**
Polis tarafından binanın etrafında büyük bir halka oluşturuldu.		Durch die Polizei wurde um das Gebäude herum ein großer Kreis gebildet.	
döv-	**-üş-**	**-tür-**	**-ül...**
Dedemin yaşadığı köyde eskiden horozlar dövüştürülürdü.		Früher hat man in dem Dorf, wo mein Opa lebt, Hähne kämpfen lassen.	

Von den Reziprok-, Kausativ- und Passivendungen können auch nur zwei verwendet werden. Aber wieder nur in dieser Reihenfolge:

Verbstamm	**Reziprok**	**Kausativ**	**Passiv**
gül-	**-üş-**	**-**	**-ül...**
Sınıfta çok gülüşüldü.		In der Klasse wurde viel gemeinsam gelacht.	
gör-	**-üş-**	**-tür...**	
Kapıdaki memur bizi müdürle görüştürmedi.		Der Beamte an der Tür ließ uns nicht mit dem Direktor sprechen.	
yap-	**-**	**-tır-**	**-ıl...**
Kapıdaki alarm yeni yaptırıldı.		Die Alarmanlage an der Tür hat man neu machen lassen.	

Alphabetische Wortliste Türkisch - Deutsch

Die Wortliste Deutsch - Türkisch finden Sie zum Download unter
www.pons.de/power-sprachkurs

A

aç	*hungrig*	L01
acente	*Agentur*	L09
acı	*scharf*	L01
açık mavi	*hellblau*	L04
açıklama	*Erklärung*	L03
acıkmak	*Hunger bekommen*	L01
acil	*dringend*	L08
acil bölüm	*Notfallstation*	L08
acil durum	*Notfall*	L09
açılış	*Öffnung*	L02
acımak	*schmerzen (von außen verursacht, z.B. Schnittwunde)*	L08
ada	*Insel*	L05
Adalar	*Prinzeninseln*	L05
adet (-di)	*Stück*	L02
âdet (-ti)	*Brauch*	L07
adlandırmak	*bezeichnen*	L09
afiyet	*Wohlbefinden*	L01
ağaç (-cı)	*Baum*	L09
ağartıcı	*Bleichmittel*	L04
ağız (-ğzı)	*Mund*	L02
ağlamak	*weinen*	L08
ağrı	*Schmerz*	L05
ağrımak	*schmerzen (von innen verursacht, z.B. Magenschmerzen)*	L08
ait olmak (-e)	*gehören (zu)*	L02
akarsu	*fließendes Gewässer*	L09
Akdeniz	*Mittelmeer*	L06
akıllı	*klug, vernünftig*	L08
aklına gelmek (-in)	*einfallen (jdm.)*	L07
akraba	*Verwandte(r)*	L02
aksi takdirde	*andernfalls*	L03
alakalı (-le)	*betreffend*	L08
alan	*Bereich*	L03
albüm	*Album*	L02
alerji	*Allergie*	L08
alıcı	*Empfänger*	L06
alınmak (Pass. v. almak)	*(mit)genommen werden*	L02
alışmak (-e)	*sich gewöhnen an*	L05
alıştırma	*Übung*	L06
alışveriş merkezi	*Einkaufszentrum*	L01
alkollü	*alkoholisch*	L01
alkolsüz	*alkoholfrei*	L01
altın	*Gold, golden*	L02
amaç (-cı)	*Zweck; Ziel*	L03
amfitiyatro	*Amphitheater*	L09
anavatan	*Vaterland*	L06
anı	*Erinnerung*	L03
anıt (-tı)	*Denkmal*	L09
anlam	*Bedeutung*	L04
anlaşma	*Abkommen*	L06
anlaşmak (-le)	*sich verständigen*	L03
antibiyotik (-ği)	*Antibiotikum*	L08
antik	*antik*	L09
aralıklı	*in Abständen*	L08
Arap	*Araber*	L03
araştırma	*Untersuchung, Forschung*	L05
araştırmak (-i)	*erforschen*	L09
ardıl	*konsekutiv*	L06
ardından (-in)	*nach*	L10
arife	*Vortag (eines religiösen Festes)*	L07
arkeolog (-ğu)	*Archäologe, Archäologin*	L09
armut (-du)	*Birne*	L01
Arnavut	*Albaner*	L03
arşiv	*Archiv*	L05
artık	*endlich*	L02
artık (+ Verneinung)	*nicht mehr*	L07
artmak	*zunehmen*	L08
arttırmak (-i)	*steigern*	L08
arzu	*Wunsch*	L01
arzu etmek (-i)	*wünschen*	L02
aşağıda	*unten*	L06
asgari	*mindest-*	L03
âşık	*verliebt*	L04
âşık olmak (-e)	*sich verlieben (in)*	L04
asıllı	*stammend aus, -stämmig*	L06
asır (asrı)	*Jahrhundert*	L09
aşiret (-ti)	*Volksstamm*	L09
aşırı	*extrem*	L08
asker	*Militär; Soldat*	L06
askerlik (-ği)	*Militärdienst*	L06
aslan	*Löwe*	L03
aslen	*eigentlich*	L05
aslında	*eigentlich*	L01
asmak (-i, -e)	*aufhängen*	L02
ateş	*Feuer; Fieber*	L07
avro	*Euro*	L03
Avrupa Birliği	*Europäische Union*	L02
ayak (-ğı)	*Fuß*	L02
Ayaklarınıza sağlık!	*Danke fürs Kommen!*	L02
ayarlamak (-i)	*regeln*	L09
ayıp (-bı)	*Schande; ungehörig*	L05
ayırmak (-i)	*reservieren*	L09
ayrıca	*außerdem*	L02
ayrılmak (-den)	*verlassen*	L03
ayrıntılı	*detailliert*	L05
azalmak	*abnehmen*	L08

B

bacak (-ğı)	*Bein*	L08
bacı	*Schwester*	L03
bagaj	*Kofferraum*	L03
bağımsızlık (-ğı)	*Unabhängigkeit*	L07
bağırmak (-e)	*(an)schreien*	L03
bağlı (-e)	*verbunden mit*	L09
bahsetmek (-i)	*erwähnen*	L06
bakıcı	*Pfleger*	L06
bakım	*Pflege*	L01
bakım evi	*Pflegeheim*	L06
bakla	*Saubohne*	L02
baklayı ağzından çıkarmak	*mit der Sprache herausrücken*	L02
bal	*Honig*	L01
balon	*Ballon*	L09
banka kartı	*Bankkarte*	L01
bari	*wenigstens*	L10
barındırmak (-i)	*beherbergen*	L09
barışmak (-le)	*sich versöhnen*	L07
baş ağrısı	*Kopfschmerzen*	L05
başarı	*Erfolg*	L06
başarılı	*erfolgreich*	L08
başarısız	*erfolglos*	L08
başarmak (-i)	*zustande bringen*	L05
Başınız sağ olsun!	*Mein Beileid!*	L07
basit	*einfach*	L06
başka (-den)	*außer*	L03
başkent (-ti)	*Hauptstadt*	L03
başlangıç (-cı)	*Anfang*	L04
basmak (-e)	*drücken (auf)*	L01
başvurmak (-e)	*sich wenden an; sich bewerben (für)*	L04
başvuru	*Bewerbung*	L02
başvuruda bulunmak (-e)	*sich bewerben (für)*	L02
bavul	*Koffer*	L03
bayılmak (-e)	*schwärmen für*	L01
bayramlaşmak (-le)	*einander zum Fest beglückwünschen*	L07
beceri	*Fertigkeit*	L06
beden	*Größe (Kleidung)*	L04
bel	*Taille, Lende*	L08
belge	*Dokument*	L03
belirlemek (-i)	*bestimmen*	L04
belirti	*Anzeichen*	L09
belirtmek (-i)	*verdeutlichen*	L04
belki	*vielleicht*	L05

Alphabetische Wortliste Türkisch - Deutsch

B - G

belli	*bestimmt, klar*	L03
bencil	*Egoist*	L08
bencillik (-ği)	*Egoismus*	L08
benzemek (-e)	*ähneln*	L07
benzer	*ähnlich*	L04
bere	*Baskenmütze*	L04
bereket (-ti)	*Fruchtbarkeit*	L01
beri (-diğinden)	*seitdem*	L02
beşik kertme	*Verlobung im Babyalter*	L09
beslemek (-i)	*sich ernähren*	L08
beste	*Komposition*	L02
bestelemek (-i)	*komponieren*	L02
bıçak (-ğı)	*Messer*	L01
bikini	*Bikini*	L04
bıkmak (-den)	*satthaben*	L05
bildirmek (-i)	*mitteilen*	L04
bilezik (-ği)	*Armreif*	L09
bilgi	*Wissen*	L02
bilim	*Wissenschaft*	L05
bilim kurgu	*Science-Fiction*	L05
binlerce	*Tausende*	L02
bir dahaki kere	*nächstes Mal*	L08
bırakmak (-i)	*lassen*	L05
birçok	*viele*	L01
birer	*je eine*	L05
biriktirmek (-i)	*sammeln, sparen*	L06
birkaç	*einige, ein paar*	L02
birleştirmek (-i -le)	*zusammenführen*	L07
birlikte (-le)	*zusammen (mit)*	L07
bitirmek (-i)	*beenden*	L06
bitki	*Pflanze*	L01
bitki çayı	*Kräutertee*	L01
bitkisel	*pflanzlich*	L05
böcek ısırması	*Insektenbiss*	L05
boğaz	*Rachen*	L08
bol	*weit (Kleidung)*	L04
bol bol	*reichlich (Adverb)*	L07
bölge	*Gebiet, Region*	L09
bölüm	*Abteilung; Teil*	L01
borç (-cu)	*Schulden*	L03
Borcum ne?	*Was schulde ich?*	L03
boşluk (-ğu)	*Lücke*	L06
Boşnak	*Bosnier*	L03
boyamak (-i)	*färben*	L07
boyun (-ynu)	*Hals*	L08
boyunca	*(ent)lang*	L03
bozdurmak (-i)	*umtauschen*	L03
bu aralar	*zurzeit*	L01
bu sefer	*dieses Mal*	L10
bu yüzden	*deshalb, aus diesem Grund*	L01
bulaşık deterjanı	*Spülmittel*	L01
bulunmak (-de)	*sich befinden in*	L03
buna karşılık	*da(hin)gegen*	L01
burun (-rnu)	*Nase*	L08
butik (-ği)	*Boutique*	L04
büyü	*Zauber*	L09
büyükelçilik (-ği)	*Botschaft(sgebäude)*	L06
büyümek	*groß werden*	L04

C

çabuk	*rasch*	L04
çağırmak (-i)	*einladen; rufen*	L02
çalışan	*Mitarbeiter(in)*	L04
çalışkan	*fleißig*	L03
Çalışma Bakanlığı	*Arbeitsministerium*	L04
çalmak (-i)	*spielen (Instrument, CD)*	L02
çamaşır	*Wäsche*	L04
çamaşır deterjanı	*Waschmittel*	L01
cami	*Moschee*	L07
can	*Seele*	L05
(canı) sıkılmak	*sich langweilen*	L05
canım	*meine Liebe / mein Lieber*	L04
çare	*Lösung*	L05
çarşı	*Basar*	L05
çatal	*Gabel*	L01
caydırmak (-i -den)	*von etwas abbringen*	L10
caz	*Jazz*	L02
çekinmek (-den)	*sich scheuen vor*	L05
çekmek (-i)	*ziehen*	L05
çerçeve	*Rahmen*	L03
Çerkez	*Tscherkesse*	L03
çeşit (-di)	*Art, Sorte*	L01
çeşitli	*verschiedene*	L03
cevap (-bı)	*Antwort*	L02
çeviri	*Übersetzung*	L08
çevirmek (-i)	*übersetzen*	L06
çevirmen	*Übersetzer(in)*	L06
ceviz	*Walnuss*	L05
çevre	*Umgebung; Umwelt*	L08
Ciddi misin?	*Im Ernst?*	L02
çıkarmak (-i)	*ausziehen (Schuhe); herausbringen*	L02
çikolata	*Schokolade*	L05
çilek (-ği)	*Erdbeere*	L05
çizme	*Stiefel*	L04
çocukluk (-ğu)	*Kindheit*	L02
çoğunlukla	*meistens*	L03
Çok şükür!	*Gott sei Dank!*	L04
çorap (-bı)	*Socke*	L04
çözüm	*Lösung*	L10
cuma namazı	*Freitagsgebet*	L07
cumhuriyet (-ti)	*Republik*	L05
cümle	*Satz*	L06
cüzdan	*Portemonnaie*	L03

D

dağ	*Berg*	L09
dağıtmak (-e, -i)	*verteilen*	L07
dahil	*inklusive*	L03
daire	*Wohnung; Büro*	L07
dalga geçmek (-le)	*auf den Arm nehmen*	L02
damga	*Stempel*	L09
dana	*Kalb*	L01
dar	*eng*	L04
darılmak (-e)	*sauer sein (auf)*	L01
davet (-ti)	*Einladung*	L01
davet etmek (-i)	*einladen*	L01
davranış	*Verhalten*	L08
davranmak (-e)	*sich verhalten*	L08
değer	*Wert*	L03
değerli	*wertvoll*	L03
değişik	*verschieden*	L02
değişiklik (-ği)	*Änderung*	L02
değişmek	*sich verändern*	L08
denemek (-i)	*probieren*	L01
deneyim	*Erfahrung*	L06
deneyimli	*erfahren*	L06
denilmek	*genannt werden*	L09
deniz kenarı	*Meeresküste*	L10
denklik (-ği)	*Gleichheit*	L09
derece	*Grad*	L06
dergi	*Zeitschrift*	L04
deri	*Leder*	L03
derin	*tief*	L08
ders	*Unterricht*	L01
dershane	*Nachhilfe*	L06
dev	*gigantisch, Gigant*	L09
devam	*Fortsetzung*	L07
devam etmek (-e)	*fortfahren mit*	L05
devamlı	*ständig*	L04
devlet (-ti)	*Staat*	L03
devlet adamı	*Staatsmann*	L08
devlet dairesi	*Behörde*	L07
devreye girmek	*auf den Plan treten*	L09
diğer	*andere(r, s)*	L02
dijital	*digital*	L03
dikkat (-ti)	*Aufmerksamkeit, Beachtung*	L02
dikkat çekmek (-e)	*aufmerksam machen auf*	L04
dikkat etmek (-e)	*aufpassen, achten (auf)*	L02
dikkat!	*Achtung!*	L03
dikkatli	*aufmerksam*	L08
dilek (-ği)	*Wunsch*	L03
dilemek (-i)	*wünschen*	L07
din	*Religion*	L05
dinci	*extrem religiös*	L07
dindar	*religiös*	L07
dinî	*religiös*	L07
diploma	*Diplom*	L03

5

TÜRKISCH - DEUTSCH

diş	*Zahn*	L08
diş macunu	*Zahnpasta*	L01
dışarıda	*draußen*	L05
diye	*sagend (schließt direkte Rede ab; wird nicht übersetzt)*	L03
diz	*Knie*	L08
diz çökmek	*niederknien*	L09
dizüstü bilgisayar	*Laptop*	L03
doğal	*natürlich*	L02
doğru dürüst	*so richtig*	L10
doğrusu	*ehrlich gesagt*	L07
doğum	*Geburt*	L09
dolaşmak	*spazieren gehen*	L06
dolayı (-den)	*wegen*	L04
doldurmak (-i)	*ausfüllen*	L03
dolu	*voll*	L07
dondurma	*Speiseeis*	L05
dönmek (-e)	*sich verwandeln in*	L08
dönüş	*Rückkehr*	L06
dört bir köşesi	*jeder Winkel*	L09
dört dörtlük	*vollkommen*	L02
dost (-tu)	*Freund(in)*	L02
Dostlar sağ olsun!	*Danke! (Antwort auf Beileid)*	L07
döviz bürosu	*Wechselstube*	L03
dövme	*Tätowierung*	L04
doya doya	*ausgiebig*	L05
doymak	*satt werden*	L01
dua etmek (-e)	*beten (für)*	L06
dudak (-ğı)	*Lippe*	L08
düğün	*Hochzeit(sfeier)*	L04
dükkân	*Laden*	L06
durum	*Lage, Zustand*	L03
düşük	*niedrig*	L04
düşünmek (-i)	*denken*	L01
duygu	*Gefühl*	L07
düzeltmek (-i)	*korrigieren*	L03
düzenlemek (-i)	*organisieren*	L06
düzgün	*korrekt*	L06

E

ebeveyn	*Eltern*	L02
edebiyat (-tı)	*Literatur*	L05
edilgen	*passiv*	L07
edilmek (Pass. v. etmek)	*getan werden*	L01
Ege	*Ägäis*	L09
eğer	*falls*	L05
eğitim	*Bildung, Ausbildung*	L05
eğitimli	*gebildet, ausgebildet*	L03
eğitimsiz	*un(aus)gebildet*	L03
eğlenceli	*amüsant*	L02
ehliyet (-ti)	*Führerschein*	L03
ek (-ki)	*Endung*	L06
ekonomi	*Wirtschaft*	L04
ekonomik	*wirtschaftlich*	L04
ekşi	*sauer*	L01
eksiklik (-ği)	*Mangel*	L03
elbette	*natürlich*	L02
elçi	*Versandter*	L09
elektrikli	*elektrisch*	L03
elektronik	*elektronisch*	L01
eleman	*Mitarbeiter(in)*	L06
emekçi	*Arbeiter(in), Handwerker(in)*	L07
emekli	*Rentner(in)*	L06
emin olmak (-den)	*sicher sein*	L10
endişelendirmek (-i)	*Sorgen machen (jdm.)*	L10
endişelenmek (-den)	*sich Sorgen machen*	L08
entegre olmak (-e)	*sich integrieren*	L06
e-posta	*Email*	L02
eskiden	*früher*	L05
eşleştirmek (-i, -le)	*verbinden*	L06
eşlik etmek (-e)	*begleiten*	L04
eşofman	*Trainingsanzug*	L04
eşya	*Sache(n)*	L01
et (eti)	*Fleisch*	L01
etek (-ği)	*Saum*	L04
etken	*aktiv*	L07
etkilemek (-i)	*beeindrucken*	L10
etkinlik (-ği)	*Veranstaltung*	L02
etnik	*ethnisch*	L03
etrafında (-in)	*um ... herum*	RB2
ev eşyaları	*Haushaltsgeräte*	L01
evlenmek (-le)	*heiraten*	L02
evlilik (-ği)	*Ehe*	L07
ezan	*Gebetsruf*	L10
ezme	*Püree, Paste*	L01

F

fakülte	*Fakultät*	L02
falan	*der und der, die und die*	L09
fatura	*Rechnung*	L05
fayda	*Nutzen*	L05
fazla	*mehr*	L02
felsefe	*Philosophie*	L05
fena	*schlecht*	L01
fethetmek (-i)	*erobern*	L05
figür	*Figur*	L09
fiil	*Verb*	L06
fikir (-kri)	*Idee*	L01
film çekmek	*filmen*	L02
fındık (-ğı)	*Haselnuss*	L05
fırın	*Ofen; Bäckerei*	L05
fırsat (-tı)	*Gelegenheit*	L07
fiş	*Kassenzettel*	L01
fıstık (-ğı)	*Pistazie*	L05
flora	*Flora*	L09
flört etmek (-le)	*flirten*	L09
folklor	*Folklore*	L09
form	*Formular*	L03
fotoğraf makinesi	*Fotoapparat*	L03
fuar	*Messe*	L04

G

galip (-bi)	*Sieger*	L07
galip gelmek	*gewinnen*	L07
garsoniye	*Bedienungsgeld*	L03
gazoz	*Brauselimonade*	L01
geç kalmak	*sich verspäten*	L02
gecelik (-ği)	*Nachthemd*	L04
gecikmek/rötar yapmak	*Verspätung haben*	RB1
geçit töreni	*Parade*	L07
geçmek	*vergehen*	L04
gelenek (-ğı)	*Tradition*	L07
gelişim	*Entwicklung*	L06
gelişmek	*sich entwickeln*	L01
geliştirmek (-i)	*ausbauen*	L02
gençlik (-ği)	*Jugend*	L02
geometrik	*geometrisch*	L09
gerçek	*wirklich*	L02
gerçekçi	*realistisch*	L08
gerçekten	*wirklich (Adverb)*	L03
gerek	*notwendig*	L04
gerek ... gerekse de	*sowohl ... als auch*	L06
gerekli	*notwendig*	L04
gerekmek	*notwendig sein (wird meist ‚müssen' übersetzt)*	L02
geri	*zurück*	L02
gerilemek	*zurückgehen*	L09
gezi	*Reise*	L02
gidiş-dönüş	*Hin- und Rückfahrt*	L09
girmek (-i)	*eingeben (Daten)*	L01
giyecek (-ği)	*Kleidung*	L01
giyim	*Kleidung*	L04
giyinmek	*sich ankleiden*	L04
giymek (-i)	*anziehen (Kleider)*	L04
giysi	*Kleidung*	L04
gizli	*verborgen*	L06
gizlice	*heimlich (Adverb)*	L08
göç (-çü)	*Migration*	L06
göğüs (-ğsü)	*Brust*	L08
göl	*See*	L09
gönderen	*Absender*	L06
gönül (-nlü)	*Herz*	L07
görev	*Pflicht*	L06
görevli	*Angestellte(r)*	L03
görülmeye değer	*sehenswert*	L02
görünmek	*erscheinen*	L08
göstermek (-i)	*zeigen*	L04

Alphabetische Wortliste Türkisch - Deutsch

götürmek (-e, -i)	*mitnehmen*	L01
gözetmek (-i)	*beachten*	L09
gram	*Gramm*	L01
grup	*Gruppe*	L02
güç (-cü)	*Kraft*	L06
güç gösterisi	*Demonstration der Stärke*	L09
güçlü	*stark*	L06
güçlük (-ğü)	*Schwierigkeit*	L04
güçlük çekmek	*Schwierigkeiten haben*	L05
güler yüzlü	*freundlich*	L02
gümrüğe tabi	*zollpflichtig*	L03
gümrük (-ğü)	*Zoll*	L03
güneş yanığı	*Sonnenbrand*	L05
Güneydoğu	*Südosten*	L09
günlük	*täglich*	L10
Gürcü	*Georgier*	L03
gürültü	*Lärm*	L03
gurur	*Stolz*	L04
gurur duymak	*stolz sein*	L04
güvenilir	*vertrauenswürdig*	L09

H

ha(y)di!	*los!*	L02
hak (-kkı)	*Recht*	L02
hakiki	*echt*	L04
hakkında	*über (Thema)*	L01
haklı olmak	*recht haben*	L01
hâl (-li)	*Zustand*	L10
hâlâ	*noch immer*	L06
hâlde (-diği)	*obwohl*	L03
hâlen	*immer noch*	L09
Haliç	*Goldenes Horn*	L05
halk oyunu	*Volkstanz*	L09
hâlsiz	*kraftlos*	L08
hamile	*schwanger*	L08
han	*Herberge*	L09
hanımefendi	*meine Dame (Anrede)*	L08
harcamak (-i)	*ausgeben*	L08
hariç	*außer*	L02
harika	*wunderbar*	L01
hassas	*empfindlich*	L04
hastalık (-ğı)	*Krankheit*	L08
hastalık sigortası	*Krankenversicherung*	L08
hata	*Fehler*	L02
hatırlamak (-i)	*sich erinnern (an)*	L07
hatırlatmak (-e, -i)	*erinnern (jdn. an etw.)*	L07
hatta	*sogar*	L01
havuz	*Schwimmbecken, Becken*	L09
hayal (-li)	*Fantasie, Vorstellung*	L10
hayal etmek (-i)	*sich vorstellen*	L10
hayat (-tı)	*Leben*	L04
Hayırlı yolculuklar!	*Gute Reise!*	L09
hayran olmak (-e)	*Fan sein von, bewundern*	L02
hayret etmek (-e)	*bestaunen*	L09
hayrola	*was ist denn los?*	L08
hazır	*bereit*	L01
hazırlamak (-i, -e)	*vorbereiten*	L01
hazırlanmak (-e)	*sich vorbereiten (auf)*	L05
hazırlık (-ğı)	*Vorbereitung*	L01
hedef	*Ziel*	L08
hediye	*Geschenk*	L01
hediye etmek (-e, -i)	*schenken*	L01
hediye paketi yapmak (-i)	*als Geschenk einpacken*	L05
hem ... hem de	*sowohl ... als auch*	L06
Hemşin	*Kleinstadt in Rize*	L09
henüz	*noch nicht*	L03
her türlü	*jeder Art*	L02
her zaman	*immer*	L02
herhâlde	*wahrscheinlich; bestimmt*	L01
herkes	*jeder*	L02
hesap (-bı)	*Rechnung*	L03
hesaplı	*preiswert*	L03
heyecanlı	*aufgeregt; spannend*	L05
heykel	*Statue*	L09
hiç	*jemals; (bei verneintem Verb) niemals*	L03
hijyen	*Hygiene*	L06
hikâye	*Erzählung*	L05
his (-ssi)	*Gefühl*	L03
hissetmek (-i)	*fühlen*	L03
hızlı	*schnell*	L03
hizmet (-ti)	*Dienst(leistung)*	L03
hizmet etmek (-i)	*bedienen*	L04
hizmetçi	*Diener(in)*	L04
horon	*Volkstanz im Schwarzmeergebiet*	L09
hoş	*angenehm*	L08
hoşgörü	*Toleranz*	L06
hoşgörülü	*tolerant*	L06
hoşlanmak (-den)	*Gefallen finden an*	L05
hoşuna gitmek (-in)	*gefallen*	L09
hukuk (-ku)	*Jura*	L02
humus	*Hummus*	L01
hüzün	*Schwermut*	L07
hüzünlü	*schwermütig*	L07
huzur	*Ruhe*	L07

I

iade	*Rückgabe*	L02
içeri(ye)	*hinein*	L10
için (-diği)	*weil*	L02
içten	*herzlich*	L07
idare	*Verwaltung*	L05
ideal	*ideal*	L09
ifade etmek (-i)	*zum Ausdruck bringen*	L04
iğne olmak	*Spritze bekommen*	L08
ihraç (-cı)	*Export*	L04
ihraç etmek (-i)	*exportieren*	L04
ihtimal (-li)	*Wahrscheinlichkeit*	L08
iklim	*Klima*	L03
ikram etmek (-e -i)	*anbieten*	L07
il	*Provinz (Verwaltungseinheit in Türkei)*	L09
ilân	*Anzeige*	L06
ilçe	*Landkreis*	L09
ileride	*weiter (hinten); künftig*	L03
ilerlemek	*Fortschritte machen*	L01
ilerletmek (-i)	*weiterentwickeln*	L02
iletişim	*Kommunikation*	L03
iletişime geçmek (-le)	*sich melden (bei)*	L03
ilgi	*Beziehung; (Brief) Betreff*	L06
ilgilenmek (-le)	*sich interessieren für*	L04
ilgili (-le)	*betreffend*	L04
ilginç	*interessant*	L07
ılık	*lauwarm*	L04
ilişki	*Beziehung*	L06
imkân	*Möglichkeit*	L03
imkânsız	*unmöglich*	L02
imparatorluk (-ğu)	*Imperium*	L05
imza	*Unterschrift*	L03
imzalamak (-i)	*unterschreiben*	L03
inanmak (-e)	*glauben*	RB2
indirimli	*ermäßigt*	L01
indirmek (-den -i)	*herunterladen*	L02
inşa etmek (-i)	*erbauen*	L09
iptal (-li)	*Stornierung*	L02
ırmak (-ğı)	*Fluss*	L09
iş gücü	*Arbeitskraft*	L06
iş yeri	*Arbeitsstelle*	L04
işaretlemek	*ankreuzen*	L06
işçi	*Arbeiter(in)*	L06
ise	*jedoch*	L02
ishal (-li)	*Durchfall*	L05
ishal olmak	*Durchfall bekommen*	L08
ısı	*Wärme*	L04
ısırık (-ğı)	*Biss*	L05
ısırmak (-i)	*beißen*	L05
ısrar etmek (-de)	*bestehen auf*	L05
işsiz	*arbeitslos*	L06
işte!	*da!*	L03
istek (-ği)	*Wunsch; Forderung*	L03
işten çıkarılmak	*entlassen werden*	L06
işveren	*Arbeitgeber(in)*	L06
ithal etmek (-i)	*importieren*	L04
itiraz etmek (-e)	*widersprechen*	L10
iyileşmek	*gesund werden*	L08
iyimser	*optimistisch*	L08
izin (izni)	*Erlaubnis*	L02
izin vermek (-e)	*erlauben*	L08

K

kaba	*unhöflich*	L08
kabız olmak	*Verstopfung bekommen*	L08
kabızlık (-ğı)	*Verstopfung*	L05
kabul	*Annahme, Aufnahme*	L03
kabul etmek (-i)	*akzeptieren*	L02
Kaç lira tutar?	*Wie viel wird das kosten?*	L03
kaçırmak (-i)	*verpassen*	L03
kaçmak	*sich davonmachen*	L02
kafa	*Kopf*	L08
kafeterya	*Cafeteria*	L01
Kafkas	*Kaukasus*	L09
kahvaltılık	*Frühstücks-*	L01
kahverengi	*braun*	L03
kala (-e)	*vor (zeitl.)*	L10
kalabalık (-ğı)	*Menschenmenge*	L02
kaldırım	*Bürgersteig*	RB2
kale	*Festung*	L05
kalın	*dick*	L04
kaliteli	*qualitätsvoll*	L04
kalp (-bi)	*Herz*	L08
kamu	*öffentlich, Öffentlichkeit*	L07
kan	*Blut*	L08
kap (-bı)	*Behälter*	L03
kapalı	*geschlossen*	L03
kapanmak	*sich schließen*	L06
kapasite	*Fassungsvermögen*	L09
kaplamak (-i)	*bedecken*	L05
kaplı	*bedeckt*	L09
kaplıca	*Kurort*	L09
Karadeniz	*Schwarzes Meer*	L09
karar	*Entscheidung*	L01
karar vermek (-e)	*sich entscheiden*	L01
kararlı	*entschlossen*	L10
karın (-rnı)	*Bauch*	L01
karışım	*Gemisch*	L04
karışmak	*durcheinandergeraten*	L06
kariyer	*Karriere*	L04
kârlı	*gewinnbringend*	L06
karnı aç	*er/sie ist hungrig*	L01
karşı (-e)	*gegen*	L05
karşılamak (-i)	*empfangen*	L04
karşılanmak (Pass. v. karşılamak)	*empfangen werden*	L02
karşılaşmak (-le)	*treffen auf*	L04
karşılığında (-in)	*für, als Gegenleistung für*	L09
karşılıklı	*gegenseitig*	L08
kartal	*Adler*	L09
kasaba	*Kleinstadt*	L06
kasap (-bı)	*Metzger*	L01
kaşar	*Hartkäse*	L01
kaşık (-ğı)	*Löffel*	L01
kasko	*Kasko*	L09
kat (-tı)	*Schicht*	L05
kategori	*Kategorie*	L02
katılımcı	*Teilnehmer(in)*	L02
kavuşmak (-e)	*wiedersehen*	L03
kayak kaymak	*Ski fahren*	L09
kaybetmek (-i)	*verlieren*	L03
kayıp	*verloren*	L03
kayıt (cihazı)	*Aufnahme(gerät)*	L02
kayıt yaptırmak (-e)	*sich anmelden (für)*	L04
kaymak (-ğı)	*Rahm*	L05
kaynak (-ğı)	*Quelle*	L04
kazak (-ğı)	*Pullover*	L04
KDV	*MwSt.*	L03
kelime	*Wort*	L06
kemer	*Gürtel*	L04
kendini belli etmek	*sich herauskristallisieren*	L08
kendini hissetmek	*sich fühlen*	L03
kendisi	*er/sie selbst*	L02
kent (-ti)	*Stadt*	L09
kervansaray	*Karawanserei*	L09
kese	*(Geld)beutel*	L01
keşfetmek (-i)	*entdecken*	L02
kesim	*Schnitt; Gegend*	L06
kesin	*auf jeden Fall*	L10
kesinlikle	*definitiv*	L09

keşke	*wenn doch nur*	L09
kilise	*Kirche*	L07
kilit (-di)	*Schloss*	L03
kilitlenmek (-e)	*sich fokussieren auf*	L08
kimlik (-ği)	*Ausweis*	L03
kimsesiz	*alleinstehend*	L07
kimyon	*Kreuzkümmel*	L01
kiralamak (-i)	*mieten*	L03
kırgın	*gekränkt*	L07
kırılmak (-e)	*gekränkt sein*	L08
kirlilik (-ği)	*Verschmutzung*	L08
kırmak (-i)	*brechen*	L02
kırsal	*ländliche*	L07
kişi başına	*pro Person*	L09
kısım (-smı)	*Teil*	L06
kısır	*Weizengrützensalat*	L01
kişisel	*persönlich*	L01
kişisel bakım	*Körperpflege*	L01
kıyafet (-ti)	*Kleidung*	L04
kıyı	*Küste*	L06
kıyma	*Hackfleisch*	L01
kızmak (-e)	*sich ärgern (über)*	L01
klasik	*klassisch*	L09
klinik (-ği)	*Klinik*	L08
koca	*Ehemann*	L08
kol	*Arm*	L08
koleksiyon	*Kollektion*	L04
kolonya	*Kölnischwasser*	L07
kolye	*Halskette*	L04
konmak (Pass. v. koymak)	*gelegt/gestellt werden*	L05
konserve	*Konserve*	L01
kontrol (-lü)	*Kontrolle*	L03
konu	*Thema*	L07
konuşma	*Gespräch*	L08
korkutmak (-i)	*Angst machen*	L08
korumak (-i)	*schützen*	L05
korunmuş	*geschützt, erhalten*	L09
köşe	*Ecke*	L04
koşul	*Bedingung*	L04
kötüleşmek	*schlechter werden*	L08
kötümser	*pessimistisch*	L08
koymak (-i, -e)	*hinlegen, hinstellen*	L03
kozmopolitik	*kosmopolitisch*	L10
krallık (-ğı)	*Königreich*	L09
kramp	*Krampf*	L08
kriz	*Krise*	L06
kükremek	*brüllen (Löwe)*	L08
kul	*Mensch (‚Knecht (Gottes)')*	L02
kulak (-ğı)	*Ohr*	L08
kullanılmak	*gebraucht werden*	L04
kullanmak (-i)	*benutzen*	L02
külot (-tu)	*Unterhose*	L04
kulp (-pu)	*Henkel*	L03
kültürel	*kulturell*	L09
kumaş	*Stoff*	L04
kupa	*Pokal*	L08
küpe	*Ohrring*	L04
kural	*Regel*	L04
kurban	*Opfer(tier)*	L07
kurban kesmek	*Opfertier(e) schlachten*	L07
kürk	*Pelz*	L04
kurmak (-i)	*gründen*	L03
Kürt	*Kurde*	L03
kuru	*trocken*	L04
kurulmak	*gegründet werden*	L03
kuruluş	*Gründung*	L05
kurum	*Institut*	L07
kuşak (-ğı)	*Generation*	L05
kuşbaşı	*gewürfeltes Fleisch*	L05
kusmak	*sich erbrechen*	L08
Kusura bakma(yın)!	*Entschuldige(n Sie)!*	L04
kutlamak (-i)	*feiern (ein Fest)*	L01
kutlu	*glücklich*	L07
kutsal	*heilig*	L07
kuvvetli	*stark*	L06
kuzu	*Lamm*	L01

L

laik	*laizistisch*	L03
limit	*Limit*	L02
limon suyu	*Zitronensaft*	L01
lise	*Gymnasium*	L02
liste	*Liste*	L09

M

maaş	*Gehalt*	L06
madalya	*Medaille*	L09
madde	*Stoff*	L05
mağlup olmak	*verlieren*	L07
makarna	*Nudeln*	L01
makinist	*Maschinist(in)*	L06
malzeme	*Zubehör*	L01
mangal yapmak	*grillen*	L01
manzara	*Ausblick, Ansicht*	L05
margarin	*Margarine*	L01
marka	*Marke*	L03
masal	*Märchen*	L05
maydanoz	*Petersilie*	L01
mayo	*Badehose, Badeanzug*	L04
meclis	*Parlament*	L03
mekân	*Ort*	L09
melodik	*melodisch*	L02
memleket (-ti)	*Heimat(land)*	L06
memnuniyet (-ti)	*Zufriedenheit*	L03
memnuniyetle	*gerne*	L09
memur	*Beamte(r)*	L03
Merak etme!	*Mach dir keine Sorgen!*	L02
merak etmek (-i)	*neugierig sein, sich interessieren für*	L09
meraklı	*Liebhaber(in); neugierig*	L09
merhem	*Salbe*	L05
merkez	*Zentrum*	L05
mesafe	*Entfernung*	L09
mesaj	*(Kurz)nachricht, SMS*	L01
meşhur	*berühmt*	L05
metin (-tni)	*Text*	L07
metrekare	*Quadratmeter*	L05
meyve suyu	*Obstsaft*	L01
mezar	*Grab*	L06
mezarlık (-ğı)	*Friedhof*	L07
mezun olmak (-den)	*absolvieren*	L06
mide	*Magen*	L08
midesi bulanıyor	*er/sie hat sich den Magen verdorben*	L08
miktar	*Menge*	L03
millet (-ti)	*Volk; Leute*	L02
millî	*national*	L09
mimari	*architektonisch; Architektur*	L05
miras	*Erbe*	L09
misafir etmek (-i)	*als Gast aufnehmen*	L10
misafirperver	*gastfreundlich*	L03
misafirperverlik (-ği)	*Gastfreundschaft*	L09
mizah	*Humor*	L05
model	*Modell*	L03
monoton	*monoton*	L06
muayene etmek (-i)	*untersuchen (Arzt)*	L08
mübarek	*gesegnet*	L07
mücadele	*Kampf*	L07
mühendis	*Ingenieur*	L03
muhteşem	*prächtig*	L02
mükemmel	*vollkommen*	RB2
mum	*Kerze*	L07
mümkün	*möglich*	L02
mutlaka	*unbedingt*	L02
mutluluk (-ğu)	*Glück(seligkeit)*	L07

N

nadiren	*selten*	L09
nakit ödemek	*bar bezahlen*	L01
nakit para	*Bargeld*	L01
namaz	*Gebet (rituelles)*	L07
namaz kılmak	*das rituelle Gebet verrichten*	L07
nazar	*(böser) Blick*	L09
nazik	*höflich*	L02
ne yazık ki	*leider*	L03
neden	*Grund*	L02
nefes almak	*einatmen*	L08
nefes vermek	*ausatmen*	L08
nefesi tutmak	*den Atem anhalten*	L08
nefret etmek (-den)	*hassen*	L08
neredeyse	*fast*	L02
neşeli	*fröhlich*	L07
nezle	*Schnupfen*	L08
nezle olmak	*Schnupfen bekommen*	L08
nice	*sehr viele*	L07
nişan	*Verlobung*	L04
nişanlanmak	*sich verloben*	L06
nitelik (-ği)	*Eigenschaft*	L06
Noel	*Weihnachten*	L07
nohut (-du)	*Kichererbsen*	L01
normalde	*normalerweise*	L01
not (-tu)	*Note, Notiz*	L02
numaralı	*mit der Nummer ...*	L03

O

o yüzden	*deshalb, aus jenem Grund*	L01
o zaman	*dann*	L01
obje	*Objekt*	L08
ödül	*Preis*	L02
oğlan	*Junge*	L09
öğle paydosu	*Mittagspause*	L06
öğrenci yurdu	*Studentenwohnheim*	L03
öğrenim görmek	*studieren*	L06
öğretmek (-e, -i)	*lehren (jdn. etw.)*	L07
öğüt (-dü)	*Tipp*	L06
öksürük (-ğü)	*Husten*	L05
olağanüstü	*außergewöhnlich*	L03
ölçü	*Maß(e)*	L03
oldukça	*ziemlich*	L01
ölüm	*Tod*	L07
olumlu	*positiv*	L02
olumsuz	*negativ*	L02
oluşturmak (-i)	*bilden*	L03
ömür (ömrü)	*Leben*	L06
omuz (omzu)	*Schulter*	L08
önceki	*vorherig*	L07
öncelikle	*vor allem*	L10
önder	*Führer(in)*	L03
önem	*Bedeutung*	L04
önem vermek (-e)	*Bedeutung beimessen*	L09
önemli	*wichtig*	L04
önermek (-e, -i)	*vorschlagen*	L05
önüne (-in)	*vor (Richtungsdativ)*	L02
öpmek (-i)	*küssen*	L01
orası	*dieser Ort*	L05
ordu	*Militär*	L03
ören yeri	*Ruinenstätte*	L05
örf	*Sitte, Brauch*	L09
organ	*Organ, Körperteil*	L08
organik	*organisch, biologisch*	L04
orijinal	*original*	L04
orman	*Wald*	L09
örneğin	*zum Beispiel*	L01
örnek (-ği)	*Beispiel*	L04
ortaya koymak (-i)	*darlegen*	L08
örtü	*Decke*	L09
oruç tutmak	*fasten*	L07
övmek (-i)	*loben*	L03
öyleyse	*wenn das so ist, dann ...*	L09
oyun alanı	*Spielplatz*	L03
oyuncak (-ğı)	*Spielzeug*	L03
özel	*privat; besondere(r, s)*	L02
özellik (-ği)	*Besonderheit; Eigenschaft*	L09
özellikle	*besonders*	L01
özen	*Sorgfalt*	L04
özen göstermek (-e)	*bedacht sein auf*	L04
özenle	*sorgfältig*	L04
özgeçmiş	*Lebenslauf*	L06
özgür	*frei, unabhängig*	L08
özlem duymak (-e)	*Sehnsucht haben*	L09
özlemek (-i)	*vermissen*	L10
özür dilemek (-den)	*sich entschuldigen (bei)*	L01

P

padişah	*Sultan*	L05
palto	*Mantel*	L04
parça	*Teil*	L08
park etmek	*parken*	L07
parmak (-ğı)	*Finger*	L08
pasaport	*Pass*	L03
Paskalya	*Ostern*	L07
patlamak	*platzen*	L01
patlıcan ezmesi	*Auberginenpüree*	L01
patron	*Chef(in)*	L06
paydos	*Feierabend*	L06
pazarlık etmek (-le)	*handeln, feilschen*	L01
peçete	*Serviette*	L01
personel	*Personal*	L03
pide	*im Ofen gebackenes Teigschiffchen gefüllt mit Hackfleisch oder Käse usw.*	L05
pirinç (-ci)	*Reis (nicht gekocht)*	L01
pişman	*reumütig*	L10
pişman olmak (-e)	*bedauern*	L10
plak (-ğı)	*Schallplatte*	L02
plan	*Plan*	L04
planlamak (-i)	*planen*	L09
poşet (-ti)	*Tüte*	L01
prim	*Prämie*	L06
profesyonel	*professionell*	L02
program	*Sendung*	L04
psikolog (-ğu)	*Psychologe, Psychologin*	L08
püf noktası	*Knackpunkt*	L06
pul biber	*Chiliflocken*	L01

R

radyo	*Radio*	L02
rağmen (-e)	*trotz*	L04
rahatsız olmak (-den)	*sich stören an*	L05
rahmetli	*verstorben*	L02
randevu	*Termin (beim Arzt)*	L08
rapor	*Attest*	L08
razı olmak (-e)	*einverstanden sein*	L08
reçel	*Marmelade*	L01
reddetmek (-i)	*ablehnen*	L02
referanslı	*mit Referenzen*	L06
rehber	*Fremdenführer*	L09
reklam	*Werbung*	L03
rekor	*Rekord*	L02
resmen	*förmlich*	L10
resmî	*offiziell; förmlich*	L03
restore etmek (-i)	*restaurieren*	L05
reyon	*Regal (im Supermarkt)*	L01
rica	*Bitte*	L02
rica etmek (-i)	*bitten*	L02
ruh	*Seele*	L02
rüküş	*schlecht angezogen*	L04
Rum	*Grieche, Griechin (in Anatolien)*	L09

S

sabun	*Seife*	L01
saçmalamak	*dummes Zeug reden*	L08
sade	*einfach*	L01
sadece	*nur*	L02
sağlamak (-i)	*sicherstellen*	L09
Sağlığınıza!	*Auf Ihr/euer Wohl!*	L01
sağlık (-ğı)	*Gesundheit*	L01
sağlıklı	*gesund*	L08
sahi	*wirklich*	L01
sahip (-bi)	*Besitzer*	L04
sahip olmak (-e)	*besitzen*	L06
şahit olmak (-e)	*Zeuge sein von*	L02
şahsen	*persönlich (Adverb)*	L05
sahte	*nachgemacht*	L04
şaka	*Spaß*	L02
şaka maka	*Spaß bei Seite!*	L10
sakın	*bloß nicht!, ja nicht!*	L10
sakinleştirici	*beruhigend*	L10
salam	*Salami*	L01
salça	*Tomatenmark*	L01
sallamak	*schaukeln, schwingen*	L09
salon	*Saal*	L02
şampuan	*Shampoo*	L01
sanatçı	*Künstler(in)*	L02
sandalet (-ti)	*Sandale*	L04
saniye	*Sekunde*	L09
sanmak	*glauben, vermuten*	L02
şans	*Glück*	L05
saray	*Palast*	L05
sarılmak (-e)	*umarmen*	L10
sarımsak (-ğı)	*Knoblauch*	L01
şarkı	*Lied*	L02
şarkı söylemek	*singen*	L02
şarkı sözleri	*Liedtexte*	L02
şarkıcı	*Sänger(in)*	L02
sarnıç (-cı)	*Zisterne*	L05
şart (-tı)	*Bedingung*	L09
şaşırmak (-e)	*sich wundern (über)*	L03
satıcı	*Verkäufer(in)*	L01
satır	*Zeile*	L06
satış	*Verkauf*	L02
sayesinde	*dank*	L01
şayet	*falls*	L09
saygı	*Respekt*	L03
saygılı	*respektvoll*	L08
saygısız	*respektlos*	L08
sayılmak	*gezählt werden; gelten als*	L04
saymak (-i)	*zählen*	L07
saz	*türkische Laute*	L02
sebep (-bi)	*Grund*	L06
seçenek (-ği)	*Option*	L06
seçim	*Auswahl*	L09
seçmek (-i)	*aussuchen*	L01
şef	*Chef(in)*	L06
sefer	*Verbindung (Bus)*	L09
şekil (-kli)	*Form*	L06
sektör	*Sektor*	L04
şelale	*Wasserfall*	L09
sentetik	*synthetisch*	L04
serbest	*frei*	L06
şerbet (-ti)	*Sorbet*	L05
sergi	*Ausstellung*	L09
sertifika	*Zertifikat*	L06
servis yapmak (-e)	*bedienen*	L04
ses	*Laut; Stimme*	L02
sesini açmak (-in)	*lauter machen*	L02
sesini kısmak (-in)	*leiser machen*	L02
seve seve	*mit Vergnügen*	L02
sevgi	*Liebe*	L01
Sevgiler!	*Alles Liebe! (Briefschluss)*	L01
sevinçli	*freudig*	L07
sevindirmek (-i)	*erfreuen*	L08
sevinmek (-e)	*sich freuen (über)*	L01
seyahat acentesi	*Reisebüro*	L09
sezon	*Saison*	L01
sıcakkanlı	*warmherzig*	L02
sıçramak	*springen*	L09
şifre	*Geheimzahl*	L01
sigorta	*Versicherung*	L06
şiir	*Gedicht*	L05
şikâyet (-ti)	*Beschwerde(n)*	L03
şikâyet etmek (-i, -e)	*sich beschweren*	L03
simultane	*simultan*	L06
sinek sokması	*Mückenstich*	L05
sınır	*Grenze*	L09
sinirlenmek (-e)	*sich aufregen*	L04
sınırsız	*unbegrenzt*	L09
sipariş etmek (-i)	*bestellen*	L03
sıra	*Reihe(nfolge); Warteschlange*	L03
sıralamak (-i)	*aufzählen*	L08
sırası değil (-in)	*nicht am Platze sein*	L05
şirin	*niedlich, lieblich*	L09
sirke	*Essig*	L01
şirket (-ti)	*Firma*	L02
sırt (-tı)	*Rücken*	L08
sırt çantası	*Rucksack*	L03
sıvı	*flüssig*	L01
siyasi	*politisch*	L05

5 TÜRKISCH - DEUTSCH

sızlamak	*schmerzen (ziehender Schmerz, z.B. Zahnschmerzen)*	L08
soda	*Sprudel*	L01
sofra	*Esstisch*	L02
sokmak (-i)	*stechen*	L05
sokmak (-i, -e)	*stecken (in)*	L04
sörf yapmak	*surfen*	L10
sorun	*Problem*	L02
sosis	*Würstchen*	L01
sosyal	*sozial*	L03
soy	*Abstammung*	L09
soyunma odası	*Umkleidekabine*	L04
söz	*Versprechen*	L02
Söz!	*Versprochen!*	L03
staj	*Praktikum*	L06
standart (-dı)	*Standard*	L02
sucuk (-ğu)	*Knoblauchwurst*	L01
şükretmek (-e)	*dankbar sein für*	L08
sülale	*Familie und Verwandte*	L09
sunmak (-e, -i)	*anbieten*	L03
surat (-tı)	*Gesicht, Miene*	L08
surat asmak	*ein Gesicht machen*	L10
sürdürmek (-i)	*führen (Leben)*	L06
süre	*Dauer*	L03
sürece (-diği)	*solange*	L03
sürekli	*ständig*	L02
sürpriz	*Überraschung*	L01
sürpriz yapmak (-e)	*überraschen*	L01
sürücü	*Fahrer(in)*	RB2
şurup (-bu)	*Sirup*	L05
susamak	*Durst bekommen*	L01

T

taa	*ganz weit (Interjektion)*	L09
tabak (-ğı)	*Teller*	L01
tabi (-e)	*verpflichtet zu, -pflichtig*	L02
tadını çıkarmak (-in)	*genießen*	L06
tahin	*Sesampaste*	L01
tahminî	*geschätzt*	L03
takım elbise	*Anzug*	L04
takmak (-i)	*tragen (Uhr, Schmuck)*	L04
taksimetre	*Taxameter*	L03
taksitle ödemek	*in Raten zahlen*	L01
takvim	*Kalender*	L07
tam	*völlig, ganz*	L02
tamam	*Gesamtheit*	L07
tamamlamak (-i)	*vollenden; ausfüllen*	L05
tane	*Stück*	L03
tanınmış	*bekannt*	L04
tanıtım	*Bekanntmachen*	L09
taraf	*Seite*	L03
tarafından	*seitens, von*	L03
tarif	*Rezept*	L01
tarım	*Landwirtschaft*	L03
tarz	*Art*	L05
tasarlamak (-i)	*entwerfen*	L04
taşımak (-i)	*tragen*	L01
taşınmak (-e)	*umziehen (nach)*	L05
tatlı	*süß*	L01
tatmak	*kosten, probieren*	L05
tatminkâr	*befriedigend*	L08
tatsız	*fade*	L01
tava	*Pfanne*	L01
tavsiye	*Rat*	L04
tavsiye etmek (-e, -i)	*empfehlen*	L01
tavuk (-ğu)	*Huhn, Hähnchen*	L01
tebrik etmek (-i)	*beglückwünschen*	L02
tebrik kartı	*Glückwunschkarte*	L07
tek başına	*ganz alleine*	L05
teklif etmek (-e, -i)	*vorschlagen*	L03
tekstil	*Textilien, Textil-*	L04
telefonlaşmak	*miteinander telefonieren*	RB2
temel cümle	*Hauptsatz*	L09
temel gıda	*Grundnahrungsmittel*	L01
temiz	*sauber*	L03
temizlemek (-i)	*sauber machen*	L03
temizlenmek	*gereinigt werden*	L03
temizlik (-ği)	*Reinemachen*	L01
temsilci	*Vertreter(in)*	L04
temsilcilik (-ği)	*Vertretung*	L06
tepsi	*Backblech*	L05
tercih etmek (-i)	*vorziehen*	L05
tercüman	*Übersetzer(in)*	L06
tercüme	*Übersetzung*	L06
tereyağı	*Butter*	L01
terk etmek (-i)	*verlassen*	L05
terlemek	*schwitzen*	L08
terlik (-ği)	*Hausschuh*	L04
terzi	*Schneider(in)*	L04
teşhis	*Diagnose*	L08
tesir	*Einwirkung*	L09
teslim etmek (-i, -e)	*aushändigen*	L09
ticaret (-ti)	*Handel*	L05
tir tir titremek	*zittern wie Espenlaub*	L10
titremek	*zittern*	L09
tok	*satt*	L01
ton	*Tonne*	L05
top (-pu)	*Kugel*	L05
Topkapı Sarayı	*Topkapı-Palast*	L05
toplum	*Gesellschaft*	L06
torba	*Beutel*	L01
töre	*Sitte*	L07
torun	*Enkel(in)*	L06
Truva	*Troja*	L09
tür	*Art*	L02
tuş	*Taste*	L01
tutmak (-i)	*halten; (Süßigkeit) anbieten*	L07
tütün	*Tabak*	L03

U

uçmak	*fliegen*	L09
ücret (-ti)	*Gebühr; Lohn*	L02
ücretli	*gebührenpflichtig*	L02
ücretsiz	*kostenlos*	L02
uçuş	*Flug*	L09
uğramak (-e)	*vorbeikommen bei*	L05
ulaşım	*Transport*	L09
ulaşmak (-e)	*erreichen*	L08
ülke	*Land*	L02
ummak	*hoffen*	L01
un	*Mehl*	L01
unutkan	*vergesslich*	L01
üretilmek (Pass. v. üretmek)	*produziert werden*	L04
üretmek (-i)	*produzieren*	L04
ürün	*Produkt*	L01
usta	*Meister*	L05
Üstü kalsın!	*Der Rest ist für Sie!*	L03
üstünü değiştirmek	*sich umziehen*	L04
utanmak (-den)	*sich schämen (wegen)*	L05
ütülenmek	*gebügelt werden*	L04
uyandırmak (-i)	*wecken*	L03
uydurmak (-i)	*anpassen*	L04
uygulamak (-i)	*anwenden*	L02
uygulanmak	*angewendet werden*	L03
uygun	*passend*	L06
uymak (-e)	*passen*	L04
uzaklaşmak (-den)	*sich entfernen (von)*	L08
uzatmak (-i)	*verlängern*	L09
üzeri	*darüber hinaus*	L01
uzman	*Experte*	L04
üzülmek (-e)	*traurig sein (über)*	L01
uzuv (uzvu)	*Organ, Körperteil*	L08

V

vadi	*Tal*	L09
vakit (-kti)	*Zeit*	L05
vanilya	*Vanille*	L05
varlık (-ğı)	*etwas, das existiert, Gebilde*	L09
varmak (-e)	*erreichen*	L09
vasıfsız (vasıflı)	*unqualifiziert (qualifiziert)*	L06
vatandaş	*Bürger (eines Staates)*	L03
vazgeçmek (-den)	*verzichten auf; aufgeben*	L05
veda	*Abschied*	L10
veda etmek (-e)	*sich verabschieden*	L10
veresiye	*auf Kredit*	L03
vergi	*Steuer*	L03
veri	*Angabe*	L04

vişne	*Sauerkirsche*	L05
vs. (ve saire)	*usw.*	L08
vücut (-du)	*Körper*	L08
vurgulamak (-i)	*betonen*	L04

Y

yabancılık çekmek	*sich fremd fühlen*	L10
yakında	*bald*	L03
yakışmak (-e)	*gut stehen (Kleidung)*	L04
yaklaşık	*ungefähr*	L03
yakmak (-i)	*anzünden; verbrennen*	L07
yan cümle	*Nebensatz*	L09
yan yana	*nebeneinander*	L02
yanak (-ğı)	*Wange*	L08
yani	*das heißt*	L02
yanı sıra (-in)	*zusammen mit*	L09
yanında taşımak	*bei sich tragen*	L01
yanıt (-tı)	*Antwort*	L02
yanıtlamak (-i)	*beantworten*	L06
yansıtmak (-i)	*widerspiegeln*	L09
yapı	*Bau(werk)*	L05
yapım	*Bau(arbeiten)*	L05
yaptırmak (-i)	*machen lassen*	L05
yarar	*Nutzen*	L05
yardımcı olmak (-e)	*behilflich sein*	L03
yardımsever	*hilfsbereit*	L02
yarı	*Hälfte*	L09
yarımada	*Halbinsel*	L05
yarışma	*Wettbewerb*	L02
yaş günü	*Geburtstag*	L01
yasa	*Gesetz*	L06
yasak	*verboten*	L03
yasaklamak (-i)	*verbieten*	L05
yaşamak (-i)	*erleben*	L07
yaşasın!	*hurra!*	L02
yastık (-ğı)	*Kissen*	L07
yatkın (-e)	*geneigt*	L06
yavaş yavaş	*langsam (Adverb)*	L02
yayla	*Hochebene*	L09
yaymak (-i, -e)	*ausbreiten*	L07
yazılı	*aufgeschrieben; schriftlich*	L06
yazlık (-ğı)	*Sommerhaus; Sommer-*	L02
yenge	*Tante (angeheiratete)*	L03
yerel	*regional*	L06
yerine	*anstelle*	L01
yerine getirmek (-i)	*erfüllen*	L06
yerleşmek (-e)	*sich niederlassen in*	L02
yeterince	*ausreichend*	L03
yeterli	*ausreichend*	L06
yetişmek	*wachsen*	L03
yetkili	*Zuständige(r)*	L03
yılbaşı	*Neujahr*	L07
yıldız	*Stern*	L09
yıllık	*Jahre alt, -jährig*	L09
yine (de)	*trotzdem*	L01
yitirmek (-i)	*verlieren*	L04
yiyecek (-ği)	*Esswaren*	L01
yoğurt (-du)	*Joghurt*	L01
yollamak (-i -e)	*schicken*	L10
yönetim	*Verwaltung*	L06
yöre	*Gegend*	L05
yorucu	*anstrengend*	L06
yorulmak (-den)	*müde werden (von)*	L05
yufka	*Blätterteig*	L05
yukarıda	*oben*	L06
yukarıdan	*von oben*	L09
yüksek	*hoch*	L02
yüksek sesle	*laut (Adverb)*	L07
yükseköğrenim	*Hochschulstudium*	L02
yüksekokul	*Hochschule*	L02
yumuşatıcı	*Weichspüler*	L01
yurt (-du)	*Wohnheim; Heimat*	L03
yurt dışı	*Ausland*	L02
yurt içi	*Inland*	L02
yuva	*Nest*	L06
yüz	*Gesicht*	L08
yüzde	*Prozent*	L01
yüzük (-ğü)	*Ring*	L04
yüzünden	*wegen*	L06
yüzyıl (yy.)	*Jahrhundert (Jh.)*	L09

Z

zafer	*Sieg*	L09
zahmet (-ti)	*Mühe*	L02
zahmet etmek	*sich Mühe machen*	L02
zahmetli	*mühsam*	L01
zaman (-diği)	*wenn, als (zeitlich)*	L02
zaman ayırmak (-e)	*sich Zeit nehmen für*	L10
zarf-fiil	*Verbaladverb*	L06
zaten	*sowieso*	L01
zehirlenme	*Vergiftung*	L08
zehirlenmek (-den)	*sich vergiften (an)*	L08
zeki	*klug*	L06
zevk almak (-den)	*Spaß haben an*	L05
zevkli	*vergnüglich*	L10
zeytin	*Olive*	L01
zeytinyağı	*Olivenöl*	L01
ziyade	*mehr*	L01
Ziyade olsun!	*Danke für das Essen!*	L01
ziyaret (-ti)	*Besuch*	L02
zor (gelmek (-e))	*schwer(fallen)*	L02
zorlama	*Zwang*	L07
zorlamak (-i)	*zwingen*	L07
zorlayıcı	*zwingend*	L09
zorluk (-ğu)	*Schwierigkeit*	L04
zorunda olmak/kalmak (+ Infinitiv)	*müssen (gezwungen sein, etw. zu tun)*	L03
zorunluluk (-ğu)	*Zwang(släufigkeit)*	L09

7 Thinkstock (BardoczPeter), München; **8.1** Shutterstock (William Perugini), New York; **8.2** Shutterstock (Peter Bernik), New York; **10.1** Thinkstock (Purestock), München; **10.2** Thinkstock (Niloo138), München; **10.3** Thinkstock (grafvision), München; **10.4** Thinkstock (belchonock), München; **10.5** Thinkstock (JackF), München; **10.6** Thinkstock (DmyTo), München; **10.7** Thinkstock (JackF), München; **10.8** Shutterstock (samritk), New York; **13.1** Shutterstock (Billion Photos), New York; **13.2** Shutterstock (baibaz), New York; **13.3** 48.7: Shutterstock (Marian Weyo), New York; **13.4** Shutterstock (Brent Hofacker), New York; **13.5** Shutterstock (Agri Food Supply), New York; **13.6** Shutterstock (Africa Studio), New York; **13.7** 48.3: Shutterstock (Africa Studio), New York; **13.8** 48.5: Shutterstock (Victoria Kurylo), New York; **14** Thinkstock (rolleiflextlr), München; **18** Thinkstock (dwphotos), München; **19** Thinkstock (anyaberkut), München; **22** Thinkstock (Ingram Publishing), München; **24.1** Thinkstock (mozcann), München; **24.2** Shutterstock (1000 Words), New York; **24.3** Thinkstock (ilkaydede), München; **24.4** Thinkstock (aerogondo), München; **24.5** 29: Thinkstock (macniak), München; **28** Shutterstock (zhekoss), New York; **31** Shutterstock (Seqoya), New York; **32.1** Thinkstock (AndrazG), München; **32.2** Thinkstock (Stockbyte), München; **32.3** Thinkstock (-Robbie-), München; **32.4** Thinkstock (m-imagephotography), München; **32.5** Thinkstock (pakornkrit), München; **32.6** Thinkstock (Jupiterimages), München; **32.7** Thinkstock (Poike), München; **32.8** Thinkstock (XiXinXing), München; **37.1** Thinkstock (Fruit_ Cocktail), München; **37.2** Thinkstock (suthep onsrithong), München; **37.3** Thinkstock (Lai leng Yiap), München; **37.4** Thinkstock (gsermek), München; **37.5** Thinkstock (John_Kasawa), München; **37.6** Thinkstock (kayros), München; **38.1** Thinkstock (JackF), München; **38.2** Thinkstock (bokan76), München; **39** Thinkstock (okeyphotos), München; **40.1** Thinkstock (william87), München; **40.2** Thinkstock (Fursov Dmytro), München; **40.3** Thinkstock (demaerre), München; **40.4** Thinkstock (saiko3p), München; **40.5** 43: Thinkstock (damlaozyurt), München; **40.6** Thinkstock (rolleiflextlr), München; **40.7** Thinkstock (fired1991), München; **40.8** Thinkstock (ManuKro), München; **42.1** Thinkstock (g-stockstudio), München; **42.2** Thinkstock (Hemera Technologies), München; **42.3** Thinkstock (alfimimnill), München; **42.4** Thinkstock (fizkes), München; **46.1** Thinkstock (YUSUFTUVI), München; **46.2** Thinkstock (Muratani), München; **48.1** Shutterstock (Romolo Tavani), New York; **48.2** Shutterstock (magic pictures), New York; **48.4** Shutterstock (Eugenia Lucasenco), New York; **48.6** Shutterstock (Africa Studio), New York; **48.8** 81.2: Thinkstock (zehrakaraaslan), München; **52** Thinkstock (BananaStock), München; **59.1** Thinkstock (Ingram Publishing), München; **59.2** Thinkstock (Koraysa), München; **59.3** iStockphoto (photojournalis), Calgary, Alberta; **59.4** Thinkstock (studio35ist), München; **60.1** Thinkstock (Duka82), München; **60.2** Thinkstock (Wavebreakmedia Ltd), München; **60.3** Thinkstock (molchanovdmitry), München; **63.1** Thinkstock (osmanpek), München; **63.2** Thinkstock (mbaysan), München; **63.3** Thinkstock (Purestock), München; **63.4** Thinkstock (Jupiterimages), München; **68.1** Thinkstock (Romariolen), München; **68.2** Thinkstock (Sergey_Peterman), München; **68.3** Thinkstock (Wavebreakmedia), München; **68.4** Thinkstock (spaxiax), München; **71.1** Thinkstock (LUTFI_URE), München; **71.2** Thinkstock (bombuscreative), München; **71.3** Thinkstock (Mike Watson Images), München; **71.4** Thinkstock (RusN), München; **71.5** Thinkstock (sezer66), München; **71.6** Thinkstock (Filip Warulik), München; **71.7** Thinkstock (shakzu), München; **71.8** Thinkstock (zest_marina), München; **72** Thinkstock (SbytovaMN), München; **73** Thinkstock (Purestock), München; **76.1** Shutterstock (Boris Stroujko), New York; **76.2** Shutterstock (muratart), New York; **76.3** Shutterstock (isa_ ozdere), New York; **76.4** iStockphoto (salajean), Calgary, Alberta; **81.1** Thinkstock (StrahilDimitrov), München; **81.3** Thinkstock (moodboard), München; **82.1** Shutterstock (Dreamer Company), New York; **82.2** Shutterstock (Angyalosi Beata), New York; **82.3** Thinkstock (petrograd99), München; **85** Thinkstock (nejdetduzen), München; **88.1** Thinkstock (paresh3d), München; **88.2** Thinkstock (gpointstudio), München; **88.3** Thinkstock (IT Stock Free), München; **91** Thinkstock (Yarygin), München; **92.1** Shutterstock (GaudiLab), New York; **92.2** Thinkstock (Creatas Images), München; **92.3** Thinkstock (monkeybusinessimages), München; **92.4** Shutterstock (aerogondo2), New York; **92.5** Shutterstock (Monkey Business Images), New York; **92.6** Shutterstock (Pressmaster), New York; **92.7** Shutterstock (kafeinkolik), New York; **92.8** Shutterstock (Christian Lagerek), New York; **93** Shutterstock (O.M.), New York; **95** Shutterstock (Stephen Ball), New York